Von Rüdiger Jungbluth sind bei Bastei Lübbe Taschenbücher lieferbar:

61550 Die Quandts
61594 Die Oetkers

Über den Autor:

Rüdiger Jungbluth studierte Volkswirtschaft und absolvierte die Journalistenschule in Köln. Zwischen 1992 und 2000 war er Wirtschaftskorrespondent bei *stern* und *Spiegel*, danach stellvertretender Chefredakteur der Hamburger Wochenzeitung *NET-BUSINESS*. Seine Bücher *Die Quandts* und *Die Oetkers* wurden Bestseller. Rüdiger Jungbluth lebt und schreibt in Hamburg.

Rüdiger Jungbluth

DIE 11 GEHEIMNISSE DES IKEA-ERFOLGS

BASTEI LÜBBE TASCHENBUCH
Band 60594

1. Auflage: Februar 2008

Vollständige Taschenbuchausgabe

Bastei Lübbe Taschenbücher in der Verlagsgruppe Lübbe

© 2006 by Campus Verlag GmbH, Frankfurt/Main
Für diese Lizenzausgabe:
© 2008 by Verlagsgruppe Lübbe GmbH & Co. KG,
Bergisch Gladbach
Titelbild: © Dirk Wagner
Umschlaggestaltung: Bianca Sebastian
Satz: Fotosatz Huhn, Meintal-Bischofsheim
Druck und Verarbeitung: Ebenr & Spiegel GmbH, Ulm
Printed in Germany
ISBN 978-3-404-60594-1

Sie finden uns im Internet unter
www.luebbe.de
Bitte beachtebn Sie auch. www.lesejury.de

Der Preis dieses Bandes versteht sich einschließlich
der gesetzlichen Mehrwertsteuer.

Inhalt

Prolog 9

Teil I

1. Kapitel
»Verkaufen wurde zu einer Art fixen Idee«
Ingvar Kamprads Kindheit in der Bullerbü-Welt 15

2. Kapitel
»Da waren Trommler, Fahnen – eine neue Art von Gemeinschaft«
Die Naziverführung des Schülers Kamprad 29

3. Kapitel
»Da standen mindestens tausend Leute!«
Versandhändler Kamprad steigt in das Möbelgeschäft ein 46

4. Kapitel
»Getrieben von Profitgier, Mitgefühl und Sympathie«
Kamprad lässt in Polen produzieren 65

5. Kapitel
»Ein Kapitalist, der nicht so aussieht«
Kamprad bricht mit Konventionen 76

6. Kapitel
»Als die Familie und ich Schweden verließen ...«
Ingvar Kamprad flieht vor der Steuer 84

7. Kapitel
»Das unmögliche Möbelhaus aus Schweden«
Ikea erobert den deutschen Markt 95

8. Kapitel
»Jetzt habe ich Ikea weggegeben!«
Kamprad überträgt sein Werk einer Stiftung 105

9. Kapitel
»Der Elch wird geschlachtet«
Expansion und Neuorientierung in den achtziger Jahren 113

10. Kapitel
»Triumph der Proleten«
Ein Konzern im Kaufrausch 124

11. Kapitel
»Pekings Schickeria träumt von Tomelilla«
Ikea geht nach China 134

12. Kapitel
»Ich bin zutiefst glücklich, wie weit wir es gebracht haben«
Kamprad als Kapitalismus-Missionar 142

13. Kapitel
»Ingvar erhöht mit jedem Tag den Druck auf uns«
Die drei Söhne des Ikea-Gründers 150

Teil 2

Geheimnis 1: Der Preis-Faktor 165

Geheimnis 2: Der Stil-Faktor 174

Geheimnis 3: Der Bullerbü-Faktor 187

Geheimnis 4: Der Inbus-Faktor 197

Geheimnis 5: Der Bibel-Faktor 204

Geheimnis 6: Der Hot-Dog-Faktor 211

Geheimnis 7: Der Elmtaryd-Faktor 217

Geheimnis 8: Der Ingvar-Faktor 227

Geheimnis 9: Der Rattan-Faktor 238

Geheimnis 10: Der Paradies-Faktor 244

Geheimnis 11: Der Teflon-Faktor 254

Ausblick 271

Quellen 276

Bildnachweis 281

Register 282

Prolog

Im März 2004 trafen sich Angela Merkel und Edmund Stoiber bei Guido Westerwelle in der Berliner Mommsenstraße. Es ging um nichts geringeres als die Entscheidung, wer der nächste Bundespräsident werden sollte. Die drei Spitzenpolitiker nutzten das private Ambiente von Westerwelles Wohnung, um sich auf Horst Köhler zu verständigen. Wahrscheinlich entging ihnen dabei, dass ihre Entscheidung an einem Tisch von Ikea getroffen wurde.

Es dürfte das erste Mal in der deutschen Geschichte gewesen sein, dass ein Staatsoberhaupt in einer privaten Etagenwohnung gekürt wurde. Keineswegs ungewöhnlich war hingegen, dass sich in dieser Wohnung Möbel von Ikea befanden. Denn unter fast jedem deutschen Dach steht heute irgendetwas von der schwedischen Einrichtungskette. Auch Gerhard Schröder hat in seiner Zeit als Bundeskanzler schon mal ein Schuhschränkchen von Ikea zusammengebaut.

Seit mehr als drei Jahrzehnten ist Ikea in Deutschland erfolgreich. Für die Möbelkette ist es der wichtigste Markt, in keinem anderen Land der Welt verkauft Ikea mehr Möbel und Accessoires. Das Unternehmen, das 1974 als »Das unmögliche Möbelhaus aus Schweden« seine erste deutsche Filiale in Eching bei München eröffnete, nimmt hierzulande inzwischen mehr als zweieinhalbmal so viel ein wie in seiner Heimat.

Obwohl die Deutschen in den vergangenen Jahren immer weniger Geld für Möbel ausgegeben haben, wuchs Ikea immer weiter. Das Unternehmen scheint immun zu sein gegen die Konsumschwäche. Im Geschäftsjahr 2005 (das bei Ikea mit dem Monat August endete) wuchs der Umsatz der 36 Möbelhäuser zwischen Freiburg und Kiel um elf Prozent auf 2,8 Milliarden Euro. Er übertraf damit den des

Axel Springer Verlages, der RTL-Gruppe oder den der McDonald's-Restaurants.

Mittlerweile arbeiten fast 12 000 Menschen in Deutschland für Ikea. Und es werden laufend mehr. Bis 2010 will Ikea 5 000 weitere neue Stellen schaffen. Derzeit steht das Möbelhaus in der Rangliste der Unternehmen, die hierzulande die meisten Jobs schaffen, ganz oben.

Ikea ist aber nicht nur auf dem deutschen Markt eine Erfolgsgeschichte, es ist auch eine dynamische Globalisierungsstory. In gut zwei Jahrzehnten ist die Möbelkette zu einem wahrhaft weltumspannenden Unternehmen aufgestiegen. Bei Ikea kaufen heute nicht nur Schweden und Deutsche, sondern auch Araber und Israelis, Australier, Russen und Chinesen. Der Möbelmulti ist mit mehr als 230 Einrichtungshäusern in 33 Ländern präsent.

Wenn die Firmenführung markieren möchte, wo Ikea gerade expandiert, muss sie den Globus einmal um seine Achse drehen. Allein im vergangenen Jahr hat Ikea neue Einrichtungshäuser in diesen Städten eröffnet: London, Haarlem, Paris, Bilbao, Brüssel, Duisburg, Istanbul, Siegen, Asturias, Rom, Atlanta, Arlon, Dallas, Dijon, Osnabrück, Padua, St. Etienne, Chicago, Hsing Chuang, Erfurt und Boston.

Ikea gehört zu den stärksten Marken der Welt, obwohl das Unternehmen verglichen mit Coca Cola, McDonald's und Nike wenig für Werbung ausgibt. Mit 14,8 Milliarden Euro war der weltweite Umsatz von Ikea 2004/2005 mehr als doppelt so hoch wie der von Adidas oder Porsche. Die Einnahmen der Möbelkette übertrafen die von Ebay sogar um das Fünffache.

Einen einsamen Rekord hält der Ikea-Katalog, dem jedes Jahr im August Millionen Menschen rund um den Globus entgegenfiebern. Er ist die mit Abstand auflagenstärkste Verkaufspublikation der Welt. Von der Ausgabe 2006 wurden 160 Millionen Exemplare verteilt.

Doch warum konnte ausgerechnet ein schwedisches Unternehmen zur größten Möbelfirma weltweit aufsteigen? Die Schweden sind ja ein ziemlich kleines Volk in einer geografischen Randlage. Sicher, das Land ist zur Hälfte mit Wald bedeckt. Dass es Möbel produziert und exportiert, ist nicht verwunderlich. Aber das vermag noch nicht die Tatsache zu erklären, dass dieses Unternehmen, was seinen Einfluss auf die Alltagskultur betrifft, zu einer wirklichen Weltmacht geworden ist. Ikea prägt den globalen Massengeschmack.

Wie war das möglich? Welche Geheimnisse stehen hinter dem Ikea-Erfolg? Aus welchen Faktoren setzt er sich zusammen? Wie wurde Ikea zur »vollkommenen globalen Kult-Marke« (*BusinessWeek*)? Und: Stimmt die Wirklichkeit des Unternehmens mit seinem positiven öffentlichen Bild überein? Diese Fragen will dieses Buch beantworten.

Zunächst jedoch wird die Lebensgeschichte eines außergewöhnlichen Mannes erzählt:

Der Unternehmensgründer Ingvar Kamprad gilt als einer der reichsten Männer der Welt.

Ingvar Kamprad. Denn was jetzt ein international operierender Konzern ist, hat 1943 als Ein-Mann-Unternehmen eines schwedischen Realschülers begonnen. Und heute gibt es wohl kaum ein Unternehmen dieser Größenordnung, das so dauerhaft und nachhaltig durch den Charakter seines Gründer beeinflusst worden ist wie Ikea. Ingvar Kamprad ist Ikea, und Ikea ist Ingvar Kamprad. Die Abkürzung IKEA steht auch für Ingvar Kamprad Elmtaryd Agunnaryd. Elmtaryd ist der Name des Waldbauernhofes in Südschweden, auf dem Kamprad aufwuchs. Agunnaryd heißt das einige Kilometer entfernt liegende Kirchdorf.

Nicht ganz eindeutig lässt sich jedoch bestimmen, ob Ikea heute noch ein schwedisches Unternehmen ist. Die Wurzeln des Unternehmens liegen ohne Zweifel im südschwedischen Småland. Gesteuert wird der Konzern aber seit langem aus Holland und Belgien.

Der Gründer selbst lebt mit seiner Familie seit Jahrzehnten in der Schweiz. Und zu den Dingen, die Kamprad nach eigener Aussage stark geprägt haben, zählt die Tatsache, »dass ich von einer deutschen Großmutter und einem deutschen Vater erzogen wurde«.

Manche Experten, vor allem schwedische, halten Kamprad heute für den reichsten Mann der Welt. Das US-Magazin *Forbes* taxierte sein Vermögen zuletzt auf 23 Milliarden US-Dollar und sah ihn damit auf Platz sechs. Wie hoch auch immer Kamprads Vermögen sein mag und welchen Rang er damit international einnimmt, sicher ist in jedem Fall, dass der Ikea-Gründer unter den Multimilliardären derjenige mit den geringsten persönlichen Ansprüchen und dem größten Geiz ist.

Wer ist dieser Mann, der von sich selbst sagt, er habe keinen Geschmack, dessen Möbelkette aber das Stilempfinden von einigen hundert Millionen Menschen rund um den Globus beeinflusst? Was bewegt diesen Menschen, der am 30. März 2006 seinen achtzigsten Geburtstag gefeiert hat und der immer noch jedes neue Produkt im Ikea-Sortiment vor der Einführung sehen will?

Ingvar Kamprad ist ein kauziger, eigenwilliger und widersprüchlicher Mensch. Aber es steht außer Zweifel, dass er eine der größten unternehmerischen Leistungen des 20. Jahrhunderts vollbracht hat.

Teil I

1. Kapitel

»Verkaufen wurde zu einer Art fixen Idee«

Ingvar Kamprads Kindheit in der Bullerbü-Welt

Der wichtigste Mensch im Leben des Jungen Ingvar Kamprad war seine Großmutter. Sie hieß Franziska und wurde Fanny genannt. Oma und Enkel lebten in den dreißiger Jahren auf dem abgelegenen Bauernhof Elmtaryd, 6 Kilometer entfernt von dem Dorf Agunnaryd in Südschweden.

Der kleine Ingvar ging noch nicht zur Schule, aber er liebte es schon, Geschäfte zu machen. Wirkliche Geschäfte, nicht nur gespielte. Mit fünf Jahren kaufte er sich eine Großpackung Streichhölzer und verkaufte die 100 Schachteln einzeln an die Erwachsenen, die um ihn herum waren. Die Päckchen, für die er weniger als 1 Öre pro Stück bezahlt hatte, brachten ihm 2, manchmal sogar 5 Öre ein und obendrein verschafften sie ihm ein Hochgefühl, wie er es zuvor nicht erlebt hatte.

So nahm der Junge Weihnachtskarten, Wandschmuck und Stifte in sein Sortiment, manchmal auch Preiselbeeren, die er selbst im Wald gepflückt hatte. Was immer Ingvar zu verkaufen hatte, seine erste Kundin war stets die Großmutter. Oma Fanny nahm ihm jedes Mal etwas ab, wenn er mit seinen Waren zu ihr kam. Sie kaufte zwar nicht viel, denn sie achtete sehr auf ihr Geld, aber sie gab dem Enkelsohn doch genug, dass er nicht enttäuscht wurde. Beflügelt von seinem Geschäftserfolg rannte Ingvar dann los, um den nächsten Kunden zu gewinnen: einen der Knechte, die auf dem Hof arbeiteten, oder einen Waldbauern in der Nachbarschaft von Elmtaryd.

Der Handel mit der Großmutter war für den kleinen Ingvar auch deshalb etwas Besonderes, weil sie die unumschränkte Herrscherin auf dem Gutshof war. Fanny Kamprad war nicht der Typ der lieben, nachsichtigen Oma, die am Rande der Familie stand und froh sein

Der Bauernhof Elmtaryd heute. In dem Haus in der Bildmitte ist Ingvar Kamprad aufgewachsen, im Haupthaus rechts lebte die Großmutter.

konnte, wenn sich wenigstens der Enkelsohn für sie interessierte. Sie war eine strenge Frau mit großem Durchsetzungsvermögen, die jedermann in ihrer Umgebung großen Respekt einflößte.

Ein Hof im Wald

Auf dem Hof Elmtaryd lebten Anfang der dreißiger Jahre acht Erwachsene. Neben Ingvars Großmutter und seinen Eltern waren das Ingvars unverheirateter Onkel Erich und seine ebenfalls ledige Tante Erna. Außerdem gab es zwei Knechte und einen Pferdepfleger mit einer ganzen Schar von Kindern.

Die Endung -ryd im Namen des Gutshofes bedeutet Rodung, denn rings um Elmtaryd und seine Wiesen war tiefer dunkler Wald. Das Anwesen selbst bestand aus drei Gebäuden, die um einen kleinen Platz angeordnet waren, der in der Mitte leicht erhöht und bepflanzt war. Das Haupthaus war ein zweigeschossiges Holzhaus mit Veranda an der Vorderfront, wie es typisch war für Schweden. Es war allerdings nicht mit Falunröd, der roten Farbe aus dem Kupferbergbau in Falun, angestrichen worden, sondern in einem hellen gelblichen Ton. Die beiden anderen Häuser waren

Der Waldbauernhof Elmtaryd liegt in einer Einöde in Südschweden.

kleiner. Eines war aus Stein gebaut. Dort wohnte Ingvar mit seinen Eltern.

Die Großmutter bewohnte das Haupthaus. In ihre Küche trugen die Knechte Abend für Abend die frisch gemolkene Milch in Eimern, und Fanny teilte sie dann auf. Wenn auf dem Hof Vieh geschlachtet wurde, überwachte die Großmutter die Zerlegung und nahm sich dabei selbst die besten Stücke. Ihre Schwiegertochter Berta, die Mutter des kleinen Ingvars, musste sich mit dem begnügen, was ihr zugeteilt wurde.

Da die Großmutter eine sparsame Frau war, hatte sie verfügt, dass auf Elmtaryd immer erst das alte, gepökelte Fleisch aufgebraucht werden musste, bevor frisches gekocht oder gebraten werden durfte. Ingvars Mutter gab sich zwar alle Mühe, dem Fleisch das Salz zu entziehen, indem sie es, so lange es eben ging, in Wasser legte. Aber es half nicht viel. So kam es, dass sich der Junge Ingvar Fleisch immer nur in der Verbindung mit dem Geschmack von Salz vorstellen konnte.

Ingvars Mutter litt gelegentlich unter dem diktatorischen Wesen ihrer Schwiegermutter, aber sie hatte akzeptiert, dass die alte Frau auf Elmtaryd das Sagen hatte. Anders als Fanny war Berta Kamprad eine Frau von freundlichem und ausgeglichenem Charakter. Für Ingvar war sie eine »Heldin im Stillen«, wie er es als Erwachsener einmal formulieren sollte. Berta Kamprad war souverän genug, sich nicht auf einen Machtkampf mit ihrer Schwiegermutter einzulassen – des häuslichen Friedens willen und wohl auch ihrem Mann zuliebe.

Feodor Kamprad stand sehr unter dem Einfluss seiner Mutter und war stets bestrebt, es ihr recht zu machen. An kalten Morgen heizte er zuerst ihren Kachelofen, damit sie es warm hatte, wenn sie aus dem Bett stieg. Eigentlich hatte Feodor einen anderen Beruf als den des Landwirts ergreifen wollen, aber seine Mutter hatte das nicht zugelassen. Einen Vater gab es in Feodors Leben schon lange nicht mehr.

Achim Erdmann Kamprad hatte sich im Frühjahr 1897 erschossen, als Feodor noch ein Kind gewesen war und Fanny eine junge Frau. Diese Tragödie könnte erklären, warum aus Fanny eine harte und resolute Frau geworden war.

Auswanderer aus Deutschland

1896 war Franziska Kamprad an der Seite ihres Ehemannes mit der Fähre aus Deutschland in Trelleborg angekommen. Sie war damals 26, ihr Mann Achim 30. Das Paar hatte zwei kleine Kinder bei sich, den damals dreijährigen Feodor und den einjährigen Erich.

Die Kamprads hatten sich in Sachsen auf den Weg nach Schweden gemacht. Als sie in ihrer neuen Heimat landeten, sprachen sie kein Wort Schwedisch. Aber die Einwanderer waren nicht arm wie Hunderttausende Schweden, die zu dieser Zeit ihr Land verließen und nach Nordamerika auswanderten.

Achim Erdmann Kamprad war der Sohn eines großbürgerlichen Gutsbesitzers namens Zacharias August Kamprad und einer Adligen, die als Mädchen den wohlklingenden Namen Sidonie von Bärenstein getragen hatte. Er war auf dem Rittergut Wildenhain bei Lucka im Dreiländereck von Thüringen, Sachsen und Sachsen-Anhalt aufgewachsen. Als junger Mann hatte Achim Kamprad eine Forstschule in Böhmen besucht, das damals noch zur österreichisch-ungarischen Monarchie gehörte.

In Böhmen hatte er Fanny kennen gelernt. Wahrscheinlich waren sich die beiden in der Schankwirtschaft begegnet, die Fannys Mutter in Grunthal bei Olbernhau betrieben hatte.

Fanny war kein feines Mädchen. Sie war unehelich geboren worden und verdankte ihr Leben dem Seitensprung eines verheirateten Bergbauingenieurs, mit dem sich ihre Mutter in jungen Jahren eingelassen hatte. Dieser Mann war aber immerhin finanziell für das Kind eingestanden. Fanny war im Haus des Zollbeamten Glatz aufgewachsen, den ihre Mutter bald nach ihrer Geburt geheiratet hatte und mit dem sie drei Kinder bekommen hatte.

Der Standesunterschied hatte Franziska Schön und Achim Kamprad nicht davon abgehalten zu heiraten. Achim Kamprads vornehme Mutter jedoch war von der Verbindung nicht angetan. Die Adelsfrau hatte in ihrem Leben zwölf Kinder geboren, von denen nur drei das Erwachsenenalter erreicht hatten. An die Überlebenden hatte sie große Erwartungen. Ihr Sohn Achim hatte wie sein Vater den Beruf des Forstwirts gelernt, zum Forstmeister hatte es bei ihm allerdings schon nicht mehr gereicht.

Warum Achim Kamprad gegen Ende des Jahrhunderts den Entschluss fasste, aus Deutschland fortzugehen und in Schweden ein neues Leben zu beginnen, ist nicht überliefert. Sein Vater war sieben Jahre zuvor gestorben, und es ist zu vermuten, dass Achims älterer Bruder dann die Bewirtschaftung des Ritterguts Wildenhain übernommen hatte. Für Achim war dort vermutlich seither kein Platz mehr gewesen. Vielleicht hatte es aber auch an der Ablehnung gelegen, die seine Familie der Frau entgegenbrachte, die er liebte und geheiratet hatte.

Es kann aber auch schiere Abenteuerlust gewesen sein, die Kamprad überfallen hatte, als er 1894 beim Blättern in seiner Jagdzeitung auf eine Annonce gestoßen war, in der ein Gutshof mit zugehörigem Wald in Småland angeboten wurde.

Småland, das hatte für ihn fremd geklungen. Was der kleine Kreis über dem A bedeutete, wusste er nicht. Per Brief hatte Achim sein Interesse an dem Hof Elmtaryd bekundet, und nach einigem Hin und Her war das Geschäft perfekt gemacht worden. 1895 war der Eigentümerwechsel beim Amtsgericht Älmhult in das Grundbuch eingetragen worden. Von nun an konnte Achim Kamprad 449 Hektar schwedischen Waldes sein Eigen nennen.

Als das Grundstück umgeschrieben wurde, war Achim Kamprad noch in Deutschland. Es gilt als verbürgt, dass er den Forst, den er in Småland kaufte, zuvor nicht einmal angesehen hatte. Das war, wenn es denn stimmt, wohl ein Fehler. Denn nachdem die Kamprads 1896 aus Deutschland angereist waren und von einem Kutscher zu ihrem abgelegenen Besitz im Wald gebracht worden waren, mussten sie feststellen, dass der Betrieb in einem erheblich schlechteren Zustand war, als sie es erwartet hatten. Der Hof erforderte große Investitionen und harte Arbeit.

Beides vermochte Achim Kamprad nicht zu leisten. Nachdem er den Kaufpreis mit seinem Erbe finanziert hatte, konnte er auf weitere Mittel nicht zurückgreifen. Er war aber auch kein Mensch, der sein Leben der Arbeit opfern wollte. Achim Kamprad liebte die Jagd und hatte eine Leidenschaft für Hunde. Gerne besuchte er Gastwirtschaften. Von Kindheit an war er ein großbürgerliches Leben gewohnt. In Schweden angekommen, hatte er sogleich einen Kutscher angestellt, der ihn durch die Gegend fahren musste. Vor der Kneipe ließ Kamprad den Mann warten.

Die Einheimischen beargwöhnten die Fremden aus Deutschland. Die waren etwas Besonderes. Schweden war zu dieser Zeit ein Auswanderungsland, kein Einwanderungsland. Småland, die neue Heimat der Kamprads, war eine besonders arme Gegend. Bis 1658 war es das unwegsame Grenzland zum verfeindeten Dänemark gewesen. Dunkle Nadelwälder prägten das Bild dieser Moränenlandschaft. Der Boden war karg.

Mit viel Mühe hatten die Menschen im Laufe der Jahrhunderte kleine Waldstücke gerodet, um Wiesen oder gar Felder anzulegen. Die Steine hatten sie zu Mauern aufgeschichtet. Es gab zwar einige Glashütten in der Gegend, aber nicht genug auskömmliche Arbeit für eine schnell wachsende Bevölkerung.

Um 1800 hatten in ganz Schweden, einem Land, das ein Viertel größer ist als das heutige Deutschland, gerade einmal zwei Millionen Menschen gelebt. Dann war die hohe Sterblichkeit zurückgegangen und die Einwohnerzahl rasant gestiegen. Von Armut und Hunger getrieben flohen viele Menschen ins Ausland. Historiker haben errechnet, dass im 19. Jahrhundert jeder vierte Schwede sein Heimatland verlassen hat. Die meisten gingen nach Amerika. Der Exodus erreichte zwischen 1880 und 1890 seinen Höhepunkt, also kurz bevor die Kamprads nach Schweden kamen. Trotz der Auswanderung wuchs die Bevölkerung in Schweden weiter. 1900 lebten dort fünf Millionen Menschen.

Achim Kamprad, der vermögende Immigrant aus Deutschland, weckte den Neid der Einheimischen. Bald aber sprach sich in der Gegend herum, dass der junge Gutsbesitzer in wirtschaftlichen Schwierigkeiten steckte. Da witterte mancher Nachbar die Chance, seinen eigenen Besitz billig zu erweitern.

In seiner Bedrängnis bemühte sich Achim Kamprad um einen Bankkredit. Aber die Herren auf der Sparkasse in Agunnaryd verweigerten ihm das gewünschte Darlehen. Die Lage erschien ihm ausweglos. Achim Kamprad erkannte, dass die Auswanderung nach Schweden ein Fehler gewesen war. Ein Großteil seines Geldes war verloren. Voller Verzweiflung und auch Selbstmitleid jagte er sich im Frühjahr 1897 eine Kugel in den Kopf. Seine Familie überließ er sich selbst.

Die Kamprads in Småland, das waren nun die junge Witwe Fanny, ihre beiden kleinen Söhne und ein Mädchen, das Fanny noch im Bauch trug, als ihr Mann den Freitod wählte. Erna Kamprad wurde sechs Monate nach dem Tod ihres Vaters geboren.

Eine Witwe setzt sich durch

Allein auf sich selbst gestellt, nahm Fanny Kamprad den Kampf um Elmtaryd auf. Sie übernahm das Regiment auf dem Gut und begab sich in die Auseinandersetzung mit einer ihr ziemlich feindlich gesonnenen Umgebung. Sie arbeitete hart und zielstrebig, so als wollte sie nun allein das zu Ende bringen, was sie einst gemeinsam mit ihrem Mann in Schweden angefangen hatte.

Unterstützung erfuhr die junge Witwe überraschenderweise von ihrer ungeliebten Schwiegermutter. Sidonie Kamprad kam der Familie nicht nur mit Geld zur Hilfe. Einmal reiste die alte Dame, die auf Schloss Podenschau in Sachsen aufgewachsen war, sogar persönlich nach Schweden, um Fanny zur Seite zu stehen.

Nachdem Fanny Kamprad die alleinige Verantwortung für Elmtaryd zugefallen war, blieb ihr für die Erziehung ihrer drei Kinder kaum noch Zeit. Auf Wunsch der deutschen Schwiegermutter wurde ein Hauslehrer eingestellt, der sich um Feodor, Erich und Erna kümmerte. Die Kinder erhielten Sprachunterricht und lernten rechnen. Als sie alt genug waren, wechselten sie auf ein renommiertes Privatinternat in der südschwedischen Universitätsstadt Lund.

Die wirtschaftliche Lage der Familie besserte sich bald. 1900 starb Fannys Schwiegermutter und hinterließ ihren Enkelkindern einen Teil ihres Vermögens. Das Geld floss in das Gut Elmtaryd und trug dazu bei, die Existenz der kleinen Auswandererfamilie in Schweden zu sichern.

Fannys ältester Sohn Feodor machte in Lund das Abitur gemeinsam mit den Sprösslingen vornehmer schwedischer Familien, aber seine Mutter überließ ihm nicht die Wahl eines Berufs nach seinem Willen. Er musste zurück in den Wald, das stand für sie fest. Fanny Kamprad bestand darauf, dass Feodor sich um den Gutshof Elmtaryd kümmerte. Dabei hatte sie schon früh einen Verwalter angestellt, der den Betrieb geführt hatte, wenn sie mit ihren drei Kindern auf Reisen in ihre böhmische Heimat gegangen war.

Die ersten Jahre arbeitete Feodor Kamprad unter der Aufsicht seiner Mutter. Als er 25 Jahre alt wurde, übertrug sie ihm formell die Leitung des Gutes. Ihr Sohn war immer noch Junggeselle. Aber sein Blick fiel bald auf eine junge Frau aus der Umgebung, und er verliebte sich.

Heirat mit einer Kaufmannstochter

Berta Nilsson entstammte einer alteingesessenen Kaufmannsfamilie in Älmhult. Älmhult ist eine Kleinstadt im Süden des riesigen Möckelnsees, an dessen Nordufer die Pfarrgemeinde Agunnaryd liegt. Der Name Älmhult bedeutet soviel wie Ulmengehölz, und die Holzindustrie war auch das wirtschaftliche Rückgrat des Städtchens.

Die Nilssons handelten mit Grundstücken und mit Eisenwaren. Außerdem betrieben sie ein Kaufhaus. Nach ihrer Heirat lebten Berta und Feodor Kamprad in den zwanziger Jahren zunächst auf einem

Hof, den die Ehefrau von ihrem Vater als Mitgift bekommen hatte. Dieser Hof lag in Majtorp, etwa 20 Kilometer entfernt von Elmtaryd, wo Fanny und die übrige Familie Kamprad lebten.

1926 kam Ingvar Kamprad zur Welt. Er wurde am 30. März in einem Entbindungsheim des Weißen Kreuzes in Pjätteryd, nordöstlich von Älmhult, geboren und war das erste Kind in der Ehe von Berta und Feodor Kamprad. Vier Jahre später sollte noch ein Mädchen hinzukommen, das den Namen Kerstin erhielt.

Als kleiner Junge fuhr Ingvar oft mit seinem Vater auf einem Pferdefuhrwerk die kleine gewundene Straße durch den Wald nach Elmtaryd zur Großmutter. Feodor Kamprad hatte Arbeit auf zwei Höfen zu erledigen und pendelte. Als Ingvar sieben Jahre alt war, zog er mit seinen Eltern und der Schwester in die Waldeinöde. Vermutlich hatte Fanny ihren Sohn mit seiner Familie bei sich haben wollen und diesen Wunsch schließlich auch durchgesetzt.

Auf dem Hof im Wald fand Ingvar einen Spielkameraden im Sohn des Pferdepflegers, der ebenfalls in Elmtaryd lebte. Der kleine Kalle Andersson hatte noch vier Geschwister. Im Kreis dieser Kinder fühlte sich Ingvar Kamprad außerordentlich wohl.

Manchmal durfte er bei den Anderssons übernachten. Das war ein aufregendes Erlebnis, denn alle fünf Kinder der Familie schliefen auf einem einzigen großen Sofa. Ingvar genoss das sehr. Noch als alter Mann sollte er sich an das Gefühl der Geborgenheit erinnern, das er damals empfunden hat und das ihn für sein Leben geprägt hat: »Ich bin ein typisches Herdentier und fühle mich eigentlich nur in Gemeinschaft wohl.«

Wenn Ingvar für sich allein war, verschaffte er sich die gewünschte Gesellschaft im Kopf. Wie viele Kinder in seinem Alter schuf er sich unsichtbare Freunde. In seiner Fantasie waren zwei Indianer seine ständigen Begleiter, sie hießen Kamfert und Schane.

Ein echter Kaufmannsladen als Spielzimmer

Für die Landwirtschaft, das Vieh und den Forst interessierte sich der Junge nicht sonderlich. Das war seine tägliche Umgebung. Dagegen faszinierte ihn der Kaufmannsladen seines Großvaters über alle Maßen.

Dieses Geschäft lag gegenüber dem Bahnhof in Älmhult und trug den Namen »C. B. Nilsson«. Es wurde von Valter Nilsson, dem Bruder von Ingvars Mutter, geführt. Aber auch Ingvars Großvater, ein überaus gutmütiger und leutseliger Mann, verbrachte immer noch die meiste Zeit des Tages im Laden.

In dem Laden roch es nach Hering, Bonbons und Leder. Im Hinterhof des Hauses wurden die Pferde gefüttert, die die Wagen der Kunden hergezogen hatten. Auf Ingvar übte vor allem das große Magazin eine Faszination aus. Dort wurden die Waren gelagert, ein riesiges Sortiment, das sogar Dynamit einschloss. Viele Stunden brachte der Junge in dem Laden zu und sog die Atmosphäre in sich auf.

Fünf Gehilfen arbeiteten damals für C. B. Nilsson. Auch für Ingvar gab es manchmal etwas zu erledigen. Onkel Valter beauftragte ihn mit Botengängen. Der Großvater hingegen verlangte nichts von seinem Enkelsohn und verwöhnte ihn mit Aufmerksamkeit und Zuwendung. Nilsson spielte leidenschaftlich und phantasievoll mit dem Kind. Es machte ihm nichts aus, sich unter einen Tisch zu hocken, wenn Ingvar gerade auf die Idee gekommen war, sich mit seinem Opa in eine Höhle zurückziehen zu wollen. Auch sonst ließ sich der Seniorchef willig von dem Kind herumkommandieren.

Die Welt, in der Ingvar Kamprad aufwuchs, war eine heile Welt. Es war just dieselbe Welt, die Millionen Kinder in späteren Jahren aus den Kinderbüchern von Astrid Lindgren kennen lernen sollten. Denn die Schriftstellerin wurde wie Kamprad in Småland geboren, allerdings schon 19 Jahre früher als er. Sie wuchs in der Nähe von Vimmerby auf dem Hof Näs in dem gleichen bäuerlichen Milieu auf wie Kamprad in Elmtaryd. Vor allem in ihren drei Büchern über die Kinder aus Bullerbü hat Astrid Lindgren diese Welt verewigt. Es ist eine Welt, in der das Kinderleben eine Abfolge großer, schöner Tage ist. Eine Welt voller spielerischer Abenteuer.

Die Parallelen sind bemerkenswert. Wie in Lindgrens Bullerbü standen in Kamprads Elmtaryd drei Häuser beieinander, die den Kosmos für die Kinder bildeten. Und wie die Familien in Bullerbü waren auch die Kamprads eine bäuerliche Großfamilie, die sich selbst versorgte mit dem, was Vieh und Äcker hergaben.

In den Geschichten der Astrid Lindgren treten die Erwachsenen kaum in Erscheinung. Sie werden so sehr von ihren Aufgaben in Anspruch genommen, dass sie keine Zeit haben, sich in das Leben der Kinder einzumischen. Manchmal müssen die Kinder auf den Feldern mitarbeiten, aber diese Arbeit ist ein Teil von Spiel und Gemeinschaft.

Auch Ingvar Kamprad lernte als Junge, mit der Sense eine Wiese zu mähen. Oft musste er die Kühe melken, aber das war eine Arbeit, die ihm lästig und unangenehm war. Astrid Lindgren zog für sich das Fazit: »Ich glaube, das, was unsere Kindheit so glücklich machte, war, dass wir sowohl genügend Freiheit als auch Geborgenheit hatten.« Ingvar Kamprad hat seine Kindheit genauso in Erinnerung behalten. Zeitlebens hat er es als ein großes Glück empfunden, »dass ich als Kind in einem äußerst geschützten Milieu aufwuchs und nichts über die Härten des Lebens lernte«.

Hinzu kam das Naturerlebnis in dieser südschwedischen Wildnis mit ihren dunklen majestätischen Wäldern. Småland heißt wörtlich übersetzt kleines Land, aber in Wirklichkeit ist es ein weites Land mit Wäldern und Seen, so weit das Auge reicht. »Wenn du einmal an einem frühen Sonntagmorgen im Juni in einem Wald in Småland gewesen bist, dann wirst du dich sofort erinnern, wie es ist«, schreibt Astrid Lindgren in ihrem Buch *Michel bringt die Welt in Ordnung*: »Du hörst den Kuckuck rufen und die Amsel flöten und du fühlst, wie weich die Kiefernnadeln unter deinen nackten Füßen sind und wie schön die Sonne deinen Nacken wärmt. Du gehst dahin und magst den Harzduft von Kiefern und Tannen und du siehst, wie weiß die Walderdbeeren auf den Lichtungen blühen.«

Diese urwüchsige und stille Landschaft zog schon in den dreißiger Jahren Touristen an. Weil die Geschäfte mit dem Holz und der Landwirtschaft auf Elmtaryd damals nicht genug abwarfen, tat Berta Kamprad der Familie eine neue Einnahmequelle auf. Sie richtete einige Zimmer in ihrem Haus und in dem der Großmutter her und vermietete sie an Sommergäste. Die Besucher genossen auf Elmtaryd Vollpension. Mit ihren Feriengästen unternahmen die Kamprads manchmal Bootstouren auf dem nahe gelegenen Möckelnsee.

Für Ingvar bedeuteten die fremden Besucher Abwechslung und Einschränkung zugleich. »Jedes Zimmer war belegt, außer dem von Mutter und Vater, wo wir uns alle mit hineinquetschten«, erinnerte er sich später an die Sommermonate seiner Kindheit. Aber der Junge verstand sehr wohl, dass die Familie auf das Geld angewiesen war.

Den Wert des Geldes begriff Ingvar Kamprad ungewöhnlich früh. Sein Vater nahm ihn manchmal mit in den Wald auf Inspektionstouren und berichtete ihm dann von seinen Plänen. Feodor Kamprad wollte an einigen Stellen neue Waldwege anlegen lassen, aber dazu fehlten ihm die Mittel. Dass der Vater nicht so konnte, wie er wollte, bedrückte den Jungen. »Ich erinnere mich, dass ich dachte: Wenn ich Vater nur helfen könnte ...«

Geld zu verdienen, spielte in Ingvar Kamprads Leben schon früh eine große Rolle. Wenn er im Möckelnsee angeln ging, dann nicht um des Vergnügens willen, sondern weil er den Fang anschließend zu Geld machen konnte. »Verkaufen wurde zu einer Art fixen Idee«, erinnerte er sich später an diese Erfahrung zurück.

Im Alter von elf Jahren ließ Ingvar sich von einer Samenhandlung in Nassjö beliefern und verkaufte die Tütchen an die Kleinbauern der Umgebung. »Das war mein erstes richtiges Geschäft, damit verdiente ich tatsächlich Geld.« Von seinem Gewinn kaufte sich der Junge ein Fahrrad und eine Schreibmaschine. Beide Anschaffungen waren im Grunde Investitionen, Hilfsmittel für weitere Geschäfte des Heranwachsenden.

Ingvar und der Zündholzkönig

Ingvar Kamprad hatte damals ein großes Vorbild. Das war Ivar Kreuger, den alle Welt den Zündholzkönig nannte. Kreuger war ein Industrieller, der ebenfalls aus Südschweden stammte, und zwar aus der Stadt Kalmar an der Ostküste. Schon in jungen Jahren war er als Bauunternehmer in Südafrika und Amerika erfolgreich gewesen. Nach dem Ersten Weltkrieg war Kreuger nach Europa zurückgekehrt und hatte einen gewaltigen Konzern aufgebaut, der sich um die Produktion und den Verkauf von Zündhölzern drehte.

Das sichere Streichholz war eine schwedische Erfindung. Der Chemiker Gustaf Erik Pasch hatte 1844 im småländischen Jönköping erstmalig Zündhölzer mit getrennter Zünd- und Reibmasse hergestellt, die sich in der Tasche nicht selbst entzünden konnten. Jahrzehnte später machte Ivar Kreuger daraus ein globales Geschäft.

Kreugers Einfluss reichte bald weit über die Grenzen Schwedens hinaus. Der Industrielle eroberte mit seinen Streichhölzern einen Auslandsmarkt nach dem anderen, indem er die jeweiligen nationalen Konkurrenten mit Dumpingpreisen so lange schwächte, bis er das Geschäft kontrollierte. So entstand unter dem Dach seiner Holdinggesellschaft Swedish Match eine Unternehmensgruppe, die in den dreißiger Jahren rund 150 Tochterfirmen umfasste. Der Mann wurde zur Wirtschaftsmacht.

Gegen Ende seines Lebens beherrschte Kreuger den Zündholzmarkt in nicht weniger als 33 Ländern der Erde. Rund 60 Prozent der Weltproduktion an Streichhölzern lagen in seiner Hand. Daneben gehörten dem Zündholzkönig eine Vielzahl an Berg- und Verhüttungswerken, ein großer Teil der schwedischen Papierindustrie mitsamt den dazugehörigen Wäldern und auch die Telefonfirma Ericsson.

Es war daher alles andere als ein Zufall, dass der kleine Ingvar Kamprad seine ersten Handelsgeschäfte mit Zündhölzern machte. Schon im Alter von fünf Jahren hatte er auf die Frage seiner Tante, was er später einmal werden wollte, geantwortet: »Ein neuer Kreuger.«

In den dreißiger Jahren war Kreugers Name in Europa in aller Munde. Der Schwede galt als der Inbegriff des modernen Kapitalisten. Allein in Deutschland erschienen sechs Bücher über ihn. Die Macht des Zündholzkönigs faszinierte Europas Literaten und Intellektuelle ebenso wie den normalen Zeitungsleser, und sie regte besonders die Fantasie des Jungen in Småland an. »Alle sprachen über Kreuger«, erinnerte sich Ingvar Kamprad als alter Mann im Gespräch mit seinem Biografen. »Ich wollte wie er Geld verdienen.«

Kreuger war ein außerordentlich geschickter Stratege und er machte seine Geschäfte nicht selten mit Regierungen. 1929 schloss er zum Beispiel mit dem Deutschen Reich einen Vertrag ab, der ihm den Absatz seiner Streichhölzer unter der Marke »Welthölzer« in

Deutschland sicherte. Als Gegenleistung gab er dem Weimarer Staat, dem es damals wegen der Reparationszahlungen und der Wirtschaftskrise an Geld mangelte, einen Kredit über 125 Millionen US-Dollar. Im Januar 1930 verabschiedete der Reichstag das so genannte Zündwarenmonopolgesetz, durch das Kreuger zwei Drittel des Streichholzabsatzes garantiert wurden. Dieses Monopol sollte noch bis zum Jahr 1983 Bestand haben.

Kreuger selbst endete in den dreißiger Jahren unglücklich. Er hatte ein zu großes Rad gedreht. Als sich die Weltwirtschaftskrise verschärfte, drehten ihm die Banken den Geldhahn zu. Dann kam auch noch heraus, dass der Industrielle seine Geldgeber betrogen hatte, indem er ihnen Sicherheiten vorgegaukelt hatte, die er nicht hatte. 1932 starb der Schwede in einem Pariser Hotel, vermutlich durch eigene Hand. Der Zusammenbruch seines Konzerns erschütterte das gesamte schwedische Wirtschaftsgefüge.

2. Kapitel

»Da waren Trommler, Fahnen – eine neue Art von Gemeinschaft«

Die Naziverführung des Schülers Kamprad

Im Grunde ihres Herzens fühlte sich Ingvar Kamprads Großmutter als Deutsche, nicht als Schwedin. Genauer gesagt: Sie fühlte sich als Sudetendeutsche, denn aus dem Sudetenland stammte sie und diese Identität hatte sie während der Jahrzehnte, die sie in Schweden lebte, nicht aufgegeben.

In den Jahren vor dem Ersten Weltkrieg war Franziska Kamprad mit ihren Kindern Feodor, Erich und Erna einige Male zu ihren Verwandten im Sudetenland gereist. Nach dem Krieg war ihr das nicht mehr möglich gewesen. Aber die Bindung an die Heimat blieb erhalten.

Wer waren die Sudetendeutschen? Der Name dieser Volksgruppe leitet sich von den Sudeten ab, einem Gebirgszug, der sich im Norden Böhmens, Mährens und Südschlesiens hinzieht. In diese unwegsame Gegend hatten die böhmischen Könige und Herzöge im 12. und 13. Jahrhundert Siedler aus Deutschland gerufen. Sie sollten den rückständigen Landstrich als Bauern und Bergleute entwickeln.

Nach dem Krieg zwischen Österreich und Preußen, der 1866 um die Vorherrschaft im Deutschen Bund geführt wurde, hatte das Königreich Böhmen mitsamt dem Sudetenland zur österreichisch-ungarischen Doppelmonarchie gehört. Bis zum Ersten Weltkrieg hatten die Sudetendeutschen in diesem Vielvölkerstaat ihren Platz gehabt.

Nachdem das deutsche Kaiserreich und die mit ihm verbündete Habsburgermonarchie den Krieg verloren hatten, zerschlugen die Siegermächte den österreichischen Vielvölkerstaat. Die Tschechen forderten nun einen eigenen Staat. Dieser sollte auch das Sudetenland umfassen, das sich mittlerweile zu einem industriereichen Gebiet entwickelt hatte.

Die Sudetendeutschen selbst wollten lieber einer verkleinerten Republik Österreich angehören und wehrten sich. Ihre Politiker setzten ihr ganzes Vertrauen in den US-Präsidenten Wilson, der den Völkern Europas ein Selbstbestimmungsrecht zugesichert hatte. Aber auf den Friedenskonferenzen in Versailles und St. Germaine wurde das Sudetenland dann doch der damals neu gegründeten Tschechoslowakei zugesprochen.

Franziska Kamprad litt sehr darunter, dass ihre Heimat nun nicht mehr deutsch war. Immer wieder schilderte sie dieses Unrecht auch ihrem Enkel. Manchmal klagte sie unter Tränen, wie schlecht es ihren Verwandten unter der tschechischen Herrschaft ginge.

Tatsächlich wurden die Sudetendeutschen in der Tschechoslowakei benachteiligt. Aber es lag auch an der Weltwirtschaftskrise, dass es den Menschen in dieser Gegend schlechter ging als in den Jahren vor dem Ersten Weltkrieg. Monat für Monat schickte Franziska Kamprad Pakete mit abgelegten Kleidungsstücken und Lebensmitteln aus Schweden in die alte Heimat. Ansonsten war sie eine eher hartherzige Frau.

Als sich ihr zweiter Sohn Erich 1935 in eine Bankkassiererin in Lund verliebte und mit ihr ein Leben außerhalb von Elmtaryd anfangen wollte, verbot ihm die Mutter fortzugehen. Wie üblich konnte Franziska Kamprad ihren Willen durchsetzen. Aber sie erreichte am Ende doch nicht, was sie wollte. In seiner Verzweiflung erschoss sich Erich Kamprad. Fannys zweitgeborener Sohn wählte damit denselben Weg, den sein Vater 38 Jahre zuvor gegangen war.

Der kleine Ingvar, der den Schuss im Obergeschoss gehört hatte, trauerte sehr um seinen Onkel. Er hatte ihn immer als großen Jäger und Fischer bewundert. Erich Kamprad war auch derjenige gewesen, der an Feiertagen auf Elmtaryd die Fahne gehisst hatte.

Ingvar Kamprad allerdings erlebte die Großmutter von ihrer liebevollen Seite. Er war ihr Hätschelkind und stand unter ihrem besonderen Schutz. »Sie hat mich immer verteidigt, wenn mein Vater versuchte, mich zu strafen«, erinnerte er sich später. Als der Junge einmal aus Übermut einem Küken den Hals umdrehte und dabei von seinem Vater erwischt wurde, kam es zu einer denkwürdigen Verfolgungsjagd auf dem Hof. Die Großmutter, die zusah, wie ihr

Sohn ihren Enkel zu fassen versuchte, feuerte den Jungen lautstark an: »Schnell, schnell, Ingvar, schnell!« Der Junge erkannte seine Chance, schlug einen Haken und flüchtete in die Arme seiner Oma. Als Feodor seinen Sohn packen wollte, zischte ihn die alte Frau an: »Untersteh dich, meinen kleinen Jungen anzufassen!«

Großmutter und die Nazis

Fanny Kamprad sympathisierte mit den deutschen Nationalsozialisten von dem Tag an, an dem sie erstmals etwas über diese neue politische Kraft erfuhr. Ein wichtiger Punkt im Programm der Hitler-Partei war die Revision des als schändlich empfundenen Versailler Vertrages. Die alte Frau hatte es niemals als gerecht akzeptieren können, dass ihr geliebtes Sudetenland der Tschechoslowakischen Republik zugeschlagen worden war. Und sie hoffte, dass die Nationalsozialisten diese Nachkriegsordnung umstoßen würden.

Die Weltwirtschaftskrise traf auch Schweden hart. Aber anders als in Deutschland gab die Depression in dem nordeuropäischen Land weder links- noch rechtsextremen Parteien einen Auftrieb. Stattdessen kamen die Sozialdemokraten an die Macht. Die Partei hatte in Schweden nicht das Stigma von Vaterlandsverrätern zu tragen wie die deutsche SPD. Im Norden waren die Sozialdemokraten schon damals eher ein Volkspartei als eine Klassenpartei.

1932 übernahm Per Albin Hansson das Amt des Ministerpräsidenten in Stockholm. Der Sohn eines Maurers war eine kluge und starke Persönlichkeit. Überdies war er ein bescheidener Mann, der auch als Premier mit der Straßenbahn zur Arbeit fuhr.

Hansson gelang es, die Wirtschaftskrise zu meistern, indem er die Staatsausgaben erhöhte. Als erste Regierung der Welt praktizierte Schweden damit die Lehre des britischen Ökonomen John Maynard Keynes, nach der es in der Konjunkturkrise darauf ankommt, die Nachfrage zu stimulieren. Mit einem durch Kredite finanzierten Programm zur Arbeitsbeschaffung gingen die Schweden gegen das Elend vor. Später sorgte auch US-Präsident Franklin D. Roosevelt mit seinem »New Deal« dafür, dass der amerikanische Staat die Nachfrage belebte.

Hansson begann, in Schweden einen Wohlfahrtsstaat aufzubauen. Der Premier schuf eine Arbeitslosenversicherung, die durch den Staat subventioniert wurde. 1935 führte er eine Volkspension ein sowie Zuschüsse für den Eigenheimbau. Die theoretischen Köpfe dieser weitsichtigen Politik waren neben Hansson Finanzminister Ernst Wigforss und Sozialminister Gustav Möller. Gemeinsam mit dem Premier entwarfen sie das Modell eines »folkhemmet«, eines Volksheims, das seinen Bürger unabhängig von ihrer Leistung soziale Geborgenheit geben sollte.

»In einem guten Heim walten Gleichheit, Umsicht, Zusammenarbeit und Hilfsbereitschaft«, hatte Hansson schon 1929 formuliert. »Übertragen auf das große Heim der Nation und der Bürger bedeutet dies einen Abbau aller sozialen und ökonomischen Grenzen.« In einer solchen Gesellschaft, einer neuen Form nationaler Gemeinschaft, sollte es weder Privilegierte noch Benachteiligte geben, versprach Hansson, alle würden gleich sein. Im Volksheim waren die Bürger »Mitglieder ein und derselben Familie, die einander unterstützen und sich in diese Familie fügen müssen«.

Die beachtlichen Erfolge einer solcherart ideologisch unterfütterten Reformpolitik begründeten eine neue Stabilität der schwedischen Gesellschaft und sicherten der Sozialdemokratie in Schweden eine langjährige Vorherrschaft. Die Partei sollte nicht weniger als 44 Jahre an der Macht bleiben.

Die Menschen auf dem Lande waren von der Wirtschaftskrise weniger betroffen als die Städter. Entsprechend wenig ließen sie sich von den Erfolgen ihrer Regierung beeindrucken. Und unter den Bauern hatten die Sozialdemokraten als Arbeiterpartei ohnehin kaum Anhänger.

Die Kamprads auf Elmtaryd blickten mit großem Interesse auf die Vorgänge in Deutschland, von denen sie in der Zeitung lasen und im Radio hörten. In diesem neuen Reich schien ja Großes vor sich zu gehen ...

1938 erlebte Franziska Kamprad eine der glücklichsten Zeiten ihres ganzen Lebens. Der Mann, dem sie das verdankte, hieß Adolf Hitler. Im März marschierte der selbst ernannte »Führer« in Österreich ein und schloss seine Heimat dem Deutschen Reich an. Nun hatte er es auf die Tschechoslowakei abgesehen.

Im Sudetenland gab es schon seit 1933 eine Nazipartei. Deren Führer drängten zunächst auf die Autonomie der deutschsprachigen Grenzgebiete innerhalb der Tschechoslowakei. Dirigiert wurde die Bewegung von Berlin aus. Nach dem Anschluss Österreichs forderten die Sudetendeutschen auf Hitlers Geheiß, dass nun auch ihre Heimat dem Deutschen Reich angeschlossen werden sollte. Im September hielt Hitler in Berlin eine viel beachtete Rede, in der er forderte, dass die Tschechen das Sudetenland umgehend räumten. »Das ist der letzte territoriale Anspruch, den ich in Europa zu stellen habe«, log der Diktator.

Wenige Tage später schlossen das Deutsche Reich, Großbritannien, Frankreich und Italien in München ein verhängnisvolles Abkommen. Es sah vor, dass die Tschechoslowakei – deren Regierung an den Verhandlungen nicht beteiligt worden war – das Sudetenland mit seinen dreieinhalb Millionen Einwohnern an Deutschland abtrat und somit ein Fünftel ihres Territoriums verlor.

Der britische Premier Neville Chamberlain glaubte, den Frieden in Europa dadurch sichern zu können, dass Großbritannien und Frankreich Hitler dieses eine Mal noch entgegenkamen. In Wahrheit spielte Chamberlain aber durch falsche Nachgiebigkeit einem Aggressor in die Hände.

Als die Nachricht vom Anschluss des Sudetenlands an Hitlers Großdeutschland nach Schweden drang, lud Franziska Kamprad alle auf dem Hof und den Gehöften in der Nachbarschaft zu einer großen Feier auf Elmtaryd ein. Mit einer Kaffeetafel beging sie, dass der »Führer« wahrgemacht hatte, was sich die Sudetendeutschen von ihm erhofft hatten.

Franziska Kamprad wurde eine begeisterte Anhängerin der Nationalsozialisten und das änderte sich auch nicht, als die deutsche Wehrmacht Polen überfiel. Die alte Frau bezog die Propagandazeitschrift *Signal* aus Deutschland und las sie mit Freude. Dieses Magazin wurde seit April 1940 in Berlin alle 14 Tage für das besetzte oder befreundete Ausland produziert. Die Illustrierte, die den Untertitel *Zeitschrift des Neuen Europas* trug, bestach durch ein hervorragendes Layout und exzellente Fotos.

Auch andere Propagandamaterialien ließen sich die Kamprads

nach Elmtaryd schicken. Oma Fanny zeigte die Hefte voller Stolz ihrem Enkel Ingvar. Fasziniert betrachtete der Junge die vielen Bilder von fröhlichen, jungen Menschen in Uniformen, die an Lagerfeuern saßen und von denen es im Text hieß, dass sie Großtaten vollbringen würden. Ingvar Kamprad war für derlei Töne außerordentlich empfänglich. Wenn er und seine Mitschüler die schwedische Nationalhymne sangen, stiegen ihm jedes Mal die Tränen in die Augen.

Auch sein Vater wurde ein großer Bewunderer Hitlers. Als junger Mann hatte Feodor Kamprad für den Sozialismus geschwärmt, doch je älter er geworden war, umso konservativer dachte er. Die größte politische Gefahr sah er nunmehr im Kommunismus. Obwohl er seit frühester Kindheit in Schweden lebte, fühlte sich auch Feodor Kamprad als Deutscher. Dazu trug sicherlich auch die Tatsache bei, dass viele seiner Nachbarn den Herrn von Elmtaryd nicht als echten Schweden akzeptierten.

»In unserer Gegend wurde Vater von vielen als purer Nazi oder, wie man hinter vorgehaltener Hand sagte, als ›Nazischwein‹ betrachtet«, erinnerte sich sein Sohn später. In Vater Kamprads Bücherregal stand eine Ausgabe von Hitlers *Mein Kampf*. Feodor Kamprad lief gern in Reiterhosen und mit hohen Stiefeln durch die Gegend und sah damit aus wie ein deutscher SA-Mann. Einer schwedischen Rechtspartei aber schloss er sich wohl nicht an.

Ein Antisemit war er in jedem Fall. Häufig erzählte er, die Juden hätten nach dem Ersten Weltkrieg in Deutschland durch die von ihnen betriebenen Wechselstuben zum Ruin vieler Menschen beigetragen. Auch Oma Fanny war nicht gut auf die Juden zu sprechen. Sie fühlte sich von einem jüdischen Makler betrogen, der nach dem Tod der Schwiegermutter den Verkauf eines Bauernhofes in Sachsen vermittelt hatte, den ihre drei Kinder geerbt hatten. Das leidige Thema kam in Elmtaryd häufig zur Sprache.

Für Hitler und die Nationalsozialisten war Schweden damals ein »germanisches Bruderland« und galt als ein potenzieller Verbündeter. Die meisten Schweden sahen in Deutschland das Land der Dichter und Denker, mit dem sie sich kulturell verbunden fühlten.

»Die sind hier hoffnungslos für Deutschland«, schrieb Kurt Tucholsky 1935 in einem Brief aus Schweden, wo er seit 1929 lebte.

Der Schriftsteller, der in Hindas bei Göteborg wohnte, fühlte sich in seinem Gastland nicht sonderlich wohl. Trotz sozialdemokratischer Regierung war Schweden nach seinem Empfinden ein kulturell rückständiges Land. Verbittert registrierte Tucholsky in seinem Exil eine »stumpfsinnige Denkfaulheit bei den Bürgern«. Mangelnde Arbeitsmöglichkeit und Krankheit brachten ihn schließlich soweit, dass er sich kurz vor Weihnachten 1935 das Leben nahm.

Die schwedische Regierung betrieb damals international eine Politik der Zurückhaltung. Sie setzte in den dreißiger Jahren alles daran, nicht in einen Konflikt der europäischen Großmächte hineingezogen zu werden. Seit 1814 war Schweden nicht mehr an einem Krieg beteiligt gewesen. Das war dem Land gut bekommen und hatte ihm geholfen, wirtschaftlich zum reicheren Teil Europas aufzuschließen. Aber auch in Schweden formierte sich in den dreißiger Jahren eine große Zahl rechter Gruppierungen, deren Mitglieder mit Nazideutschland sympathisierten. Sie beschworen eine »Blut- und Schicksalsgemeinschaft der arischen Völker«, wie es damals hieß.

Eine dieser Organisationen war die Nationalsozialistische Arbeiterpartei, die ein Mann namens Sven Olov Lindholm aufgebaut hatte. Sie vereinigte sich 1938 mit einer weiteren Rechtspartei zur Schwedischen Sozialistischen Koalition. Im breiten Spektrum der schwedischen Nazigruppierungen zählte sie zu den eher sozialistisch orientierten Kräften, zu einer Strömung also, die es vor der Machtergreifung auch in der deutschen NSDAP gegeben hatte und der beispielsweise Joseph Goebbels angehört hatte.

Ingvar in der »Nordischen Jugend«

In der Bauernzeitung stieß der Junge Ingvar Kamprad auf eine Annonce dieser »Lindholmer« und bestellte deren Zeitschrift *Der schwedische Volkssozialist*. Auf diese Weise erfuhr er, dass die Partei eine Jugendorganisation hatte, die so genannte Nordische Jugend, die der Hitlerjugend nachempfunden war.

Ihr schloss sich der Schüler an. Mit elf Jahren fuhr Ingvar Kamprad 1937 zu einem großen Zeltlager, das in der Nähe seines Heimatortes aufgeschlagen worden war. »In Moheda sah ich Jugendliche in Uniform. Ein Mann forderte uns auf, Mitglieder zu werden«, erinnerte er sich später zurück, »da waren Trommler, Fahnen.« In Gemeinschaft mit anderen Jungen fühlte sich Kamprad wohl. An ein weiteres Lager der Nordischen Jugend sollte er sich als alter Mann noch mit den Worten erinnern: »Da waren noch mehr Uniformen, abends wurde ein Feuer angezündet, und wir sangen eine Menge.«

Aber es war mehr als nur Pfadfinderromantik, die den eher introvertierten Jungen fesselte. »Für mich, der ich ein richtiger Einzelgänger war und eigentlich außer Kalle, dem Sohn vom Pferdepfleger, keine gleichaltrigen Freunde hatte, war dies eine neue Art von Gemeinschaft, die mir gut tat und nach der ich mich in meinem Innersten sehnte.«

Bald arbeitete der junge Kamprad nach Kräften in der Nordischen Jugend mit. Einmal hängte er Plakate mit einem Porträt des schwedischen NS-Führers im Kirchdorf Agunnaryd auf. Als in der Weihnachtsausgabe der Propagandazeitschrift *Ungt Volk* ein Grußschreiben an den »Führer Lindholm« erschien, gehörte der »Nationalrekrut« Ingvar Kamprad zu den Unterzeichnern. Kamprad meldete auch einen Schulfreund bei der Nordischen Jugend an.

Damals machte Ingvar Kamprad auch die erste Erfahrung mit Alkohol. Heimlich ging er an die Flaschen seines Vaters und trank daraus so viel, dass er das Bewusstsein verlor. Seine Mutter bestrafte ihn, indem sie ihn eine Woche lang ignorierte. Für Berta Kamprad war der Vorfall mehr als der Ausrutscher eines Pubertierenden. Die Alkoholsucht vieler Bürger war in Schweden ein nationales Trauma. Als Schweden im 19. Jahrhundert das Armenhaus Europas war, waren seine Bewohner einer Art Kollektivsuff verfallen. Dass das Land später den Aufstieg aus dem wirtschaftlichen Elend doch noch schaffte, das verdankte es zu einem nicht geringen Teil der Bekämpfung und sozialen Ächtung des Alkoholkonsums.

Mit 15 Jahren sollte Ingvar Kamprad auf die Realschule in Ljungby wechseln. Aber er fiel durch die Aufnahmeprüfung. Er war kein guter Schüler, besonders schwer tat er sich damit, Vokabeln zu lernen. Berta Kamprad meldete ihren Sohn auf einem Internat in Osby an, das sie selbst als Mädchen besucht hatte. Ingvars Großeltern in Älmhult erklärten sich bereit, die Schulausbildung zu finanzieren.

Im Internat fühlte sich Kamprad wohl. Allerdings geriet der Junge bald in die Gewalt eines älteren Schülers, der ihn für sich arbeiten ließ. Kamprad musste seinem »Herrn« das Bett machen, die Schuhe putzen und für ihn Besorgungen erledigen. Was ihm passieren würde, wenn er sich weigerte, sah er an einem Mitschüler, der von den Älteren regelmäßig verprügelt wurde. Kamprad hingegen fügte sich. Die Unterordnung sei ihm nicht einmal schwer gefallen, berichtete er später seinem Biografen. Diese Sitte sei an dem Internat verbreitet gewesen.

Auch in der neuen Umgebung ließ die Faszination des Jungen für die rechten Parteien nicht nach. Kamprad liebte das Geheimbündlerische und fand unter seinen Mitschülern bald Gleichgesinnte. »Wir waren drei Jungen, die einmal auf den Dachboden der Schule gingen, um heimlich eine politische Partei zu gründen«, erinnerte er sich später. »Wir hatten unsere gelben kleinen Notizbücher dabei, auf deren Innenseite wir ein Hakenkreuz zeichneten. Wir versuchten uns in den Arm zu schneiden und unser Blut zu mischen, um Blutsbrüder zu werden.«

Doch dann bekam der Schulleiter mit, womit sich seine Schützlinge im Stillen beschäftigten. Der Mann war ein scharfer Gegner der Nazibewegung. Er zitierte den Schüler Kamprad zu sich und ermahnte ihn eindringlich, mit den politischen Dummheiten aufzuhören. Aber der Junge war infiziert. Nach außen ließ Kamprad sich nichts mehr anmerken, aber heimlich ging er weiter seinen politischen Neigungen nach.

Mit seiner Begeisterung für Nazideutschland stand der junge Kamprad damals keineswegs allein. Vor allem in der jungen Generation war sie sehr verbreitet. Auch ein anderer junger Schwede, der es später einmal zu großer Berühmtheit bringen sollte, wurde von ihr angesteckt: Ingmar Bergman. Der Sohn eines Pastors aus Uppsala weilte im Alter von 16 Jahren als Austauschschüler in Deutschland und hörte fasziniert eine Rede an, die Hitler in Weimar hielt. In seinen Erinnerungen berichtete der Filmregisseur Jahrzehnte später, dass ihm sein deutscher Austauschschüler damals erklärt habe, »wie die

Deutschen ein Bollwerk gegen den Kommunismus errichteten, wie die Juden dieses Bollwerk konsequent sabotierten und wie wir alle den Mann lieben müssten, der unser gemeinsames Schicksal geformt und der uns entschlossen zu einem Willen, einer Kraft, einem Volk zusammengeschweißt habe«.

Der Schüler Bergman brachte sich ein Hitler-Porträt mit nach Schweden, das ihm seine Gastgeber geschenkt hatten, damit er den »Führer« so zu lieben lernte wie sie selbst. »Ich liebte ihn auch«, bekannte Bergman. »Ich war viele Jahre lang auf Hitlers Seite, freute mich über seine Erfolge und betrauerte die Niederlagen.« Ähnlich wie der sechs Jahre jüngere Kamprad lebte auch Bergman in den dreißiger und vierziger Jahren in einem Umfeld, in dem Nazideutschland bewundert wurde. »Mein Bruder war einer der Gründer der schwedischen nationalsozialistischen Partei und einer ihrer Organisatoren. Mein Vater stimmte mehrmals für die Nationalsozialisten. Unser Geschichtslehrer schwärmte für das ›alte Deutschland‹. Unser Turnlehrer reiste in jedem Sommer zu Offizierstreffen nach Bayern. Einige der Pastoren der Gemeinde waren Krypto-Nazis. Die engsten Freunde der Familie äußerten starke Sympathien für das ›neue Deutschland‹.«

Begegnung mit einem Faschisten

Der Schüler Ingvar Kamprad las regelmäßig die Zeitung *Der schwedische Volkssozialist*. Dann aber stieß er eines Tages auf ein Magazin, das ihm noch besser gefiel. Dessen Titel lautete *Der Weg voran*, und die Autoren waren ebenfalls eindeutig auf der Seite Hitlers und des »Dritten Reiches« zu finden. Die Zeitschrift wurde von einer Gruppierung herausgegeben, die sich zunächst Schwedische Opposition nannte und später als Neuschwedische Bewegung firmierte. Ihr führender Kopf war ein Rechtsintellektueller namens Per Engdahl.

Engdahl war vom italienischen Faschismus beeinflusst worden und hatte schon in den zwanziger Jahren der Schwedischen Faschistischen Kampforganisation angehört. 1930 hatte sich diese Partei nach dem Vorbild der deutschen NSDAP in die Schwedische Nationalsozialistische Volkspartei umgewandelt. Bald darauf aber waren einige ihre Mitglieder, unter ihnen Engdahl, ausgeschieden und hatten den »Nysvenska Folkförbundet« gegründet, der sich schließlich mit anderen Rechtsgruppierungen zur Neuschwedischen Nationalsozialistischen Partei formierte.

Engdahl war ein rechter Verführer, der gut schrieb und noch besser redete. Als er im November 1942 zu einem Vortrag nach Osby kam, saß auch der 16-jährige Kamprad unter den Zuhörern. Schon nach wenigen Worten war der Schüler hingerissen. Ihn begeisterte besonders die Idee eines Großeuropas, das Engdahl wortmächtig beschwor. Nach dem Vortrag gelang es Kamprad, einen Platz am Tisch des Parteiführers zu finden und mit ihm Kaffee zu trinken. »Er begrüßte mich freundlich und fragte mich, wer ich sei«, schilderte er diese Begegnung Jahrzehnte später. »Ich fühlte mich herausgehoben und war stolz.« Von nun an war Engdahl sein Idol.

An der Realschule in Osby erlangte Ingvar Kamprad 1943 die Mittlere Reife. In Mathematik war er der Klassenbeste, und seine Leistungen im Deutschunterricht waren bezeichnenderweise besser als die in Schwedisch. Auf dem Abschlussfoto seiner Klasse ist er der einzige Junge, der sich in die Reihe der Mädchen gezwängt hat. Tatsächlich hatte der 17-Jährige aber mit dem anderen Geschlecht zu dieser Zeit noch wenig im Sinn. Kamprad war schüchtern.

Der Realschüler gründet »Ikea«

Seine Hemmungen überwand Ingvar Kamprad nur dann, wenn es darum ging, Mitschüler anzusprechen, denen er etwas verkaufen wollte. Geschäfte machen, das lag ihm. Die Freude am Handel, die Kamprad seit seiner Kindheit empfunden hatte, war im Laufe der Jahre noch gewachsen. Der Schüler handelte mit allem, was er kriegen konnte. Unter seinem Bett im Internat hatte er einen großen Karton, in dem sich Gürtel, Brieftaschen, Uhren und Stifte befanden.

Die Geschäfte liefen so gut, dass Kamprad zum Ende seiner Realschulzeit in Osby den Entschluss fasste, ein Unternehmen zu gründen. Brieflich meldete er bei der Kreisverwaltung ein Gewerbe an. Weil er damals noch nicht volljährig war – er war gerade 17 Jahre alt geworden – ließ er einen Onkel unterschreiben.

Den Namen seiner Handelsfirma, die am 28. Juli 1943 auf Blatt 8271 in das Handelsregister eingetragen wurde, setzte Ingvar Kamprad aus seinen Initialen zusammen sowie aus den Anfangsbuchstaben des elterlichen Hofes Elmtaryd und der Pfarrgemeinde Agunnaryd, zu der das Gut gehörte. Das ergab: IKEA. Kamprad schrieb den Namen seiner Firma damals allerdings noch nicht in Großbuchstaben, und er setzte – weil er fand, dass das weltläufiger aussah – ein Akzentzeichen über das E – Ikéa.

Im Sommer 1943 zog Ingvar Kamprad nach Göteborg. An der Westküste Schwedens wollte er für zwei Jahre die Höhere Handelsschule besuchen. Die größte Hafenstadt Skandinaviens war ein wichtiges Zentrum der schwedischen Wirtschaft. Unternehmen wie Volvo, SKF und Hasselblad hatten sich dort angesiedelt.

An der Höheren Handelsschule lernte Ingvar Kamprad zum ersten Mal die Theorie dessen, was er schon seit Jahren praktisch betrieb. Am meisten interessierte den Jungunternehmer, was seine Professoren zu Fragen des Vertriebs zu sagen hatten: Wie brachte man die Waren auf dem schnellsten Weg von der Fabrik zu den Kunden? Und: Wo konnte man als Händler Waren zu einem besonders günstigen Einkaufspreis beziehen?

Kamprad hörte, dass eine wichtige Möglichkeit, Ware zu beschaffen, der Direktimport aus dem Ausland war. Diese Erkenntnis wollte er sogleich in die Praxis umsetzen. In der Bibliothek der Handelsschule fand er Wirtschaftszeitungen mit Annoncen ausländischer Unternehmen, die Partner für einen Absatz ihrer Produkte in Schweden suchten.

Kamprad schrieb an eine Firma in Paris, die Füllfederhalter herstellte und bestellte 500 Stück. Als das Paket bei ihm eintraf, machte er sich mit der Bahn auf den Weg in zahlreiche Orte Südschwedens und präsentierte seine Ware in Tabak- und Spielzeugläden. Das war mühsam, aber erfolgreich.

Kamprad begann, kleine Inserate in Zeitungen zu setzen. Darin wandte er sich direkt an Endverbraucher. Als bald darauf die ersten

Bestellungen eintrafen, versandte er die Füller per Post. Bald erweiterte er sein Sortiment um Feuerzeuge, die er aus der Schweiz importierte.

Neben den Geschäften blieb Kamprads zweite Leidenschaft die Politik. In Göteborg besuchte er regelmäßig Versammlungen der Neuschwedischen Bewegung. In diesem Kreis fühlte er sich erheblich wohler als früher bei den eher proletarischen Lindholmern. »In Engdahls Bewegung gab es kaum Stiefel, keine Kampflieder, keine braunen Hemden«, erklärte er später seinem Biografen Bertil Torekull. »Sie waren sie selbst, und viele fand ich sympathisch.«

Den Parteiführer Engdahl, der den Titel Reichsvorsitzender führte, bewunderte und verehrte der junge Kamprad innig. Als Engdahl einmal zu einem Vortrag nach Göteborg kam, durfte Kamprad ihn am Bahnhof abholen. Der Mann konnte trotz einer dicken Brille kaum sehen und war auf Begleitung angewiesen.

Kamprad führte ihn durch die Stadt und lotste ihn in ein Café. Dort las er ihm aus der Zeitung vor. Engdahl war, wie Kamprad auffiel, besonders an einer Kolumne in der *Göteborgs Handels- och Sjöfartstidning*, der renommierten Handels- und Seefahrtszeitung der Hafenstadt, interessiert, die von einem entschiedenen Gegner Nazideutschlands verfasst wurde. Daran schärfte der Rechtsintellektuelle seine Argumentation.

In derselben Zeitung hätte Kamprad an einem anderen Tag auch etwas über den Holocaust lesen können. So erschien dort bereits am 1. Oktober 1942 auf der Titelseite ein Artikel mit der Schlagzeile: »Der Ausrottungskrieg gegen die Juden.« Kamprads Idol war Rassist und Antisemit. Engdahl hatte die Vision eines ethnisch »gesäuberten« und geeinten Europas unter der Herrschaft der »Germanen«. Zugleich war er aber auch ein Feingeist, der Gedichte schrieb. Ein Intellektueller, der sich ebenso mit Adam Smith beschäftigt hatte wie mit Leibniz, Kant und Schopenhauer.

Zur damaligen Zeit pflegte ein Verband namens Reichsvereinigung Schweden-Deutschland die Freundschaft beider Länder. Auf deren Sommertreffen hielt Engdahl 1941 einen Vortrag, der später auch ins Deutsche übersetzt wurde. Er begann mit einem Hinweis auf eine Schlacht des Dreißigjährigen Krieges, bei der Schwedens

König Gustav II. Adolf im Kampf gegen die kaiserlich-katholische Streitmacht des Habsburgerreiches sein Leben verloren hatte. »An der Spitze småländischer Reiterei fand Schwedens größter König auf den nebligen Ebenen um Lützen den Tod für einen germanischen Glauben, für germanische Freiheit und germanische Zusammenarbeit«, erinnerte Engdahl pathetisch.

Engdahl war aber kein blinder Parteigänger Nazideutschlands. So pries er in seiner Rede beispielsweise die schwedische Neutralität im Krieg. »Wir sollten zu England halten, sagen einige; wir müssen zu Deutschland halten, sagen andere. Man hätte vielleicht erwarten sollen, dass gerade diese letzte Antwort auf einem schwedisch-deutschen Sommertreffen die natürliche wäre, dass diese Reichsvereinigung die Aufgabe habe, eine einseitige Sympathie für Deutschland zu schaffen. Das ist jedoch nicht der Fall. Es soll hier klar gesagt werden, dass wir, wenn möglich, mit beiden kämpfenden Parteien zusammenhalten müssen, denn unsere Kultur ist sowohl von Westen wie von Süden befruchtet worden.«

Aus der Rede wird allerdings auch deutlich, dass Engdahls Blick auf Deutschland von einem kruden Geschichtsdarwinismus geprägt war: »Der tausendjährige Kampf um die Einheit der deutschen Stämme, der immer durch äußeren Druck weiter ausgedehnt wurde, hat das deutsche Volk zusammengeführt und zu einem Kriegervolk gemacht.«

In dieser Beschreibung schwang Bewunderung mit, aber auch Furcht. Keinesfalls dürfe sich Schweden ganz nach Deutschland hin orientieren, forderte Engdahl. »Eine Einstellung allein auf Deutschland würde bedeuten, dass unser kleines Volk einfach in den von diesem gewaltigen 80-Millionen-Volk im Süden ausgehenden Impulsen ertrinken würde. Wir können die uns eigene schwedische Art nur aufrechterhalten, wenn wir diese deutschen Einflüsse durch Kontakte aus anderen Richtungen ergänzen.«

Engdahl vertrat andererseits die Ansicht, dass im Schweden des Jahres 1941 der englische und amerikanische Einfluss zu groß geworden sei. Er beklagte »Entartungen« in der Literatur seines Landes, die sich mit »sexuellen Perversionen« beschäftige und den Individualismus überbetone. Dagegen widme sich die neue deutsche

Literatur, so lobte Engdahl, so wichtigen Themen wie »Fruchtbarkeit«, »Mutterschaft« und dem »Ursprünglichen im Dasein«.

Kamprad bei den »Neuschweden«

Engdahl imponierte dem jungen Kamprad wegen seiner Intelligenz. Aber er weckte auch das Mitleid des Handelsschülers. »Ich hegte wegen seiner Blindheit eine Art zärtliches Gefühl für Per Engdahl«, bekannte der Ikea-Gründer Jahrzehnte später, »ich wollte ihm helfen.« Der Schüler reiste regelmäßig von Göteborg nach Malmö, wo Engdahl lebte und die meisten seiner Versammlungen abhielt. Dabei lernte Kamprad andere Parteifunktionäre der Neuschweden kennen. Manchmal baten sie den geschäftstüchtigen Schüler auch um Geld für ihre Sache.

In Schweden blieben die Rechtsextremen eine Minderheit, was nicht zuletzt daran lag, dass die Sozialdemokraten mit ihrer Vision vom »Volksheim« eine attraktive Alternative zur Naziidee der Volksgemeinschaft boten. Die Mehrheit der Schweden folgte den Sozialdemokraten und den bürgerlichen Parteien. 1939 bildeten diese beiden Strömungen eine Allparteienregierung ohne die Kommunisten. Hansson blieb Ministerpräsident. Im Laufe der Jahre war er in die Rolle eines Landesvaters hineingewachsen. 1940 errangen die Sozialdemokraten sogar die absolute Mehrheit.

Gegenüber Nazideutschland betrieb Schweden eine Politik der neutralen Kooperation. Viele Menschen bewunderten das neue kraftstrotzende Deutschland, andere fürchteten es. Die wirtschaftlichen Beziehungen waren eng. Auch nach dem deutschen Überfall auf Polen blieb Schweden ein wichtiger Lieferant von Rohstoffen für die deutsche Industrie. Schwedische Unternehmen lieferten vor allem Eisenerz und Kugellager für Hitlers Rüstungsmaschinerie. Im Gegenzug bekamen die schwedischen Unternehmen aus Deutschland Kohle geliefert.

Der politischen Elite in Stockholm lag alles daran, Nazideutschland nicht zu verärgern oder gar zu reizen. Nachdem die deutsche Wehrmacht im Frühjahr 1940 Dänemark und Norwegen besetzt hatte, rüstete die Regierung in Stockholm auf. Keinesfalls durfte Schweden dasselbe passieren wie den skandinavischen Nachbarn.

Gleichzeitig zeigte sich Stockholm aber den Nazis gegenüber kompromissbereit und pragmatisch. Im Sommer 1940 erlaubte die schwedische Regierung, dass deutsche Soldaten auf dem Weg von und nach Norwegen zu Zehntausenden als »Urlauber« durch Schweden reisten. Auch die Durchfahrt von deutschen Truppen nach Finnland, das von sowjetischen Truppen angegriffen worden war, gestattete sie.

Schweden war aber nicht nur ein willfähriger Helfer Deutschlands. Es war zugleich auch ein Exil für zahlreiche politische Flüchtlinge, darunter Willy Brandt, der aus Norwegen kam und einen norwegischen Pass hatte, und Bruno Kreisky aus Österreich.

Nicht willkommen waren in Schweden dagegen deutsche Juden, die im Norden Zuflucht suchten. Nach den Pogromen in Deutschland verschärfte die Regierung in Stockholm die ohnehin schon restriktiven schwedischen Flüchtlingsgesetze noch. Auf Drängen Schwedens und der Schweiz begannen die deutschen Behörden damit, jüdischen Flüchtlingen ein J in den Pass zu stempeln. So konnten diese Menschen an der Grenze identifiziert und abgewiesen werden.

Was viele Menschen in den ländlichen Regionen Schwedens damals dachten, das offenbarte sich in einer Rede, die ein Reichstagsabgeordneter aus dem Bauernverband hielt. »Ich meine in erster Linie, dass ein Import jüdischer Elemente unserer ruhigen Demokratie schadet«, sagte dieser Otto Wallén 1939. »Die schwedische Arbeit soll den Schweden vorbehalten sein. Und lasst uns das schwedische Blut reinhalten.«

Als die Nazis begannen, Juden aus Dänemark und Norwegen zu deportieren, unternahm Schweden dann aber doch erhebliche Anstrengungen zu ihrer Rettung. Als die Realpolitiker in Stockholm sahen, dass das Kriegsglück die Deutschen verlassen hatte, korrigierten sie ihre Strategie auch auf anderen Feldern. Nach den Niederlagen der Wehrmacht in Stalingrad und El Alamein mochte Schweden den potenziellen Siegermächten nicht als heimlicher Verbündeter Deutschlands erscheinen. Daher gab das Land seiner »Neutralität« eine neue Ausrichtung. Ab 1942 weigerte sich Schweden, seine Rohstoffe und Industrieprodukte weiterhin auf Kredit an Hitlers Rüstungsfabriken zu liefern. Auf Druck der Westmächte reduzierte Schweden nun seine Geschäfte mit Deutschland. Gleichwohl konnten die Deutschen noch kriegswichtiges Gerät kaufen, so wie Anfang 1944 Kugellager für Kampfflugzeuge bei den Svenska Kullager Fabriken (SKF), einem Unternehmen, das zum Reich der Wirtschaftsdynastie Wallenberg zählte.

Der Diplomat Raoul Wallenberg, ein Spross dieser mächtigsten schwedischen Unternehmerfamilie, trug gegen Ende des Krieges dazu bei, dass sich Schweden international rehabilitieren konnte. In Budapest rettete er 1944 schätzungsweise 100 000 ungarischen Juden das Leben, indem er sie unter den Schutz der schwedischen Regierung stellte. Ähnlich entlastend für Schweden war das humanitäre Handeln von Wallenbergs Landsmann Graf Folke Bernadotte. Der Präsident des Schwedischen Roten Kreuzes, der ein Neffe des Königs war, holte im Frühjahr 1945 Tausende skandinavische Häftlinge aus deutschen Konzentrationslagern in ihre Heimat zurück.

3. Kapitel

»Da standen mindestens tausend Leute!«

Versandhändler Kamprad steigt in das Möbelgeschäft ein

Als der Weltkrieg am 8. Mai 1945 mit der deutschen Kapitulation endete, war Ingvar Kamprad 19 Jahre alt. Vom Kriegsgeschehen auf den europäischen Schlachtfeldern hatte er in Schweden so gut wie nichts mitbekommen. Kamprad schloss die Höhere Handelsschule in Göteborg ab. Er wollte nun als selbstständiger Kaufmann arbeiten, aber sein Vater hatte sich bereits nach einer Stelle für ihn umgeschaut.

So begann Ingvar Kamprad sein Berufsleben als kleiner Angestellter in der Geschäftsstelle des Waldbesitzerverbandes in der Stadt Växjö im Norden Smålands. Die Arbeit wurde nicht sonderlich gut bezahlt. Mehr als die Hälfte seines Lohnes von 150 Kronen brauchte Kamprad für sein Essen. Aber es gelang ihm auf dem neuen Posten schnell, seine Talente zur Geltung zu bringen.

Kamprad tat eine Quelle auf, aus der er preisgünstig Aktenordner beziehen konnte. Die bot er dem Finanzchef des Verbandes zum Kauf an, und der zeigte sich interessiert. Bald konnte Kamprad seinem Arbeitgeber Hunderte von Ordnern verkaufen, ein Geschäft, das ihm mehr Geld einbrachte als der Lohn. Dafür musste er die Ordner, die per Bahn angeliefert wurden, eigenhändig mit einer Karre vom Bahnhof ins Büro schieben. Ikea war ja noch ein Einmann-Unternehmen.

Auch in Växjö hielt Kamprad den Kontakt zu den rechtsradikalen Neuschweden des Per Engdahl. Anders als in Deutschland war der NS-Spuk in Schweden nach 1945 nicht sofort vorbei, und außerdem hatte Kamprad die völkische und nationalistische Ideologie so tief in sich aufgesogen, dass er nicht davon loskam.

Dabei fehlte es nicht an Versuchen, ihn aufzuklären. In der Geschäftsstelle des Waldbesitzerverbandes hatte Kamprad Freundschaft mit dem Leiter der Abteilung für Öffentlichkeitsarbeit geschlossen, einem Journalisten namens Ivar Peterson. Der Mann war 20 Jahre älter als er. Kamprad hatte ihm eine Standuhr verkauft und war ihm darüber näher gekommen. Mit Peterson sprach er auch über seine politischen Überzeugungen. »Er erklärte mir, welcher Irrweg das sei, und legte geduldig dar, weshalb«, erinnerte sich Kamprad später an diese Diskussionen mit dem Kollegen. »Wir wurden gute Freunde und er hörte mir geduldig zu, obwohl ich schwer zu bekehren war.«

1947 wechselte Ingvar Kamprad die Arbeitsstelle und fing in der Hauptverwaltung eines Unternehmens an, das Holzhäuser herstellte. Die in Hultsfred im Norden Smålands gelegene Fabrik gehörte ebenfalls dem Waldbesitzerverband. Nebenher betrieb Kamprad weiter seine kleinen Handelsgeschäfte.

Den Kontakt zu Engdahl ließ er nicht abreißen, im Gegenteil. Kamprad erklärte sich sogar bereit, ein Buch zu verlegen, das der Faschistenführer geschrieben hatte. Es handelte sich um eine Aufsatzsammlung zur schwedischen Geschichte. Wohl um einen größeren Leserkreis erreichen zu können, hatte sich Engdahl entschieden, dieses Buch unter einem Pseudonym zu veröffentlichen. Es erschien 1948 unter dem wenig verkaufsträchtigen Titel *Politische Allgemeinbildung*. Zu Kamprads Ärger blieb das Werk seines Idols ein Ladenhüter.

Kontor statt Kaserne

1947 musste Ingvar Kamprad in Växjö seinen Wehrdienst antreten. Um den Versandhandel nicht aufgeben zu müssen, holte er sich bei seinem Vorgesetzten die Erlaubnis, nachts nicht in der Kaserne sein zu müssen. Er mietete einen Raum im Keller eines Einfamilienhauses an und richtete ihn als Büro mit Schlafgelegenheit ein. Bald hatte er dort sogar einen eigenen Telefonanschluss.

Während seine Kameraden im Kronobergs Regiment nach Dienstschluss in die Kneipe gingen, hockte Kamprad in seinem Kellerbüro und ging seinen Geschäften nach. In späteren Jahren sollte er diesen

Arbeitseifer manchmal bereuen, denn erst da wurde ihm klar, dass er einen Teil seiner Jugend unwiederbringlich verloren hatte.

Das Sortiment von Ikea bestand damals aus Kurzwaren und Nylonstrümpfen, Grußkarten, Samen, Füllfederhaltern und Brieftaschen. Mal annoncierte der junge Unternehmer preisgünstige Bilderrahmen, dann versuchte er es mit Uhren und billigem Schmuck. Das Geschäft lief gut.

Nach seinem Grundwehrdienst wechselte Kamprad 1948 auf die Offiziersschule in Karlsberg. Dort mietete sich der Kadett sogleich wieder einen Büroraum. Es war ihm gelungen, für ein renommiertes französisches Unternehmen als Generalagent für Schweden arbeiten zu dürfen. Im Auftrag der Pariser Firma La Société Evergood vertrieb Kamprad deren Kugelschreiber und Füllfederhalter an schwedische Einzelhändler.

Nachdem er seine Offiziersprüfung bestanden hatte, zog Ingvar Kamprad zurück in sein Elternhaus. Von nun an wollte er seine Geschäfte von dem Gutshof Elmtaryd aus betreiben. Zunächst konzentrierte er sich weiter auf Importe, die er an Einzelhändler vertrieb. Kamprad ließ Werbeblätter drucken, die den Titel »Neues von Ikea« trugen. Die Eltern halfen dem jungen Versandunternehmer, die eintrudelnden Bestellungen zu bearbeiten.

Kamprad sammelte einige Erfahrungen, die ihn als Unternehmer prägen sollten. Als er einmal bei einem schwedischen Großhändler Uhren kaufte, erteilte der ihm eine Lehre im Verhandeln, die er niemals vergessen sollte. Die Uhren sollten 55 Kronen kosten. Kamprad appellierte an das Mitgefühl des Kaufmanns und sagte, als Neuling im Geschäft könne er nicht mehr als 50 Kronen bezahlen. Schmunzelnd ging der Verkäufer mit dem Preis auf 52 Kronen herunter, und Kamprad schlug sogleich ein.

Doch nun hielt ihm der Profi einen eindringlichen Vortrag: Keinesfalls hätte Kamprad den genannten Preis akzeptieren dürfen, ohne es vorher mit einem Gegenangebot von 50 Kronen und 50 Öre zu versuchen. Wenn er als Geschäftsmann erfolgreich sein wolle, müsse er lernen, dass selbst 10 Öre Differenz beim Preis ausschlaggebend für Erfolg oder Misserfolg sein können.

Ein anderes Mal erteilte ihm ein österreichischer Geschäftsmann, der sich in Göteborg niedergelassen hatte, eine Lektion. Kamprad hatte den Mann besucht, weil er einen guten Kugelschreiber zu einem sensationellen Preis in seinem Angebot hatte. Der Stift sollte weniger als ein Viertel dessen kosten, was andere Hersteller nahmen. Kamprad witterte ein großes Geschäft. Er orderte tausend Stück und schaltete Inserate.

Als er 500 Bestellungen für den Stift erhalten hatte, machte er sich auf den Weg in die Hafenstadt, um die Ware abzuholen. Doch sein Geschäftspartner erklärte ihm nun, dass er bei der Kalkulation einen Fehler gemacht hätte. Statt der vereinbarten 2,50 Kronen verlangte der Mann 4 Kronen pro Stück. Das war mehr als der von Kamprad annoncierte Verkaufspreis. Der junge Händler pochte empört auf die mündlich getroffene Vereinbarung. Aber es half ihm nichts, er musste die Kugelschreiber zum verlangten Preis abnehmen, wenn er seine Besteller nicht enttäuschen wollte. Kamprad begriff, dass er zu vertrauensselig gewesen war. Von nun an achtete er stets darauf, seine Verträge schriftlich zu fixieren.

Die Zentrale des kleinen Versandhandelsunternehmens blieb während der ersten Jahre weiterhin der abgelegene Waldbauernhof. Seine Eltern lebten im Steinhaus, er selbst lebte im gegenüberliegenden Pächterhaus von Elmtaryd. Gearbeitet wurde im hölzernen Haupthaus, das Kamprads Großmutter bis 1945 bewohnt hatte. Nach ihrem Tod hatten sich in Franziska Kamprads Schublade all die Sachen wiedergefunden, die sie einst ihrem Enkel abgekauft hatte.

Die Firma Ikea war in den Anfangsjahren ein echter Familienbetrieb. Vater Feodor kümmerte sich um die Buchführung und schrieb Rechnungen. Mutter Berta nahm Telefonate entgegen und half Päckchen zu packen. Es gab so viel zu tun und so wenig Ablenkung in dieser einsamen Gegend, dass meist auch noch am Abend gearbeitet wurde.

Auf dem Land in Schweden nahm der Fahrer, der die Milch abholte und zur Molkerei brachte, auch die ausgehende Post mit. Auf Elmtaryd gab es wie auf anderen Höfen einen massiven Holztisch an der Zufahrt, auf den die Milchkannen gestellt wurden. Dort legte Kamprad morgens auch die Pakete ab, in denen die Lieferungen an seine in ganz Schweden verteilten Kunden lagen.

Auf einer solchen Milchbank wurden die ersten Ikea-Pakete zum Versand abgelegt.

Später zimmerte Kamprad eigenhändig ein kleines Schutzhäuschen, in dem die Pakete gelagert werden konnten. »Mein erstes Versandhaus mit einer Gesamtfläche von einem Quadratmeter war wohl das rationellste der ganzen Branche«, schrieb er später. Hätte dieser Verschlag nicht den aufgemalten Schriftzug IKEA getragen, man hätte ihn für ein stilles Örtchen halten können.

Ein Sessel namens Rut

Das erste Möbelstück, das Ingvar Kamprad in sein Angebot aufnahm, war ein einfacher Sessel ohne Armlehnen. Eine Firma in Liatorp auf der gegenüberliegenden Seite des Möckelnsees stellte ihn her. Kamprad konnte sich Preise und Kontonummern ausgesprochen gut merken, aber mit Artikelnummern tat er sich schwer. Außerdem begriff er intuitiv, dass es beim Verkaufen darauf ankam, die Kundschaft emotional anzusprechen. So kam er auf die Idee, dem Sessel einen, wie er fand, besonders wohlklingenden Mädchennamen zu geben: »Rut«.

Die Nachfrage nach dem Möbel war überraschend groß. Dabei

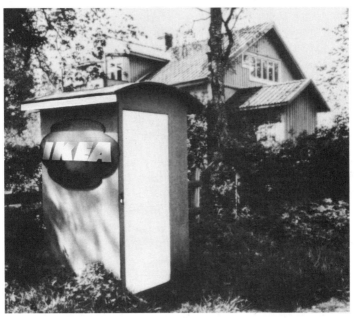

Das erste Ikea-Lager auf Ingvar Kamprads elterlichem Hof in Elmtaryd.

war der junge Kamprad zu dieser Zeit keineswegs der einzige Unternehmer, der Möbelstücke im Versandhandel verkaufte. Im *Verbandsblatt der Landwirte*, das Kamprads Vater bezog, fanden sich immer wieder Annoncen von Möbelhändlern.

Von dem Erfolg mit »Rut« beflügelt, baute Kamprad das Möbelgeschäft zügig aus. Ein Couchtisch und eine Bettcouch gehörten zu den frühen Bestsellern bei Ikea, auch ein Kronleuchter lief gut. In der waldreichen Gegend rund um den Möckelnsee gab es eine Vielzahl von kleinen und großen Möbelschreinereien, sodass es Kamprad nicht schwer fiel, Hersteller zu finden, deren Produkte er vertreiben konnte. Dabei nahm er von Anfang an Einfluss auf die Gestaltung. So kaufte er bei renommierten schwedischen Tuchfabriken Stoffe für die Polster ein. Kamprads Eltern und andere Mitarbeiter auf dem Hof verbrachten viele Abende damit, die Stoffe zuzuschneiden.

Seinen ersten Angestellten stellte der 22-jährige Ikea-Chef 1948 ein. Der Mann hieß Ernst Ekström und sollte sich um die Buchhaltung kümmern. Kamprad brauchte dringend einen Helfer, denn er hatte Großes vor. Er wollte mit seinem Handelsunternehmen ins Massengeschäft vordringen. Um seine Waren zu annoncieren, ließ er erstmals der auf dem Land viel gelesenen Bauernzeitung einen Prospekt beilegen. Das kostete ihn eine beträchtliche Summe Geld, denn das *Verbandsblatt* hatte eine Auflage von immerhin 285 000 Exemplaren.

Aber Kamprad hatte den Entschluss gefasst, als Unternehmer in eine neue Dimension vorzustoßen. Er ahnte, dass ihm dass nur mithilfe niedriger Preise gelingen konnte. Um Preise kreiste in diesen Jahren sein ganzes Denken, sie standen für ihn im Vordergrund. Mit welcher Art Produkte er handelte, war für Kamprad dagegen zweitrangig. Der junge Unternehmer war ein Händler, kein Fabrikant.

Seinen Kunden erklärte er in einem Vorwort des Prospektes, dass es an den Zwischenhändlern liege, dass in den Läden inzwischen alles so teuer geworden sei. Geschickt knüpfte er an die Alltagserfahrung schwedischer Bauern an: »Vergleichen Sie das, was sie selbst für ein Kilo Schweinefleisch bekommen, mit dem, was man im Laden dafür bezahlen muss.« Kamprad hatte Erfolg mit seiner Werbung. Die Zahl der Bestellungen schnellte in die Höhe.

Ingvar Kamprad war zwar erst Anfang zwanzig, als er den Beruf des Unternehmers wählte, aber er war bereits ein ernsthafter und strebsamer Mann. Und er ging auch sogleich daran, eine Familie zu gründen. Ende der vierziger Jahre hatte er sich in eine junge Frau verliebt, die als Sekretärin beim Rundfunk arbeitete. Sie hieß Kerstin Wadling.

Kamprad hat sich später nicht dazu geäußert, was ihm an ihr gefiel. Seinen Idealismus und seinen zupackenden Optimismus teilte Kerstin jedenfalls nicht, im Gegenteil. »Meine Zukünftige hat es etwas schwer, weil sie in keiner Weise im Leben einen Sinn entdecken kann, sondern findet, dass alles keinen Wert habe«, klagte Kamprad in einem Brief an seinen geistigen Mentor Per Engdahl. Dennoch wollte er Kerstin so schnell wie möglich heiraten.

Kamprad lud auch den umstrittenen Rechtsintellektuellen zu seiner Hochzeit ein und bat ihn sogar, eine Rede zu halten. Die

Hochzeitsgesellschaft versammelte sich 1950 in dem vornehmen Stockholmer Hotel Hasselbacken, das auf der königlichen Insel Djurgården liegt. Zur Ehre des Brautpaares hatte Engdahl, der sich in Schweden auch als Lyriker einen Namen gemacht hatte, ein Gedicht geschrieben.

In den frühen fünfziger Jahren war Kamprad in Schweden nicht der einzige umtriebige Unternehmer, der das Versandgeschäft betrieb. Die Konkurrenz in dieser Branche war groß. Der Wettbewerb wurde vor allem über den Preis ausgetragen. Kaum hatte Ikea eine besonders preisgünstige Kommode oder ein Bügelbrett annonciert, antworteten andere Versandhändler mit noch niedrigeren Preisen.

Bald aber war ein Punkt erreicht, wo die Preissenkungen zulasten der Qualität der Waren gingen. Immer öfter fanden sich in Kamprads Post Beschwerden von Kunden, die mit den gelieferten Waren nicht zufrieden waren. Anfang der fünfziger Jahre spitzte sich die Situation zu. »Wir standen vor einer Schicksalsfrage«, erinnerte sich Kamprad später. »Es ging darum, ob IKEA sterben würde oder ob wir eine neue Art finden könnten, das Vertrauen der Kundschaft zu behalten und trotzdem Geld zu verdienen.«

Um die Lösung dieses Problems rang Kamprad gemeinsam mit seinem engsten Vertrauten, einem jungen Mann namens Sven Göte Hansson. Ihn hatte der Unternehmer 1952 nach einem mehr als dreißigstündigen Bewerbungsgespräch eingestellt.

Hansson lebte ebenfalls auf dem Gutshof Elmtaryd. Im kleinen Pächterhaus hatte er ein Zimmer unter dem Dach bezogen, das neben dem von Ingvar Kamprad lag. Im Hauptgebäude teilten sich die beiden jungen Männer ein Büro. Sonntags gingen sie gemeinsam fischen oder Pilze sammeln. Vergnügungen, die nichts kosteten und auch noch etwas einbrachten. Glücklicherweise war Hansson sogar noch sparsamer veranlagt als Kamprad.

Gemeinsam analysierten die Männer die Lage der Versandbranche. Die meisten Kunden gaben bei dem Unternehmen ihre Bestellungen auf, das die jeweils niedrigsten Preise hatte. Die Unterschiede, die es in der Qualität der Erzeugnisse gab, konnten die Leute in den Katalogen und Prospekten ja nicht erkennen. Wurden sie dann von einem Produkt enttäuscht, reagierten die Leute in der Regel mit Ablehnung und kauften fortan überhaupt nichts mehr im Versandhandel. Ein Rückgaberecht gab es noch nicht.

Ausstellung in Älmhult

Nach langen Diskussionen kamen Kamprad und Hansson auf die Idee, ihre Waren auszustellen. Mit einem Möbelhaus zum Anschauen müsste sich doch das Vertrauen der Kunden gewinnen lassen. »Die Leute könnten dorthin fahren, die Möbel an Ort und Stelle in Augenschein nehmen und die Qualität der unterschiedlichen Preislagen vergleichen«, so Kamprad.

Diese Ikea-Dauerausstellung sollte in Älmhult angesiedelt werden, dem nächstgrößeren und ans Eisenbahnnetz angebundenen Ort. Kamprad sah sich nach einem geeigneten Gebäude um und fand es in einer stillgelegten Schreinerei. Er kaufte die Halle und ließ sie mit einfachen Mitteln renovieren, wobei der junge Unternehmer selbst mit Hand anlegte.

Gemeinsam mit Hansson war Kamprad zu dem Schluss gekommen, dass es sinnvoll wäre, wenn sich Ikea ganz auf das Geschäft mit Möbeln konzentrierte und den Versandhandel mit Büromaterialien und Schreibwaren aufgab. So stellten die beiden Männer ein Sortiment an Möbeln und Einrichtungsgegenständen zusammen und begannen, einen Katalog zu produzieren.

Auf dessen Erscheinen wiesen sie in Zeitungsanzeigen und Briefen an ihre Stammkunden hin. Interessierte Verbraucher, die Kamprads Katalog anforderten, fanden auf der Rückseite eine Einladung nach Älmhult. Dort könnten sie die Möbel anschauen und sich von deren Qualität überzeugen.

Der Tag der Eröffnung der ersten Ikea-Ausstellung war der 18. März 1953. Kamprad war sehr aufgeregt. Das war ein großer Tag in seinem Leben. Wie würde er verlaufen? Der Zustrom von Besuchern schien überraschend groß. Bevor schließlich die Türen geöffnet wurden, blickte der Ikea-Chef noch einmal aus dem Fenster. »Da standen mindestens tausend Leute! Ich traute meinen Augen nicht!«

In die Freude mischte sich allerdings gleich Besorgnis. Die Möbel

Die ehemalige Schreinerei Almblad in Älmhult, in der Ingvar Kamprad ab 1953 seine erste dauerhafte Möbelausstellung präsentierte.

waren auf zwei Etagen aufgestellt worden. Keiner wusste, wie viele Menschen der Fußboden des Obergeschosses tragen würde. Außerdem hatten die jungen Möbelhändler nicht genügend Kaffee und Gebäck bereitgestellt, um all die Besucher so bewirten zu können, wie sie es im Katalog versprochen hatten.

Aber dann ging doch alles glatt ab. Das junge Unternehmen erlebte eine glanzvolle Premiere mit seinem neuen Konzept. Mit der Kombination von Versandhandel und einem Möbelhaus war dem 28-jährigen Ingvar Kamprad eine Innovation gelungen. Seine Kunden konnten zu Hause eine Vorauswahl im Katalog treffen und, wenn sie es genauer wissen wollten, die Möbel vor Ort in Augenschein nehmen. Geliefert wurde dann per Post direkt aus den Fabriken der Hersteller.

Kamprad musste kein Lager unterhalten und trug auch kein großes Risiko. Der Verkauf boomte. 1954 erwirtschaftete Kamprad bereits einen Umsatz von 3 Millionen Schwedischen Kronen. Und die Wachstumskurve ging so steil nach oben, dass er seine Einnahmen im Jahr darauf bereits verdoppeln konnte.

Immer mehr Schweden interessierten sich nun für sein Angebot und wollten einen Ikea-Katalog nach Hause geschickt bekommen. Dessen Auflage erreichte schon Mitte der fünfziger Jahre eine halbe Million.

Immer mehr Menschen pilgerten auch nach Älmhult. Preisfuchs Kamprad handelte sogar mit der schwedischen Staatsbahn Rabatte für die Möbeltouristen aus. Überhaupt ließ er sich allerhand einfallen, um das Geschäft anzukurbeln. Kunden, die eine komplette Einrichtung bei Ikea orderten, durften auf Firmenkosten in einem Älmhulter Hotel zu Abend essen.

Die Zeit nach der Eröffnung der ersten Dauerausstellung sollte Kamprad in späteren Jahren als »einen einzigen Rausch von ständiger und lustvoller Arbeit« in Erinnerung behalten, wie er es in seinen Memoiren formulierte. »An den Wochenenden ein Massenansturm auf unsere Möbelausstellung, in den Nächten stellten wir in dem klitzekleinen Büro, wo wir alle um einen Schreibtisch herumsaßen, Frachtzettel und Rechnungen aus.«

Zur gleichen Zeit, als Ingvar Kamprad Ikea aufbaute, gründete auch ein anderer Schwede ein neuartiges Unternehmen. Dieser Ruben Rausing hatte sich immer schon daran gestört, wie schwer Getränkeflaschen zu tragen waren. Man müsste die Milch in Pappkartons abfüllen können, dachte er sich, aber die waren ja leider nicht dicht. Als er dann seine Frau dabei beobachtete, wie sie Wurst in eine Pelle abfüllte, kam ihm die Idee, Karton mit Kunststoff zu beschichten. 1951 gründete Rausing seine Verpackungsfirma. Weil er in seinen Versuchen die Pappkartons in Form von Tetraedern gefaltet hatte, nannte er die Firma Tetra Pak.

Tisch ohne Beine

Auch bei Ikea wurde experimentiert. Schon im ersten Ikea-Katalog war ein Tisch angeboten worden, den die Kunden selbst zusammenbauen mussten. Er hieß Max. Die Idee, der Tischplatte die Beine abzuschrauben, um das Ganze besser transportieren zu können, stammte allerdings nicht von Kamprad selbst, sondern von Gillis

Lundgren, einem jungen Werbegrafiker aus Malmö. Ihn hatte Kamprad für die Produktion des Katalogs angeheuert.

In einer leeren Halle einer Möbelfabrik in Älmhult, bei der Ikea einen Teil seiner Produkte herstellen ließ, hatten Lundgren und Kamprad Möbel zu einem Ensemble arrangiert und sie fotografiert. Der Werbemann, der drei Jahre jünger war als Kamprad, verfügte über ein großes Talent zur Improvisation. Ließ eine Blume im Licht der Scheinwerfer nach einiger Zeit den Kopf hängen, richtete er sie kurzerhand mit Nähnadeln wieder auf und fotografierte weiter. Als die Männer nach einer Fotosession den Tisch wieder verpacken wollten, ärgerte sich Lundgren über das unförmige Ding. Er schlug vor, dem Tisch kurzerhand »die Beine auszureißen«. Unten ohne konnte das Möbel schnell und platzsparend verpackt werden.

Kamprad und Lundgren übertrugen dieses Prinzip im Laufe der Zeit auf immer mehr Möbelstücke. Dabei ging es den Männern anfangs nicht einmal in erster Linie darum, durch flache Pakete Versandkosten zu sparen. Vordringlich erschien ihnen, die hohe Zahl der Transportschäden zu verringern, unter denen das Ikea-Geschäft litt. Die Schäden hatten sich zu einem echten Problem ausgewachsen. Allzu viele Möbel gingen zu Bruch, bevor sie bei den Kunden ankamen. Auch die Versicherungsgesellschaft hatte sich schon darüber beschwert.

Kamprad wusste, dass sich viele Schäden vermeiden ließen, wenn die Möbel in Einzelteile zerlegt ausgeliefert werden konnten. Also begann er, den Fabriken, bei denen er die Ware produzieren ließ, entsprechende Vorgaben machen. Der junge Unternehmer war es damals bereits gewohnt, sich in Werkshallen zu begeben, um auf die Produktion der von ihm vertriebenen Möbel Einfluss zu nehmen. Zwar war Kamprad von Natur aus ein eher scheuer Mensch, der lieber Prospekte schrieb, als mit Menschen zu sprechen, aber er hatte von Anfang an die Chance gesehen, seine Einkaufspreise weiter zu senken, indem er den Betrieben kostensparende Veränderungen an den Möbeln vorschlug.

Der Grafiker Lundgren, Ikea-Mitarbeiter mit der Personalnummer 004, war ihm dabei eine große Hilfe. Lundgren verfügte über die Fähigkeit, mit wenigen Strichen das zu Papier zu bringen, was Kamprad vorschwebte. Und so fuhr der Werbefachmann, der selbst einer Handwerkerfamilie entstammte, mit Kamprad in dessen altem Citroën von Möbelfabrik zu Möbelfabrik und entwarf dabei eine Vielzahl von Möbeln, die auch von Laien zusammengeschraubt werden konnten.

Revolutionär war das alles nicht. Nicht einmal in Schweden war Ikea das erste Handelsunternehmen, das Möbel in Einzelteilen auf dem Versandweg vertrieb. Ingvar Kamprad selbst hat in späteren Jahren keinen Hehl daraus gemacht. Schon in den vierziger Jahren hatten andere Unternehmen Möbelbausätze auf den Markt gebracht. Auch der große schwedische Kaufhauskonzern Nordiska Kompaniet war damit vor Ikea erfolgreich. »Ihnen war nur nicht klar, welchen kommerziellen Sprengstoff sie bargen«, meinte Kamprad.

Aber auch der Ikea-Gründer sah nicht auf Anhieb alle Chancen, die dieses System bot. Es sollte noch etliche Jahre dauern, bis Kamprad auf die Idee kam, dass die Kunden, wenn sie schon mit dem Auto zum Möbelhaus kamen, die flach verpackten Möbel am besten gleich selbst nach Hause transportieren konnten.

Der Branchenkrieg beginnt

Schon früh zog sich der junge Kamprad den Ärger der etablierten schwedischen Möbelhersteller und -händler zu. Mit seinen Niedrigpreisen störte er das Geschäft der alteingesessenen Konkurrenten. Die Möbelhändler attackierten den Neuling und warfen ihm vor, dass er ihre Möbelstücke, die in vielen Fällen von renommierten Designern entworfen worden waren, billig nachbauen ließe und sich zahlreicher Plagiate schuldig gemacht hätte.

Dieser Vorwurf war nicht aus der Luft gegriffen. »Als wir nicht die gleichen Möbel wie andere kaufen konnten, waren wir gezwungen, eigene zu entwerfen«, sagte Kamprad. »Dadurch entwickelten wir einen eigenen Stil, eine eigene Formenwelt.« Zur Wahrheit gehört aber auch, dass Kamprad sich anfänglich nur allzu gerne an dem orientierte, was er bei der Konkurrenz sah. War es gut, so überlegte der auf Preise fixierte Unternehmer, wie man es billiger herstellen oder einkaufen konnte.

Der Grafiker Lundgren war ein Meister in der Kunst der Abwandlung gut gehender Möbel. Einige kleine Veränderungen immunisierten Ikea gegen Plagiatsklagen. Das Möbelhaus Dux zog mehrfach gegen Ikea vor Gericht, konnte sich aber meist nicht durchsetzen. »Jedes Design lernt von anderem Design«, lautete Lundgrens Credo.

Lundgrens Variationen lagen im Interesse derjenigen Möbelfabriken, die sowohl Ikea als auch die traditionellen Händler belieferten. Gleichwohl bekamen diese unabhängigen Hersteller zunehmend den Druck der alteingesessenen Möbelhändler zu spüren. Für die Branche war Ikea so etwas wie ein Schmuddelkind. Ein Außenseiter, der sich nicht an die Spielregeln hielt und der mit seinen Billigangeboten die Preise verdarb. Der Verband der Möbelhändler ging sogar so weit, Briefe an Ikea-Lieferanten zu senden, in denen den Betrieben unverblümt angedroht wurde, dass sie keine Aufträge der etablierten Geschäfte mehr bekommen würden, wenn sie weiterhin Ikea belieferten.

Viele Hersteller beugten sich dem Druck und verzichteten auf das Zusatzgeschäft mit Kamprads Unternehmen. »Von einigen Herstellern wurden wir buchstäblich hinausgeschmissen«, erinnerte sich Lundgren, der mit Kamprad auf die Suche nach neuen Lieferanten ging. Andere Unternehmen versuchten mithilfe von Tricks im Geschäft zu bleiben. Da fuhren dann die Lieferwagen in tiefer Nacht nach Älmhult, damit nicht zu sehen war, woher Ikea seine Möbel bekam.

Der gewitzte Kamprad gründete eine Vielzahl von Tochterfirmen unter anderen Namen. Dorthin konnten Möbelfabriken liefern, die nicht direkt an Ikea verkaufen wollten. Auch auf den Fachmessen hatte Kamprad in dieser Zeit immer öfter mit Schwierigkeiten zu kämpfen. Andere Aussteller versuchten, ihn von der Möglichkeit der Präsentation auszuschließen. Kamprad bot seinen Gegnern dabei reichlich Angriffsfläche, weil er nicht darauf verzichten wollte, auf solchen Messen auch an Endverbraucher zu verkaufen. Das war aber eigentlich verboten.

Nicht selten musste der Jungunternehmer Strafgelder bezahlen, weil er gegen Regeln verstoßen hatte, manchmal erhielt er sogar Hausverbot. Darauf reagierte Kamprad typischerweise, indem er zur nächsten Messe nicht Ikea, sondern eine zuvor nicht in Erscheinung getretene Tochterfirma anmeldete. Außerdem mietete er in Stockholm und anderen schwedischen Städten Räume an, in denen er einige Wochen lang Ikea-Möbel ausstellte.

Einer der Lieferanten, der Ikea in dieser Zeit allen Widerständen zum Trotz treu blieb, war ein Hersteller von Schaumstoffmatratzen. Das Unternehmen zählte zum Einflussbereich der Bonniers, einer der mächtigsten schwedischen Wirtschaftsdynastien. Bald lief das Gerücht um, die Bonniers, die sich hauptsächlich im Verlagswesen betätigten, seien an Ikea beteiligt.

Das traf allerdings nicht zu, Ikea gehörte Ingvar Kamprad allein. Richtig ist hingegen, dass der junge Aufsteiger aus Småland schon früh in führenden Wirtschaftskreisen mit Sympathie betrachtet wurde. Sogar der Bankier Marcus Wallenberg, der mächtigste Mann der schwedischen Wirtschaft, suchte bald die Gelegenheit, den Newcomer persönlich kennen zu lernen. Die Männer trafen sich in den Räumen einer Bank in Växjö.

Wallenberg sprach Kamprad dabei mit »Ingenieur« an. Offenbar dachte er, einen begabten Techniker vor sich zu haben. In Wahrheit war Kamprad schon längst mehr als ein Techniker. Er war ein erfolgreicher Händler mit einem Verständnis für die Produktion, dazu ein findiger Einkäufer, ein Marketingprofi, der die Texte in den Katalogen selbst verfasste, und überdies auch ein talentierter Menschenführer.

Dieses Talent hatte Kamprad wohl von seiner Mutter geerbt. Die Kaufmannstochter Berta Kamprad war ein Mensch, der sich stets für neue Ideen begeistern und andere mitreißen konnte. Vor allem in dieser Hinsicht war sie ihrem Sohn ein Vorbild.

1956 starb Berta Kamprad an Krebs. Sie wurde nur 53 Jahre alt. Ingvar Kamprad trauerte sehr um sie. Sie war ihm nicht nur eine warmherzige Mutter gewesen, sie hatte ihn auch bei seinem Start als Unternehmer tatkräftig unterstützt.

Die Familie bedeutete Ingvar Kamprad viel. Deshalb lag ihm auch sehr daran, dass sein Vater eine Aufgabe bei Ikea behielt, als das Unternehmen schon in eine neue Größenordnung hineingewachsen war. Auf Wunsch seines Sohnes übernahm Feodor Kamprad daher die Position des Aufsichtsratsvorsitzenden bei Ikea. Es war eine Rolle, die er sehr genoss, weil sie seinem Hang zu patriarchalischem Gehabe entgegenkam.

Inzwischen hatte Ingvar Kamprad auch eine eigene kleine Familie. Nachdem der Kinderwunsch der Eheleute über Jahre unerfüllt geblieben war, hatten er und Kerstin Kamprad ein Mädchen namens Annika adoptiert. Das Kind wuchs auf Elmtaryd auf. Dort waren die Kamprads wohnen geblieben, auch nachdem Ikea seinen Sitz offiziell nach Älmhult verlegt hatte. Tag für Tag fuhr der junge Chef viele Kilometer auf der kleinen kurvenreichen Straße zwischen Älmhult und Elmtaryd, die durch dunklen Fichten- und Kiefernwald führte.

In den Jahren, als Ingvar Kamprad seine kleine Handelsfirma zu einem schlagkräftigen Unternehmen aufbaute, kam ihm ein starker Rückenwind zu Hilfe. Wie Deutschland erlebte Schweden in den fünfziger Jahren so etwas wie ein Wirtschaftswunder. Dabei hatte das Land noch einen Vorsprung gegenüber den Staaten, die Krieg geführt hatten, weil seine Fabriken unversehrt geblieben waren.

Schweden profitierte vom Krieg in Korea, der im Juni 1950 ausgebrochen war. Die USA und ihre Mitstreiter begannen nun wieder aufzurüsten und blockierten damit einen Teil ihrer Produktionskapazitäten. Das gab schwedischen Firmen die Gelegenheit, mit ihren Exporten die Lücken zu füllen. Die Industrie boomte, und der Aufschwung wurde noch dadurch begünstigt, dass die Währung um fast ein Drittel abgewertet worden war.

In Stockholm regierte seit 1946 der Sozialdemokrat Tage Erlander. Unter seiner Führung begann das, was später die »Zeit der Ernte« genannt werden sollte: der massive Ausbau des schwedischen Wohlfahrtsstaates mit Kindergeld, Krankenversicherung, Altersrente und Wohngeld. Das bislang eher schlicht eingerichtete »Volksheim« aus den dreißiger Jahren wurde nun zu einem komfortablen Sozialhaus ausgebaut.

Die schwedische Gesellschaft veränderte dabei ihr Gesicht. Bald nach dem Weltkrieg hatte eine große Landflucht eingesetzt. Zu Zehntausenden gaben Bauern ihre Höfe auf und zogen in die städtischen Ballungsgebiete, wo sie eine besser bezahlte Arbeit in der Industrie fanden.

Diese Menschen bezogen vergleichsweise kleine Neubauwohnungen und fragten nach preiswerten und modernen Möbeln. Ingvar Kamprad war derjenige, der sich genau auf dieses Geschäft spezialisiert hatte.

1958 baute Ikea in Älmhult das erste richtige Möbelhaus. Mit einer Größe von fast 7 000 Quadratmetern erreichte es nicht nur eine andere Dimension als die Ausstellung in der umgebauten Schreinerei, die fünf Jahre zuvor ihre Tore geöffnet hatte. Nach Angaben des Kamprad-Biografen Torekull war das neue Haus sogar die größte Möbelpräsentation, die es zu dieser Zeit in Europa gab.

An die Spitze des Hauses hatte Kamprad seinen engen Vertrauten Hansson gesetzt. Am Tag, als das Möbelhaus seine Toren öffnete, standen die Menschen Schlange. Manche nutzten bereits die Möglichkeit, einzelne Möbel mit dem eigenen Auto nach Hause zu transportieren.

Ein Bestseller waren die Schubladenschränke Tore, die Gillis Lundgren 1958 entworfen hatte. Das Möbel war ursprünglich für Kinderzimmer gedacht, aber das hinderte die Kunden nicht, die bunten Kommoden hinzustellen, wo sie wollten.

In diesen Anfangsjahren war Ikea für Ingvar Kamprad so etwas wie eine Familie. Das Unternehmen war noch überschaubar mit seinen etwas mehr als 100 Beschäftigten, die es 1960 gab. In dieser Familie war er der Vater, der die Richtung vorgab und für die Seinen zu sorgen hatte. Kamprad war von dem Leben auf dem Lande geprägt worden, und sein Selbstbild entsprach in gewisser Hinsicht dem eines Gutsherrn oder eines Fabrikanten in einem »bruk« während der Industrialisierung Schwedens.

Bruks waren abgelegene Siedlungen rund um eine Fabrik. Anders als in England oder Deutschland hatte sich die Industrialisierung in Schweden nicht in Städten, sondern in ländlicher Abgeschiedenheit vollzogen. Um ein einziges Werk herum wurden Kirchen, Schulen, Wohnhäuser gebaut. Es gab einen Arzt und eine Apotheke.

Diese isolierten Kolonien, in denen der Unternehmer für das Wohlergehen der Arbeiter verantwortlich war, gelten Historikern als wichtige Quelle des schwedischen Gemeinsinns. Der Arbeiter, der in einem Bruk lebte, hatte dort zeit seines Lebens sein Zuhause. Er musste hart und zuverlässig arbeiten. Im Gegenzug wurde er durch den Fabrikherren rundum versorgt.

Als sich die Mitarbeiter von Ikea eines Tages versammelten und beschlossen, kollektiv der Gewerkschaft beizutreten, war Kamprad enttäuscht und verstimmt. Ihm blieb nichts anderes übrig, als diesen Entschluss hinzunehmen. Notgedrungen schloss er sich mit dem Unternehmen dem Arbeitgeberverband an. In seinen Augen war die Familienidylle damit aber vorbei.

Das galt auch in anderer Hinsicht. Binnen eines Jahrzehnts war Ingvar Kamprad, der Bauernsohn aus der Provinz, zu einem landesweit bekannten Unternehmer aufgestiegen. Er war ein reicher Mann geworden und zugleich ein großer Steuerzahler.

Wie kein anderes Land der Welt besteuerte Schweden damals das Einkommen seiner Unternehmer. Die Sätze reichten bis 85 Prozent. Um seine persönliche Einkommensteuer niedrig zu halten, ließ Kamprad sich nur ein bescheidenes Gehalt überweisen. Es orientierte sich an dem der anderen Führungskräfte bei Ikea. Einer anderen Steuerart konnte er aber nicht ausweichen, das war die Vermögensteuer. Diese richtete sich nach dem Kapital, welches in ein Unternehmen investiert worden war. Die Steuer durfte aber nicht aus der Unternehmenskasse bezahlt werden, sondern musste aus dem Privatvermögen des Eigentümers bestritten werden.

Daher sah sich Ingvar Kamprad gezwungen, von seinem eigenen Unternehmen Geld zu leihen, um damit seinen Verpflichtungen gegenüber dem Fiskus nachkommen zu können. Bald wuchsen seine Schulden zu so hohen Beträgen an, dass es dem sparsamen Kamprad unheimlich wurde. Immer öfter beschlich den Geschäftsmann trotz seines extremen Erfolges das Gefühl, im Grunde pleite zu sein.

Kamprads Unwohlsein verstärkte sich noch, als 1960 seine Ehe in die Brüche ging. Kerstin Kamprad war es leid geworden, auf einen Mann zu warten, dem sein Unternehmen wichtiger war als seine Familie, und hatte die Scheidung eingereicht. »Ich musste zwischen meiner Familie und der Arbeit wählen«, sagte Kamprad Jahrzehnte später in einem Fernsehinterview. »Und dann war es keine Alternative für mich.«

Der sparsame Unternehmer musste zahlen. »Bei der Scheidung

verlangte meine Frau so viel, dass sogar ihr Anwalt staunte«, erzählte er später seinem Biografen. »Wir einigten uns schließlich auf eine angemessene Summe, aber es blieb doch ein bitterer Nachgeschmack.« Schlimmer als der materielle Verlust war für Ingvar Kamprad der menschliche. Nach der Scheidung ließ Kerstin Kamprad keinen Kontakt ihres Ex-Mannes zu dem Mädchen zu, das die Eheleute adoptiert hatten. In seinen Memoiren klagte Kamprad später: »Ich durfte meine Tochter lange Zeit nicht sehen und sehnte mich nach dem Kind.«

4. Kapitel

»Getrieben von Profitgier, Mitgefühl und Sympathie«

Kamprad lässt in Polen produzieren

Die Idee kam ihm bei der Zeitungslektüre. Im *Svenska Dagbladet* stieß Ingvar Kamprad eines Morgens auf die Meldung, dass der Außenhandelsminister der Volksrepublik Polen nach Schweden kommen werde. Witold Trampczynski werde die Stockholmer Handelskammer besuchen, las er, und wolle die schwedische Wirtschaft ermuntern, mit polnischen Kombinaten zusammenzuarbeiten.

Kamprad war wie elektrisiert. Polen, das Land hinter dem Eisernen Vorhang, vielleicht würde er dort einen Ausweg aus den Schwierigkeiten finden, in denen sich Ikea gerade befand. Das Unternehmen war mit seinem Katalog und dem Möbelhaus in Älmhult inzwischen so erfolgreich, dass es Kamprad zunehmend schwer fiel, den Warennachschub zu organisieren. Nach wie vor boykottierten viele Unternehmen der schwedischen Möbelindustrie Ikea, weil sie es sich mit den alteingesessenen Möbelhändlern nicht verderben wollten.

Diejenigen Hersteller, die es dennoch riskierten, für den Discounter in Småland zu arbeiten, produzierten an der Grenze ihrer Kapazitäten. Kamprad hatte auch schon Lieferanten im benachbarten Dänemark aufgetan, um unabhängiger von schwedischen Produzenten zu werden. Aber das reichte nicht. Die Nachfrage nach den Artikeln des jungen Möbelhauses war schlichtweg zu groß.

Kamprad schrieb einen Brief an den polnischen Minister. Darin stellte er sein Unternehmen vor und erklärte sein Interesse an einer Zusammenarbeit mit polnischen Möbelherstellern. Dann ging alles seinen sozialistischen Gang. Über Monate hörte der schwedische Unternehmer nichts. Dann aber traf in Älmhult eine Einladung zu Gesprächen in Warschau ein. Im Januar 1961 flog Ingvar Kamprad zum ersten Mal nach Polen. Begleitet wurde er von seinem Vater Feodor als dem Aufsichtsratsvorsitzenden von Ikea und von einem jungen Ikea-Ingenieur namens Ragnar Sterte, der für den Möbeleinkauf zuständig war.

Die Herren logierten im Grand Hotel, an dem nur noch der Name vornehm war. Ansonsten war das Haus ziemlich heruntergekommen, wie die Ikea-Leute schnell feststellten. Die Wanzen der polnischen Geheimpolizei bemerkten die Gäste nicht.

Die Mission der drei Schweden begann mit Gesprächen bei der Exportorganisation der polnischen Möbelindustrie. Die kommunistischen Wirtschaftsbürokraten präsentierten den Besuchern aus dem Norden einige Fotos, auf denen Erzeugnisse der staatlichen Möbelindustrie zu sehen waren. Die waren wenig beeindruckend und trafen eher den russischen Geschmack als den schwedischen. Als die Polen dann noch ihre Preise nannten, war Ingvar Kamprad ernüchtert. Wenn er viel Geld bezahlen wollte, so dachte er bei sich, musste er nicht auch noch Geschäfte mit Kommunisten machen.

Aber Kamprad kannte das Spiel. Am Anfang jeder Preisverhandlung standen hohe Forderungen, da unterschieden sich das kapitalistische und das kommunistische System nicht. Er wusste genau, dass die Polen zu erheblich niedrigeren Kosten produzieren konnten als die schwedische Industrie. Außerdem konnte das Geschäft noch warten. Vordringlich schien dem Unternehmer bei seinem ersten Besuch, einige Betriebe zu besichtigen, um die technischen Fähigkeiten der polnischen Industrie beurteilen zu können. Aber als er diesen Wunsch anmeldete, verzogen die polnischen Gesprächspartner die Mienen. Es sei leider nicht möglich, dass die Schweden Warschau verließen. Dafür hätten sie kein Visum.

Kamprad stutzte und erklärte dann, dass er unter solchen Umständen an einer Zusammenarbeit mit der polnischen Möbelindustrie nicht länger interessiert sei. Er wolle abreisen. Nun setzte auf der Gegenseite eine hektische Aktivität ein. Die Polen wussten sehr wohl, dass sie in dem jungen schwedischen Unternehmer einen potenziellen Großabnehmer und Devisenlieferanten vor sich hatten. Den durften sie nicht einfach ziehen lassen. Also nahmen die Exportbürokraten Kontakt mit den Sicherheitsbehörden auf. Am Ende hatten die drei Schweden ein Sondervisum, das ihnen Reisen in die polnische Provinz ermöglichte.

In Begleitung polnischer Aufpasser reiste das Trio über Land nach Posen und besichtigte dort mehrere Möbelhersteller. Die Verhältnisse in den Betrieben waren primitiv gemessen an dem, wie in Schweden damals Möbel produziert wurden. Aber Kamprad und der Produktionsfachmann Sterte wussten, dass Polen über eine alte Tradition in der Holzwirtschaft verfügte. Kamprads sächsischer Urgroßvater war im 19. Jahrhundert immerhin eine Zeit lang Forstmeister auf einer Domäne in Polen gewesen. Bei ihren Betriebsbesichtigungen erkannten die Ikea-Leute, dass sich die Fähigkeiten der Polen, Holz zu verarbeiten, bis in die Gegenwart erhalten hatten.

Sprossenstühle zum halben Preis

Bevor die Ikea-Leute nach Stockholm zurückflogen, gaben sie ihre erste Bestellung in Polen auf. Es ging um einen bestimmten Typ von Stühlen mit Sprossen. Diese waren seit einiger Zeit ein absoluter Renner im Ikea-Versandhandel. Der schwedische Hersteller hatte aber nicht so viele liefern können, wie Ikea hätte verkaufen können. Die Polen erhielten eine erste Lektion in Kamprads Verhandlungskunst. Am Ende der Gespräche hatte sich der Ikea-Chef für die Sprossenstühle einen Preis gesichert, der um die Hälfte unter dem lag, was ihn ein solcher Stuhl in Schweden kostete.

Mit der Qualität der polnischen Erzeugnisse gab es dann allerdings Probleme. In den folgenden Monaten kam Ikea nicht darum herum, schwedische Fachleute zur Unterstützung der polnischen Betriebsleiter zu entsenden. Die Schweden halfen außerdem mit Werkzeug und Maschinenteilen, die sie nach Polen brachten, ohne sich dabei um die Aus- und Einfuhrbestimmungen zu scheren. Die Regeln waren streng, denn es war die Zeit des Kalten Krieges.

»In der ersten Zeit betrieben wir gezielten Schmuggel«, schreibt Kamprad in seinen Erinnerungen. »Wir arbeiteten jenseits aller Bürokratie, getrieben von einer Mischung aus Profitgier, Mitgefühl und einer schnell entstandenen Sympathie für die polnischen Freunde.« Ikea leistete im kommunistischen Polen so etwas wie kapitalistische Entwicklungshilfe. Bald ließ das Unternehmen in stillgelegten schwedischen Möbelfabriken den kompletten Maschinenpark abbauen und sie in Polen wieder aufstellen.

Nachdem er die ersten positiven Erfahrungen mit den polnischen Partnern gemacht hatte, schloss Kamprad langfristige Verträge. Das war für beide Seiten von Vorteil. Die Planbürokraten in der Volksrepublik hatten damit genügend Zeit, um sich auf die jeweiligen Anforderungen einzustellen. Und Ikea erhielt die Sicherheit, dass die Möbel zu Beginn der Verkaufssaison lieferbar waren. So konnte das Unternehmen seinen in hoher Stückzahl aufgelegten Katalog ohne Angst um Lieferengpässe drucken lassen.

»Das Modell von Ikea passte perfekt zur polnischen Planwirtschaft, bei der viel Zeit zur Umstellung gebraucht wurde und bei der neue Dimensionen Kopfzerbrechen bereiteten«, analysiert Firmenbiograf Bertil Torekull. Ebenso sehr profitierte Kamprad aber von der Kooperation mit den Kommunisten. »Die Polen bescherten ihm einen Preisvorsprung, den der schwedische Möbelhandel niemals aufholen konnte«, so Torekull. Sein Fazit über die Boykottattacke der Branche auf Ikea: »Der Versuch, den Emporkömmling aus Älmhult zu sabotieren, endete ironischerweise damit, dass er dadurch stärker wurde.«

Für Ingvar Kamprad war Polen ein Sprungbrett für sein Weiterkommen in Schweden, die Voraussetzung für den großen Erfolg, der in seinem Heimatland noch vor ihm lag. Nachdem er Ikeas Lieferantenproblem unkonventionell gelöst hatte, konnte Kamprad seinen Plan angehen, mit seinem Unternehmen die schwedische Hauptstadt zu nehmen. Schon 1963 hatte er ein Möbelhaus in der norwegischen Hauptstadt Oslo eröffnet, das allerdings mit 1 500 Quadratmetern sehr klein war. Mit dem, was Ikea in Stockholm plante, war es nicht zu vergleichen.

Als Grundstück wählten Kamprad und seine Mitarbeiter ein Gelände außerhalb der schwedischen Hauptstadt aus, das nicht viel kostete und ausreichend Platz für Parkplätze bot. Der Architekt Claes Knutsson entwarf ein futuristisch wirkendes Gebäude, das sich an dem runden Guggenheim-Museum in New York orientierte. Die Nutzfläche des Möbelhauses betrug 46 000 Quadratmeter, eine bis dahin nicht gekannte Größe für ein solches Geschäft. Obwohl der

Bau fast das Dreißigfache dessen verschlang, was das erste Möbelhaus in Älmhult gekostet hatte, musste Ingvar Kamprad keine Krone Kredit aufnehmen – so viel Geld hatte Ikea in der Zwischenzeit verdient.

Werbung durch Warentest

Alles lief wie geschmiert. Noch während der Bauarbeiten des Stockholmer Möbelhauses erschien die Zeitschrift *Allt i Hemmet* mit einem spektakulären Möbeltest. Das renommierte Magazin, dessen Titel auf deutsch »Alles für zu Hause« lautet, verglich Ikea-Möbel mit den Erzeugnissen renommierter schwedischer Hersteller. Das Blatt hatte Testkäufer losgeschickt und sie komplette Wohnzimmereinrichtungen aussuchen lassen. Der Preisunterschied, den die Magazinmacher anschließend errechneten, war gewaltig. Die Ikea-Möbel kosteten weniger als ein Drittel dessen, was der teuerste Anbieter für Vergleichbares verlangte.

Dass Ikea der Billigheimer im schwedischen Möbelhandel war, war in Schweden damals schon allgemein bekannt. Sensationell waren dagegen die Ergebnisse der Untersuchungen zur Qualität der Möbel. Die Redaktion hatte sie in einem unabhängigen Testlabor vornehmen lassen. Die Experten bescheinigten den Ikea-Produkten durchweg eine höhere Qualität als den Konkurrenzerzeugnissen. Testsieger war ein in Polen gefertigter Ikea-Stuhl, der nur ein Viertel vom Preis des teuersten Stuhls im Test kostete, und trotzdem einem Dauerbelastungstest unbeschadet standgehalten hatte.

Die Branche lief Sturm und protestierte gegen den spektakulären Warentest. Aber an den Ergebnissen war nichts zu deuteln. So konzentrierten sich die Kritiker auf das Argument, es sei unzulässig, die eher schlichten Ikea-Möbel mit Möbeln zu vergleichen, deren Entwürfe von berühmten Gestaltern stammten.

Die Möbelindustrie beließ es aber nicht bei ihrer Kritik, sondern unternahm einen regelrechten Feldzug gegen die Wohnzeitschrift. Ihre Verbandsvertreter begannen, Markenhersteller in anderen Branchen aufzuwiegeln und versuchten, diese per Rundbrief zu einem Anzeigenboykott gegen das Magazin zu bewegen. *Allt i hemmet* wehrte sich nach Kräften. Und als die couragierte Chefredakteurin in einer Fernsehdiskussion den Rundbrief des Möbelverbandes öffentlich machte, gewannen sie und Ikea die Sympathien des Publikums.

Durch den Warentest wurde Ikea in Schweden im Wortsinne salonfähig. Nun konnten auch solche Schweden, die etwas auf sich hielten, bei Ikea einkaufen. Der Makel fragwürdiger Qualität, der Ikea seit seiner Gründung angehaftet hatte, war mit einem Mal verschwunden. Nun stand für viele Verbraucher fest: Ikea-Möbel waren nicht schlechter als andere, nur anders und billiger.

Eine bessere Ausgangslage für die geplante Eroberung der schwedischen Hauptstadt war gar nicht denkbar. Tatsächlich verlief der Auftakt für Ikea in Stockholm triumphal. Bei der Eröffnung des Möbelhauses bei Kungens Kurva – der merkwürdige Name »Königskurve« rührte daher, dass der schwedische König dort einen Autounfall gehabt hatte – erlebte das Möbelhaus im Juni 1965 einen Massenandrang, wie ihn selbst die Optimisten im Unternehmen nicht erwartet hatten.

Filialleiter Hans Ax hatte nicht genügend Personal im Einsatz, um die Besucherschwemme zu bewältigen. In seiner Not rief er im rund 400 Kilometer entfernten Älmhult an und bat um Verstärkung. Mehr als 18 000 Menschen besuchten am ersten Tag das neue Möbelhaus im Südwesten Stockholms.

Das lag allerdings nicht nur an der Attraktivität der preiswerten Möbel. Rückenwind erhielt Ikea auch dadurch, dass die schwedische Regierung kurz zuvor die Einführung einer Mehrwertsteuer beschlossen hatte. Das bedeutete, dass ab dem 1. Juli 1965 alle Waren um drei Prozent teurer werden würden. Viele Schweden nahmen das zum Anlass, geplante Anschaffungen vorzuziehen. So stürmten die Verbraucher in den Junitagen die Kaufhäuser in Stockholm und anderswo. Aber auch nach dem 1. Juli flaute das Geschäft in dem neuen Möbelhaus kaum ab. Am Ende des ersten Jahres summierte sich der Umsatz auf das Doppelte des ursprünglich Veranschlagten. Ikea war der Durchbruch gelungen.

Wohnen im Wohlfahrtsstaat

In unmittelbarer Nachbarschaft von Ikea stampften die Stockholmer Stadtplaner einen neuen Vorort aus dem Boden. Skärholmen war eine aus Wohnblocks bestehende Trabantensiedlung, wie sie damals typisch für den Städtebau in Schweden war: eine Ansammlung stereotyper Plattenbauten, die Zehntausende von Menschen beherbergen sollte.

Während das Bild, das die Menschen außerhalb Schwedens von dem Land haben, geprägt ist von frei stehenden roten Holzhäusern, sah die tatsächliche Wohnsituation für die meisten Bürger völlig anders aus. Wenn man das Schweden des Jahres 1970 aus der Luft betrachtete, sah man auf ausgedehnte Wälder und große Flächen Ackerlandes, in die dicht zusammenstehende Betonklötze gesetzt worden waren. Von oben gesehen schienen manche der zahlreichen Vorstädte Stockholms aus einem einzigen riesigen Gebäude zu bestehen.

Gerade bei der Größe, die Schweden seinen wenigen Einwohnern bieten konnte, war die Konzentration seiner Bürger in den Jahrzehnten nach dem Zweiten Weltkrieg erstaunlich. Vor allem da es sich bei den Schweden um ein Volk mit jahrhundertealter bäuerlicher Tradition handelte, müsste man eigentlich annehmen, dass die Menschen abgeschieden und für sich wohnen wollten statt städtisch und dicht aufeinander. »Was die Schweden sich vorstellen, ist ein Häuschen am Wald, was sie bekommen, ist eine Mietwohnung in einer Vorstadt«, beobachtete der britische Journalist Roland Huntford Anfang der siebziger Jahre.

Tatsächlich waren die Wahlmöglichkeiten schwedischer Bürger zu dieser Zeit äußerst gering. In den sechziger Jahren waren Wohnungen knapp. Die Menschen drängten zu Hunderttausenden in die städtischen Ballungsgebiete, und der Staat förderte diese Entwicklung auf vielfältige Weise. Die Vermittlung von Wohnraum lief ausschließlich über kommunale Behörden. In Städten wie Stockholm, Göteborg und Malmö gab es lange Wartelisten. Wie in einem Ostblockstaat mussten die Bürger die Wohnung nehmen, die ihnen zugewiesen wurde. Das waren in aller Regel Heimstätten nach einem Muster, das die Städteplaner auf der Basis ihrer politischen Vorstellungen konzipiert hatten.

Die schwedische Regierung legte zur Behebung der Wohnungsnot ein so genanntes Millionenprogramm auf. Seinen Namen hatte es, weil es das Ziel hatte, zwischen 1965 und 1975 eine Million neuer Wohnungen zu bauen. Nach der Ideologie der regierenden Sozialdemokraten war der Städtebau ein Mittel, die Gesellschaft zu formen. Die Schweden versuchten, Chancengleichheit regelrecht zu erbauen. Ein Ziel der Staatsplaner war, die Bevölkerung möglichst zu mischen. So sollte verhindert werden, dass die einzelnen Schichten der sich damals neu formierenden schwedischen Gesellschaft nach Wohnvierteln getrennt lebten.

Private und womöglich noch frei stehende Wohnhäuser passten nicht in dieses Konzept. »Aus Privathäusern bestehende Vorstädte bedeuten soziale Abgrenzung«, sagte Wirtschaftsminister Rune Johansson. »Der durchschnittliche Arbeiter kann es sich nicht leisten, dort zu leben.« Und der Leiter der Staatlichen Planungsabteilung Lennart Holm dekretierte sogar: »Wir können nicht dulden, dass die Menschen ihre Unterschiede bewahren. Die Menschen werden auf ihr Recht verzichten müssen, sich ihre Nachbarn selbst zu wählen.«

Kollektivistisches Denken war in Schweden schon immer sehr ausgeprägt gewesen. Jetzt erreichte es seinen Höhepunkt. Niemand durfte gleicher sein als die anderen. Auch die sozialdemokratische Elite nahm sich keine Vorrechte heraus. Olof Palme, der 1969 den allgemein beliebten Tage Erlander nach 23 Regierungsjahren als Ministerpräsident abgelöst hatte, wohnte in einem Reihenhaus in Vällingby, einer auf dem Papier entworfenen Vorstadt Stockholms.

Aber auch das schwedische Modell des Wohlfahrtsstaats erforderte eine größtmögliche Konzentration der Menschen. Dieses Modell sah vor, dass die Bürger in der Nähe all der Sozialarbeiter, Kommunalfürsorger und Ärzte lebten, die sich von Amts wegen um ihr Wohlergehen kümmerten. Denn was nutzten die besten Bildungseinrichtungen, Kindergärten und Medizinzentren, so argumentierten schwedische Reformpolitiker, wenn die Bürger so versprengt siedelten, dass sie diese nur mit Mühe erreichen konnten?

Die neuen Satellitenstädte wurden in einem Einheitsstil errichtet. Die Bauunternehmen verwendeten industriell vorgefertigte Teile. Die Folge war, dass bald ein Großteil der Schweden in nahezu gleichen

Wohnungen lebte. Diese waren zwar solide gebaut, lichtdurchflutet und gut isoliert, aber eben weitgehend gleichförmig. Die Wohnungen verfügten über gut ausgestattete Küchen und komfortable Bäder, aber sie hatten nichts, was sie von Tausenden anderer Wohnungen unterschied.

Diese Gleichheit in der Lebensweise war zeitweilig ein kontroverses Thema der politischen Debatte. »Sind die Bedenken, dass die Vereinheitlichung zu weit geht, gerechtfertigt?«, hieß es zum Beispiel in einer Broschüre des Arbeiterbildungsverbandes. »Diese fördert schließlich die Wirtschaftlichkeit, das heißt, damit werden die Mittel, die wir besitzen, sparsam genutzt, wodurch wiederum der Wohnungsstandard heraufgesetzt oder die Kosten verringert werden können. Der Mieter, oder Verbraucher, bekommt also mehr für sein Geld.«

Das Volksheim wird möbliert

Die Logik in dieser Broschüre war nicht zufällig genau die gleiche, auf die auch der Erfolg von Ikea gegründet war: die Logik der Serienproduktion. Ingvar Kamprad ließ industriell gefertigte Einheitsmöbel produzieren und vertrieb sie in so großer Stückzahl, dass er niedrigere Preise als die alteingesessenen Möbelfabrikanten festsetzen konnte. Wie der Wohnblockmieter bekam der Ikea-Kunde viel für sein Geld. Dafür musste er auf Individualität verzichten. Es ist dieser Umstand, der in späteren Jahren gemeint war, wenn in Schweden über Ingvar Kamprad gesagt wurde, er sei der Mann, der das Volksheim möbliert habe.

Was die Gestaltung von Möbeln und Hausrat betraf, so war der Funktionalismus im sozialdemokratischen Schweden die politisch korrekte Ästhetik. Zweckmäßigkeit und Klarheit waren die wichtigsten Kriterien des Designs. Die Wohnungen sollten entrümpelt werden – und modernisiert. Der Designtheoretiker Gotthard Johansson hatte schon in den frühen fünfziger Jahren das Modell einer »Schwedenküche« entworfen und später dann auch andere Teile einer Wohnung standardisiert.

Das Ergebnis solcher und ähnlicher Bemühungen konnte sich durchaus sehen lassen. Selbst kritische Beobachter wie der britische Journalist Huntford waren sehr angetan von dem, was sie bei Besuchen in schwedischen Normwohnungen sahen. »Die Schweden haben sich ein Gefühl für Farben, Muster und Gestaltung bewahrt, die jeden Durchschnittsbürger zu einem vollkommenen Innenraumgestalter werden lassen.«

Merkwürdigerweise war Ingvar Kamprad selbst in dieser Hinsicht nicht sonderlich begabt. Das Gefühl für Ästhetik war und ist bei dem Ikea-Gründer, der gerne kleinkarierte Hosen trug, ohne Zweifel unterentwickelt. Nicht einmal in Einrichtungsfragen hat Kamprad so etwas wie einen eigenen Stil entwickeln können. »Ich habe keinen Geschmack, ich könnte nicht mal mein eigenes Zimmer möblieren«, bekennt er.

Der junge Unternehmer reiste häufig zur Möbelmesse nach Mailand, um Anregungen für Ikea zu bekommen. Mit den gezeigten Designermöbeln konnte er persönlich wenig anfangen, und wenn er die Preise umrechnete, schauderte es ihn. Außerdem entdeckte er zu seiner eigenen Überraschung, dass die Exponate mit der Lebenswirklichkeit vieler Italiener nichts zu tun hatten.

Durch einen befreundeten Lieferanten hatte Kamprad Gelegenheit, die Wohnungen von Arbeitern und einfachen Angestellten von innen zu sehen. »Was ich da sah, erstaunte mich – dunkle, schwere Möbel, eine einsame kleine Glühbirne über einem wuchtigen Esstisch. Zwischen all der Eleganz auf der Messe und dem, was ich in den Wohnungen der vielen Menschen sah, tat sich ein Abgrund auf.«

Das war ein Schlüsselerlebnis für Kamprad. Was nutzte die beste Gestaltung, fragte er sich, wenn die Menschen sie sich nicht leisten konnten? Dieser Gedanke hatte ihn immer schon umgetrieben. Die Antwort, die er mit Ikea fand, war dann allerdings nicht der völlige Verzicht auf Design, sondern eine klare Unterordnung der Gestaltung unter die Produktion, »eine Formgebung, die nicht nur ansehnlich, sondern von Anfang an maschinengerecht und somit billig zu produzieren war«. In späteren Jahren sollte ein Ikea-Marketingchef dafür den Begriff des »demokratischen Designs« benutzen.

Hergestellt wurde ein Großteil dieser »demokratischen« Möbel allerdings hinter dem Eisernen Vorhang in sozialistischen Betrieben. Zeitweilig stammte sogar jeder zweite Artikel im Ikea-Katalog aus der Volksrepublik Polen. »Unzählige schwedische Wohnungen sind auf diese Weise mit polnischen Möbeln ausgestattet, ohne dass die Inhaber es wissen«, formulierte Ikeas Firmenbiograf Torekull nicht ohne eine gewisse Schadenfreude.

So sollte sich der durch den Boykott der schwedischen Möbelindustrie erzwungene Gang nach Polen als ein Glücksfall für Ikea erweisen. »Es war eine Krise, die zum Auftrieb wurde, weil wir ständig neue Lösungen fanden«, erinnerte sich Kamprad später daran zurück. »Wer weiß, ob wir so erfolgreich gewesen wären, wenn sie uns einen ehrlichen Kampf geboten hätten?« Aus dem damaligen Verhalten der Konkurrenten hat der Unternehmer für sich selbst den Schluss gezogen: »Es lohnt sich niemals, negativ zu agieren.« Wer im Wirtschaftsleben seine Energie darauf verwendet, Wettbewerber zu behindern anstatt ihnen etwas Konstruktives entgegenzusetzen, der mache einen großen Fehler. Kamprad selbst war da ganz anders. Er wollte immer ein Marschall Vorwärts sein.

5. Kapitel

»Ein Kapitalist, der nicht so aussieht«

Kamprad bricht mit Konventionen

Anfang der sechziger Jahren bestellte sich Ingvar Kamprad einen weißen Porsche mit roten Ledersitzen. Die Geschäfte liefen glänzend, jetzt wollte der Ikea-Chef anfangen, das Leben zu genießen. Seine Ehe war über die Arbeit in die Brüche gegangen. Er war nun Mitte dreißig und hatte keine Familie mehr, um die er sich kümmern musste. Der Verpflichtungen ledig, beschloss er, »auf den Putz zu hauen und etwas nachzuholen«.

Als junger Mann hatte Kamprad häufiger mal einen oder mehrere Schnäpse gekippt. Er mochte Alkohol und liebte den Rausch. Bei seinen Reisen nach Polen griff der Unternehmer jedes Mal freudig zu, wenn ihm Hochprozentiges angeboten wurde. Auch in Schweden sprach Kamprad dem Alkohol bald über die Maßen zu. Der Drink vor dem Essen wurde zum festen Ritual. Manchmal erhielt der Ikea-Chef morgens in seinem Büro Besuch von einem Freund, der Zahnarzt in Älmhult war. Dann genehmigten sich die beiden einen Whisky.

Seine Mitarbeiter lud Kamprad hin und wieder zu Reisen nach Mallorca ein, wie sie damals in Schweden Mode wurden. Wie die meisten Schweden, deren Alkoholkonsum zu Hause streng reglementiert wurde, schlug die Ikea-Truppe bei ihren Betriebsausflügen im Ausland kräftig über die Stränge.

Kamprad erlebte Alkohol als etwas Befreiendes. Mit einem Drink konnte er sich aus dem Korsett befreien, in dem er sonst eingezwängt war. »Ich bin ein typischer Schwede«, gestand er als alter Mann. »Es fällt mir schwer, ohne Schnaps zu lachen.« Dem rastlosen Unternehmer der sechziger Jahren halfen die Drinks, am Abend abzuschalten und zur Ruhe zu kommen. Der Alkohol verschaffte ihm außerdem ein Gefühl der Sicherheit, wenn er in Gesellschaft war.

Trotz aller Erfolge war der Ikea-Inhaber im Inneren ein unsicherer Mensch geblieben, der die Mängel der eigenen Persönlichkeit bisweilen überdeutlich wahrnahm. Er litt unter seiner geringen Souveränität im Auftreten, unter seiner mangelnden Bildung und dem Unvermögen, Fremdsprachen zu lernen.

Als er eines Morgens bemerkte, dass seine Hände zitterten, begriff Ingvar Kamprad, dass er ein Alkoholiker war. Der Unternehmer sprach mit seinem Hausarzt über das Problem. Kamprad sah die Gefahr, in die er sich begeben hatte. Aber er war auch nicht bereit, in seinem Leben von nun an gänzlich auf Alkohol zu verzichten.

Der Arzt riet ihm, er solle wenigstens dreimal im Jahr einige Wochen abstinent verbringen. Dann sähe er, wie abhängig er war, und die Organe würden wenigstens eine Zeit lang geschont. Mit dieser Regel glaubte Ingvar Kamprad leben zu können. Er entschloss sich sogar zu Trockenperioden von jeweils fünf Wochen – und hielt sich fortan konsequent daran, dreimal im Jahr.

»Er brannte aus«

Kamprad hatte Probleme sich abzugrenzen, als das Unternehmen wuchs. »Er war zu freundlich und wollte für jeden zu sprechen sein«, erinnerte sich seine Cousine und Mitarbeiterin Inga-Britt Bayley später zurück. »Damals brannte er einfach aus. Da habe ich gesagt, dass ich mich in sein Vorzimmer setze. Es müssen alle an mir vorbei. Das war nicht leicht. Ich war gefürchtet.«

Der Ikea-Gründer bestätigte das Jahrzehnte später in einem Fernsehinterview und sagte über »I.-B.« Bayley augenzwinkernd: »Sie war eine ziemlich strenge Frau, die damals nicht nur mich unter Kontrolle hatte, sondern das ganze Ikea-Unternehmen.«

Kamprads Privatleben nahm eine erfreuliche Wendung. Auf einer seiner Reisen nach Italien lernte er eine junge Lehrerin kennen. Die Frau stammte ebenfalls aus Schweden. Ihr Name war Margaretha Stennert. Als Kamprad ihr begegnete, war er nicht nüchtern und daher auch nicht schüchtern. Er sprach die Frau an. Sie gefiel ihm sehr, und es stellte sich bald heraus, dass sie seine Sympathie erwiderte. Bald nach der ersten Begegnung wurden die beiden ein Paar. 1963 feierten Margaretha und Ingvar Kamprad ihre Hochzeit.

Schon im Jahr darauf wurde der ersehnte Stammhalter geboren. Ihren ersten Sohn, dem in den nächsten Jahren noch zwei weitere Söhne folgen sollten, nannten die Kamprads Peter. Vater Ingvar, damals schon 37 Jahre alt, war überglücklich. Wie die meisten Unternehmer dachte er in Generationen. Nun gab es jemanden, der sein Werk eines Tages fortsetzen konnte.

Während sich seine Frau von den Strapazen der schweren Geburt erholte, feierte der Unternehmer das Ereignis auf Elmtaryd mit seinem besten Freund, dem Zahnarzt aus Älmhult. Nach russischer Sitte schmissen sie die leeren Gläser an die Wand.

Boomjahre

Es ging aufwärts. Die frühen sechziger Jahre waren in Schweden Boomjahre. Die Wirtschaft wuchs in jedem Jahr um mehr als 5 Prozent. Auch das Unternehmen Ikea erlebte ein rasantes Wachstum. 1966 wurde ein Möbelhaus im mittelschwedischen Sundsvall eingeweiht, im Jahr darauf kam ein weiteres in Malmö dazu. 1969 eröffnete das Unternehmen das erste Haus im Nachbarland Dänemark.

Am Ende des Jahrzehnts war Ikea in Skandinavien mit sechs Einrichtungszentren vertreten. Dabei waren die Möbelhäuser in Dänemark und Norwegen keine Tochterfirmen von Ikea, sondern sozusagen Schwestergesellschaften. Sie gehörten nämlich Ingvar Kamprad persönlich.

Der Erfolg machte den Ikea-Gründer übermütig. Als Kind hatte Kamprad den großen Konzernbauer Kreuger bewundert. Dem schwedischen Industriellen war es nach dem Ersten Weltkrieg gelungen, sein Zündholzimperium um zahlreiche Beteiligungen in anderen Wirtschaftszweigen zu erweitern. Ihm wollte Kamprad nun nacheifern. Als die Gewinne bei Ikea sprudelten, entschloss sich der Gründer, einen Teil des verdienten Geldes außerhalb der Möbelbranche zu investieren. Unter anderem beteiligte sich Kamprad an einem

Hersteller von TV-Geräten, der in Helsingborg unter dem Namen »Prinsen« firmierte.

In der Geschäftsleitung platzierte der Ikea-Chef einen Verwandten. Diese Art Personalwahl entsprach seinem familiären Naturell. Den eigenen Vater hatte Ingvar Kamprad zum Aufsichtsratschef von Ikea gemacht, die energische Cousine stieg im Laufe der Zeit sogar zur Sortimentschefin auf.

Bei dem Fernsehhersteller ging die Sache allerdings schief. Das Unternehmen arbeitete mit Verlusten und schaffte es trotz etlicher Anläufe nicht, in die Gewinnzone zurückzukehren. Lange schaute Kamprad untätig zu. Erst als sich die Verluste bedrohlich hoch auftürmten, stieg er aus. Es war ein Ende mit Schrecken und kostete den Ikea-Chef viel Geld. Mehr als ein Viertel des damaligen Ikea-Kapitals habe er mit der Fernsehfabrik verloren, hat Kamprad später ausgerechnet.

Die Duz-Reform

Als die Zeitung *Aftonbladet* 1968 ein Porträt Kamprads brachte, setzten die Redakteure als Überschrift darüber: »Der Möbelkönig, der nicht wie ein Kapitalist aussieht.« Tatsächlich war Kamprad mit zunehmendem Alter persönlich immer anspruchsloser geworden. Trat er die ersten Jahre in der Firma stets mit Schlips und Kragen auf, so wurde sein Kleidungsstil in den späten sechziger Jahren immer legerer. Kamprad ließ seinen Mitarbeitern die Freiheit, es genauso zu halten. Die meisten empfanden es als befreiend, sich nicht mehr jeden Morgen eine Krawatte umbinden zu müssen.

Damals verfügte Kamprad auch, dass sich künftig alle Ikea-Mitarbeiter untereinander duzen sollten. Das war nichts völlig Neues, sondern bereits Praxis in einigen anderen schwedischen Unternehmen. Aber es war auch nicht unumstritten. Einige der leitenden Ikea-Angestellten waren dagegen, sie befürchteten einen Verlust ihrer Autorität.

Die Veränderung in der Anrede erfasste damals die gesamte schwedische Gesellschaft. Das »Sie«, schwedisch Ni, mit dem in früheren

Zeiten Adelige, Ministeriale und Professoren angeredet worden waren, verschwand weitgehend aus der Konversation. Es vertrug sich nicht mit der Idee der Gleichstellung, die sich Schwedens Sozialdemokraten auf ihre Fahnen geschrieben hatten.

Im Umgang mit seinen Mitarbeitern verhielt sich Kamprad häufig hemdsärmelig. Wenn er tüchtige Leute für ihren Einsatz belohnte, machte er gern ein Ereignis daraus. Den Einkaufschef Ragnar Sterte bat er einmal unvermittelt zu einer Autotour. Der Mann war gespannt, was Kamprad von ihm wollte. Unterwegs hielt der Ikea-Chef an und zog ein Bündel Banknoten aus der Jacke. Die sollte sich Sterte mit zwei anderen leitenden Ikea-Mitarbeitern teilen. Als der Manager irritiert guckte, erklärte ihm Kamprad, dass das Geld aus einem privaten Geschäft stammte, das er in Norwegen gemacht habe und das natürlich ordnungsgemäß versteuert werden würde.

Der Designer Gillis Lundgren arbeitete von Anfang an ohne einen schriftlichen Arbeitsvertrag. »Ingvar sagte: Wenn es Ikea gut geht, wird es auch dir gut gehen«, erinnerte er sich Jahrzehnte später zurück. »Dieses Versprechen hat er gehalten.« Mit seinen engen Mitarbeitern pflegte Kamprad ein überaus familiäres Verhältnis.

In der schwedischen Öffentlichkeit erfreute sich der Ikea-Chef schon damals einer gewissen Popularität. Er verkörperte eine der wenigen Aufsteigergeschichten, die das Land zu bieten hatte. Aus dem bürgerlichen Lager hingegen kam häufiger Kritik an Kamprad. Dort nahm man ihm übel, dass er sich mit Kommunisten eingelassen hatte und Möbel in Polen produzieren ließ. Aber der Ikea-Gründer scherte sich nicht viel um solche Einwände.

Kamprad war zu Recht davon überzeugt, dass er den Menschen in Polen mit seinen Aufträgen half. Und er hatte nicht vergessen, dass es ja letztlich Mängel im schwedischen Wirtschaftssystem gewesen waren, die ihn auf die andere Seite des Eisernen Vorhangs getrieben hatten. Hatten nicht die Möbelhändler seines eigenen Landes einen Lieferboykott gegen Ikea organisiert? Und war das nicht ein Kartell der Verweigerer, wie es das in einer Marktwirtschaft eigentlich nicht geben durfte?

In späteren Jahren kam der Unternehmer immer wieder gerne auf diesen Punkt zu sprechen, auf das »Paradoxe, dass wir in ein kommunistisches Land gehen mussten, um unsere Versorgung mit Waren zu sichern, die in einem freien Land verkauft wurden«. Die damalige Erfahrung war ein Schlüsselerlebnis im Leben des Unternehmers und sollte Ingvar Kamprads Verhältnis zu seinem Heimatland stark verändern.

Ikea wird brandneu

Am 5. September 1970 brach in der Leuchtreklame des großen runden Ikea-Möbelhauses am Stadtrand von Stockholm ein Feuer aus. Es erfasste das Dach, und bald darauf brannte das ganze Gebäude lichterloh. Nachdem die Feuerwehr den Brand gelöscht hatte, war schnell klar, dass es Monate dauern würde, bis Ikea an dieser Stelle wieder Möbel verkaufen konnte.

Für das Unternehmen war das ein schwerer Rückschlag, aber es bedeutete keine Tragödie. Denn glücklicherweise hatte das Ikea-Management bei der Versicherung nicht gespart. Bald nach dem Brand konnte Ikea den größten Schadenersatz kassieren, der jemals in Schweden gezahlt worden war.

Einige Wochen nach dem Brand verkaufte Ikea in Stockholm beschädigte und nicht beschädigte Möbeln zu Preisen, die bis zu 90 Prozent unter den regulären lagen. Aus dem Räumungsverkauf machte das Unternehmen ein Happening. Zu Tausenden strömten die Stockholmer auf Schnäppchenjagd durch die verrußten Räume.

Die Notwendigkeit eines Neuanfangs nach dem Brand gab Kamprad und der Ikea-Führung die Möglichkeit, die Erfahrungen der vergangenen fünf Jahre systematisch auszuwerten und ein neues Verkaufskonzept zu entwerfen. Bis dahin war der typische Einkauf bei Ikea so verlaufen, dass der Kunde sich die Möbel in der Ausstellung ansah, seine Wahl traf und anschließend beim Verkaufspersonal eine Bestellung aufgab. Dieser Ablauf hatte aber immer wieder zu langen Warteschlangen an den Ordertresen geführt. So konnte es nicht weitergehen.

Es war vor allem Möbelhauschef Hans Ax, der stärker als bisher auf das Prinzip der Selbstbedienung setzen wollte. Die Aufnahme der

Schnäppchenjagd in »Kungens Kurva«, dem Ikea-Möbelhaus in Stockholm.

Bestellungen kostete zu viel Zeit und beschäftigte zu viel Personal, fand er. Überdies brachte die Lieferung der Möbel zahlreiche weitere Probleme mit sich. Ax schlug daher vor, dass sich die Kunden die Möbel von nun an selbst aus den Lagerregalen holen und nach Hause transportieren sollten, soweit das irgend möglich war.

Ingvar Kamprad stand der Idee zunächst skeptisch gegenüber. Er hatte Ikea 1943 als Versandhandelsunternehmen gegründet. Diese Branche war sein Metier. Die Möbelausstellungen hatte er immer nur als Ergänzung des Kerngeschäftes gesehen. Die Kunden sollten die Möbel anschauen und anfassen können, bevor sie etwas orderten. Das war sein Konzept.

Es fiel Ingvar Kamprad schwer, sich mit dem Gedanken anzufreunden, dass aus Ikea nun so etwas wie ein Einrichtungssupermarkt werden sollte, ein Geschäft, wo die Kunden in flache Pakete verpackte Schränke und Tische selbst aus den Regalen zogen, auf einen Einkaufswagen hievten, zur Kasse schoben und anschließend im eigenen Auto verstauten.

Andererseits begriff Kamprad natürlich die Chancen einer solchen Entwicklung. Wenn die Kunden den größten Teil der Arbeit beim Möbelkauf selbst erledigten, dann konnten die Ikea-Preise gesenkt werden. Die Kunden mussten noch weniger Geld für ihre Wohnungseinrichtung ausgeben. Das bedeutete aber keineswegs, dass das Geschäft schrumpfen würde. Je billiger das Einrichten mit Ikea-Möbeln wurde, so hatte Kamprad inzwischen gelernt, umso mehr Menschen kauften bei Ikea. Durch niedrige Preise zu höheren Umsätzen zu gelangen – das war eine Logik, die den Unternehmer Ingvar Kamprad faszinierte. Er war ein Mann des Massenkonsums. Und so führte Ikea das Prinzip des Cash-and-carry im Möbelhandel ein: Der Kunde kauft, bezahlt und nimmt die Waren gleich selbst mit.

Als das Stockholmer Ikea-Haus im März 1971 nach Renovierung und Umbau wieder eröffnete, wies es noch einige weitere bemerkenswerte Neuerungen auf. So bot Ikea den Besuchern nun erstmalig auch ein Restaurant an. Dort wurden zu kleinen Preisen typisch småländische Gerichte serviert, Griebenwurst mit Kartoffelsalat etwa und Hackfleischbällchen mit Preiselbeeren. Und für Kinder gab es in dem Möbelhaus nun Spielecken. Dort konnten die Kleinen in bunten Bällen herumtoben, während ihre Eltern ungestört einkauften. Die Bällchen hatten Ikea-Leute in England entdeckt.

6. Kapitel

»Als die Familie und ich Schweden verließen ...«

Ingvar Kamprad flieht vor der Steuer

Es war kein Zufall, dass Ingvar Kamprad die Schweiz als das erste Land auf dem europäischen Kontinent wählte, um dort ein Ikea-Möbelhaus zu eröffnen. Die Schweiz war neutral wie Schweden und die Bürger ähnlich wohlhabend. Für die Schweiz sprach außerdem, dass dort die Steuern niedriger waren als in Schweden und die Freiheit der Unternehmer größer.

Als Standort für das neue Einrichtungshaus wählten die Ikea-Manager Anfang der siebziger Jahre ein Grundstück in Spreitenbach in der Nähe von Zürich. Beim Kauf erlebte Kamprad, wie schwer es für ein schwedisches Unternehmen war, im Ausland zu investieren. Erst nach langen Verhandlungen mit der Zentralbank in Stockholm erhielt er die Erlaubnis, 5 Millionen Schwedische Kronen auszuführen. Der genehmigte Betrag reichte aber bei weitem nicht, um das Geschäft in der Schweiz in Gang zu bringen. Zudem gab es eine Vorschrift, die Ikea verpflichtete, in der Schweiz entstehende Gewinne nach Schweden zu transferieren, jedenfalls so lange, bis das ausgeführte Kapital von 5 Millionen Kronen wieder in der Kasse von Ikea Schweden war.

Ingvar Kamprad sah sich daher gezwungen, in der Schweiz einen Kredit aufzunehmen, um den Bau des Möbelhauses zu finanzieren. Eigentlich widerstrebte es seinem Naturell, Schulden zu machen. In ihm war die Vorstellung tief verwurzelt, dass ein Unternehmen organisch wachsen und die Mittel zur Expansion selbst verdienen sollte. Aber es ging nicht anders.

Die Erfahrung mit dieser Auslandsinvestition wurde zu einem Schlüsselerlebnis für den Unternehmer Kamprad. Die schwedischen Gesetze erlaubten ihm nicht, Geld, das er in der Heimat verdient hatte, im Ausland so zu investieren, wie er es für richtig hielt. Ingvar Kamprad fühlte sich in seiner Freiheit als Unternehmer eingeschränkt. Nun wurde ihm klar, wie abhängig Ikea von dem war, was Politiker und Beamte in Stockholm für richtig hielten. Sein Unmut war auch deshalb groß, weil er kurz zuvor schmerzvoll hatte erfahren müssen, wie wenig man sich als Bürger in Schweden auf die geltenden Steuergesetze verlassen konnte.

Kamprad hatte von der Möglichkeit Gebrauch machen wollen, eines der kleineren Unternehmen, die sich in seinem Privatbesitz befanden, mit Gewinn an Ikea zu verkaufen. Den Erlös wollte er anschließend dazu verwenden, die Schulden, die er als Privatperson bei Ikea hatte, zu tilgen. So machten es damals auch andere schwedische Unternehmer, die hohe Vermögensteuerlasten zu tragen hatten. Aber als der Ikea-Chef die Transaktion vorbereitete, änderte die Regierung das Steuergesetz rückwirkend – und Kamprad blieb auf hohen Kosten sitzen.

Im Gegensatz zu den meisten seiner Landsleute, die sich willig unterordneten, war Ingvar Kamprad ein Mensch mit einem Drang zur Unabhängigkeit. Er fühlte sich in seinem Heimatland zunehmend unwohl. Er lebte mit dem Gefühl, dass den Unternehmern dort die verdiente Achtung versagt würde.

Tatsächlich hatte die jahrzehntelange kulturelle Hegemonie der Sozialdemokraten das soziale Klima in Schweden durchgreifend verändert. Das vermögende Bürgertum war auf seltsame Weise macht- und sprachlos, wie auch der deutsche Schriftsteller Hans Magnus Enzensberger beobachtete: »In einer solchen Gesellschaft haben die Reichen, so scheint es, wenig zu lachen. Ja, wenn es nur die Steuern wären! Die wollen sie, als anständige Staatsbürger, wenn auch ungern, so doch pünktlich bezahlen. Was sie viel mehr kränkt, ist der Umstand, dass niemand Verständnis für ihr Los aufbringt.« Schweden habe sich zu einem Land entwickelt, in dem sich die Reichen »überflüssig, missachtet und ausgeschlossen« fühlten, schrieb Enzensberger. Der soziale Druck war auch deshalb groß, weil jeder Schwede vom anderen erfahren konnte, was der verdiente. Alle Einkommen oberhalb von 50 000 Kronen, damals etwa 33 000 Mark, waren in einem speziellen Verzeichnis (»Taxeringskalender«) aufgeführt.

Auf die andere Seite des Öresunds

Ingvar Kamprad fing in den frühen siebziger Jahren an, sich Gedanken über die fernere Zukunft zu machen. Er war bestrebt, sein Lebenswerk so gut wie es ging gegen äußere Einflüsse zu sichern. Sein Wunsch war, dass Ikea auch nach seinem Tod Bestand haben sollte. Die Frage, die sich der Unternehmer stellte, lautete: »Wie können wir Ikea in Zukunft behalten, ohne dass Erbschaftsteuern das Unternehmen ausbluten oder Erbstreitigkeiten zwischen den Söhnen es zerstören?«

Die Antwort auf den ersten Teil der Frage lag auf der Hand: durch Auswanderung. Die Kamprads mussten ihre schwedische Heimat auf Dauer verlassen, wenn sie verhindern wollten, dass beim Übergang auf die nächste Generation Erbschaftsteuern in gewaltiger Höhe anfielen. Die schwedischen Steuergesetze sahen Anfang der siebziger Jahre vor, dass ein Erbe nur 35 Prozent der Erbmasse behalten durfte. 65 Prozent gingen an den Fiskus.

Kamprad sprach zunächst mit seiner Frau über das heikle Thema. Zu seiner Freude war Margaretha Kamprad nicht abgeneigt, aus Schweden fortzuziehen. Aber wohin sollten sie gehen? Nach England? In die Schweiz? Nach Diskussionen mit seiner Frau und seinem Anwalt entschied sich Ingvar Kamprad für das Nachbarland Dänemark.

Zur Vorbereitung seiner Auswanderung reiste der Unternehmer nach Stockholm und erläuterte dem Leiter des Zentralamtes für Finanzwesen seine Pläne. Der Beamte war überrascht. Normalerweise kamen Steuerflüchtlinge nicht vorbei, um sich zu verabschieden. Aber Kamprad war daran gelegen, sich ein gewisses Wohlwollen der schwedischen Behörden zu sichern. Zum einen wusste er, dass ihm die Finanzbeamten und auch die Zentralbank Steine in den Weg legen konnten. Zum anderen wollte er ja keineswegs mit allem, was er besaß, aus Schweden fort. Die Möbelhäuser würden ja ebenso in Schweden bleiben wie die Verwaltungsabteilungen in Älmhult.

Die Dachgesellschaft der internationalen Ikea-Gruppe und damit die eigentliche Hauptverwaltung musste allerdings in Dänemark beheimatet sein, wenn die Strategie zur Steuervermeidung aufgehen sollte. Auch im dänischen Finanzministerium wurde Kamprad vorstellig. In Kopenhagen war man hell erfreut über den beabsichtigten Zuzug des schwedischen Erfolgsunternehmers. Dabei machte Kamprad keinen Hehl aus seiner Absicht, dafür zu sorgen, dass auch der dänische Fiskus beim Erbfall Ikea leer ausgehen würde. Sein persönliches Einkommen werde er künftig gerne auf der anderen Seite des Öresunds versteuern, erklärte der Schwede den Dänen. Und auch vom Ikea-Gewinn werde der dänische Fiskus sein Teil abbekommen. Die Substanz des Unternehmens aber müsse unangetastet bleiben.

1973 war es soweit. Kamprad zog mit seiner Frau und den drei Kindern nach Dänemark. Die Familie ließ sich in dem kleinen und feinen Badeort Vedbæk nördlich von Kopenhagen nieder. Die Gegend war viel vornehmer als Älmhult. Herrenhäuser und Villen säumten die Küstenstraße und kündeten vom Kunstsinn wie vom Reichtum der Bewohner.

Im Nachbarort Rungsted lag das Geburtshaus der Schriftstellerin Karen Blixen, deren Leben streckenweise ähnlich verlaufen war wie das von Kamprads Großmutter Fanny. In ihrem Buch *Meine afrikanische Farm* hatte Blixen erzählt, wie sie an der Seite ihres Mannes aus ihrer Heimat fortgegangen war, um sich im Ausland eine neue Existenz aufzubauen und einen großen Hof zu bewirtschaften. Ebenso wie Franziska Kamprad am Ende des 19. Jahrhundert hatte sich auch Karen Blixen bald darauf in der Situation wiedergefunden, von ihrem Ehemann mit einer kaum zu bewältigenden Aufgabe allein gelassen zu werden. Der Unterschied war nur, dass sie sich in Afrika behaupten musste und Fanny Kamprad in der Wildnis Smålands.

Nördlich von Vedbæk lag die zwischen Wälder und Öresund gelegene Ortschaft Humlebæk, ein beschaulicher Flecken, der dadurch bekannt geworden war, dass der Kunstsammler Knud W. Jensen dort ab 1958 das Museum Louisiana geschaffen hatte, ein weltweit einmaliges Ausstellungsgelände, welches Kunst, Architektur und Landschaft integrierte. Die Hauptverwaltung der Ikea-Gruppe fand ein Quartier nicht weit von Louisiana, in einem früheren Gasthof am Ny Strandvej 21. In den sechziger Jahren hatte das Haus ein Bordell beherbergt. Die neuen Nutzer aus Schweden blieben bewusst unauffällig. Sie verzichteten auf Leuchtreklame oder Flaggen, nicht einmal Hinweisschilder wiesen den Weg zur neuen Konzernzentrale in dem rötlich verputzten Haus. Auf dem Klingelknopf stand »Kontor«.

Noch vor dem Umzug nach Dänemark hatte Kamprad seine persönlichen Schulden bei der schwedischen Ikea-Gesellschaft getilgt. In einer letzten Steuererklärung gegenüber dem schwedischen Fiskus deklarierte er ein Privatvermögen von 8 Millionen Kronen. Hinzu kam der Unternehmensbesitz. Der Wert von Ikea belief sich zu diesem Zeitpunkt auf 160 Millionen Schwedische Kronen. Der Möbelhandel war ein größeres mittelständisches Unternehmen mit etwa tausend Beschäftigten.

Als die Kamprads nach Dänemark kamen, wusste der Unternehmer bereits, dass die Familie dort nicht auf Dauer bleiben würde. Seine Berater hatten ihm empfohlen, aus steuerlichen Gründen für vier Jahre in Dänemark zu wohnen. Wenn er länger dort blieb, gingen einige steuerliche Vorteile verloren, die sich aus seiner Durchreisesituation ergaben. Für die Zeit danach sollte noch eine Lösung ausgearbeitet werden, die sowohl für die Familie Kamprad wie auch für Ikea auf lange Sicht die beste wäre.

Bei ihrer Ausreise aus Schweden hatten die Kamprads von der Schwedischen Reichsbank die Erlaubnis erhalten, pro Familienmitglied 100 000 Kronen auszuführen. Mit diesem Geld gründeten die Anwälte nun verschiedene Auslandsgesellschaften, die ihren Sitz unter anderem in den Niederlanden, in der Schweiz und sogar in Panama oder auf den Niederländischen Antillen hatten.

Von Humlebæk war es nicht weit nach Älmhult. Aber den führenden Mitarbeitern war klar, dass Kamprads Wegzug eine Zäsur für das Unternehmen bedeutete. Der Chef konnte nun nicht mehr alles vor Ort entscheiden, was die Mitarbeiter an ihn herantrugen, ob es um das Sortiment ging, die Preispolitik oder das Miteinander in der Firma.

Den meisten war klar, wie sehr Kamprads persönlicher Stil das Unternehmen geprägt hatte. Viele fürchteten, dass diese Eigenart verloren gehen könnte, wenn der Chef künftig seinen Schreibtisch in Dänemark hatte. So baten sie ihn aufzuschreiben, wie sich Ikea nach seiner Vorstellung weiterentwickeln sollte.

»Das Testament eines Möbelhändlers«

Kamprad nahm den Gedanken gerne auf. Er selbst beschäftigte sich ja schon seit einiger Zeit mit der Frage, was aus Ikea einmal werden würde, wenn er nicht mehr an der Spitze des Unternehmens stand. Und so arbeitete er 1973 und 1974 einen Text aus, über den er die provokante Überschrift stellte »Das Testament eines Möbelhändlers«. Dabei war er noch nicht einmal 50 Jahre alt.

Kamprad begann mit einer Beschreibung des Angebots: »Wir wollen ein breites Sortiment formschöner und funktionsgerechter Einrichtungsgegenstände zu Preisen anbieten, die so günstig sind, dass möglichst viele Menschen sie sich leisten können.« Es müsse aber überschaubar bleiben, um das Preisbild nicht zu gefährden. »Typisch Ikea« seien solche Möbel und Einrichtungsgegenstände, die nicht nur praktischen Anforderungen (»widerstandsfähig«, »leicht zu handhaben«) genügten. »Unser Grundsortiment muss ein eigenes Profil haben, unsere Gedanken widerspiegeln, schlicht und geradeheraus sein, wie wir es auch sind ... Es soll Ausdruck sein für eine leichtere, natürlichere und freiere Lebensweise. Es soll Form, Farbe und Freude ausdrücken und dem Geschmack junger Leute jeden Alters entsprechen.«

Als Richtlinie für die von Ikea anzustrebende Qualität formulierte Kamprad, dass die Möbel einerseits von Dauer sein müssten, andererseits aber nicht aufwändiger hergestellt sein dürften, als es ihrem praktischen Nutzen entsprach. Die Qualität müsse sich nach dem tatsächlichen Bedarf orientieren, forderte er, nicht nach extremen Anforderungen. Eine zu hohe Qualität schade dem Kunden, so Kamprad, »weil sie sinnlos mehr kostet«.

Eindringlich beschrieb der Ikea-Gründer die Philosophie des Unternehmens. »Der echte Ikea-Geist baut noch heute auf unseren Tatendrang, unsere Arbeitsfreude, unsere ständige Bereitschaft, Neues anzunehmen und uns dafür zu begeistern, auf unser Kostenbewusstsein, auf unsere Bereitschaft, Verantwortung zu übernehmen, auf unsere Hilfsbereitschaft, auf die Achtung, die wir vor unserer Aufgabe haben, und auf die gradlinige Art, in der wir miteinander umgehen.«

Für Kamprad war ein Unternehmen mehr als eine ökonomische Veranstaltung: »Einige betrachten sicher ihre Arbeit nur als Mittel zum Geldverdienen, wie irgendeinen beliebigen Job«, schrieb er den Mitarbeitern und stellte dagegen seine eigene Lebensphilosophie: »Ein Beruf sollte nie nur ein Broterwerb sein. Ohne Arbeitsfreude geht ein Drittel des Lebens verloren; diesen Verlust kann auch die Illustrierte in der Schreibtischschublade nicht ersetzen.«

Das Glück der Menschen liege nicht darin, ein Ziel erreicht zu haben: »Glück ist, unterwegs zu sein.« Alle müssten sich ständig fragen, wie man das, was heute gemacht werde, morgen noch besser machen könne, forderte Kamprad. »Das Gefühl, alles getan zu haben, ist ein wirkungsvolles Schlafmittel. Der Rentner, der denkt, er hätte alles getan, welkt schnell dahin. Ein Unternehmen, das glaubt, das Ziel erreicht zu haben, stagniert schnell und verliert seine Lebenskraft.« Für Ikea gelte glücklicherweise: »Das meiste ist noch nicht getan. Wunderbare Zukunft.«

Der Unternehmer setzte sich in seinem »Testament« auch mit der Funktion des Gewinns auseinander. Kamprad kritisierte: »Politiker benutzen und missbrauchen dieses Wort zu oft.« Dabei spielte er auf die damals in Schweden und anderswo häufig zu hörenden Klagen über hohe Unternehmerprofite an. Ingvar Kamprad hatte beobachtet, dass das Wort Gewinn in den Ohren vieler Bürger einen negativen Klang hatte. Er hatte sich vorgenommen, dieses Wort »ein für allemal zu entdramatisieren«. In seinem »Testament eines Möbelhändlers« hielt er dagegen: »Gewinn ist ein wunderbares Wort!«

Der Zweck des Unternehmens Ikea sei »ein besserer Alltag für die vielen Menschen«. Dafür brauche das Unternehmen finanzielle Mittel. Die müsse es selbst erwirtschaften. Investitionen mithilfe von Bankkrediten zu tätigen oder durch Geld, welches von Aktionären bereitgestellt würde, kam für Kamprad nicht in Frage. »Wir wollen uns auch bei der Beschaffung von Geldmitteln auf uns selbst verlassen.«

Bemerkenswert ist allerdings, dass Kamprad in seinen Ausführungen über den Gewinn die Beteiligung der Mitarbeiter am Erfolg des Unternehmens nicht mit einem Wort erwähnte. Gewinn war für ihn einzig und allein eine Voraussetzung für eine weitere Expansion des Unternehmens, nicht etwas, das es zu verteilen galt. Der Gedanke einer größeren Teilhabe der Belegschaft an einem Unternehmen, das von Erfolg zu Erfolg eilte, und die Frage einer gerechten Entlohnung, über die sich fortschrittliche Unternehmer wie etwa Reinhard Mohn von Bertelsmann Gedanken machten, diese Dinge beschäftigten Ingvar Kamprad nicht.

Tatsächlich bezahlte Kamprad seine Mitarbeiter ziemlich schlecht. Vor allem die Führungskräfte verdienten bei Ikea unterdurchschnittlich. Und sie hatten praktisch keine Möglichkeit das zu ändern. Denn hätten sie auf eine bessere Bezahlung gepocht, so hätten sie damit zugleich ausgedrückt, dass sie sich der von Kamprad propagierten Kultur der Bescheidenheit nicht länger unterwerfen wollten. Das aber wäre das Ende ihrer Karriere gewesen.

Kamprad hing an seinen engsten Mitarbeitern, besonders an den so genannten Veteranen, die das Unternehmen mit aufgebaut hatten. Er gab dynamischen Leuten große Freiräume und ermunterte sie stets, eigenverantwortlich zu entscheiden. Aber er verfügte auch über nötige Härte, sich von führenden Mitarbeitern zu trennen, vor allem dann, wenn er seine Autorität infrage gestellt sah.

In manchen Passagen las sich Kamprads »Testament« wie eine konservative Erbauungsschrift. »Denke daran, dass die Zeit Deine wichtigste Ressource ist«, wandte er sich an den einzelnen Mitarbeiter seines Unternehmens und warnte von Müßiggang. »Du kannst so viel in zehn Minuten erreichen. Vergeudete zehn Minuten sind endgültig verloren. Du bekommst sie nie zurück. Zehn Minuten sind nicht nur Dein Stundenlohn geteilt durch sechs. Diese zehn Minuten sind ein Stück von Dir selbst.«

In Sätzen wie diesen spiegelte sich Kamprads Sorge, dass sich in einem so stark gewachsenen Unternehmen wie Ikea Schlendrian breit machen könnte. Das war eine Horrorvorstellung für den rastlosen Mann. »Die Dynamik in unserem Unternehmen zu entwickeln und zu bewahren, gehört zu unseren wichtigsten Aufgaben.« In einem Fernsehinterview bekannte Kamprad einige Jahre später sogar: »Ich fordere von meinen begeisterten Mitarbeitern, dass sie nicht noch ein größeres Interesse oder Hobby außerhalb des Unternehmens haben.«

Kamprad ermunterte in seiner Denkschrift die Mitarbeiter auf allen Stufen des Unternehmens zu mehr eigenverantwortlichem Handeln. »Verantwortung übernehmen zu können hat nichts mit Ausbildung, finanzieller Lage oder Stellung zu tun. Die Verantwortungsbewussten finden sich im Lager, im Büro, bei den Einkäufern und Verkäufern – überall.«

Zugleich stellte der Unternehmer den Mitarbeitern so etwas wie einen Freibrief aus, was Fehler betraf. »Fehler zu machen ist das Vorrecht des Tatkräftigen«, schrieb er. »Die Angst, Fehler zu machen, ist die Wiege der Bürokratie und der Feind jeglicher Entwicklung. Keine Entscheidung kann für sich in Anspruch nehmen, die einzig richtige zu sein. Es ist die Tatkraft hinter der Entscheidung, die deren Richtigkeit bestimmt. Es muss erlaubt sein, Fehler zu machen.«

Ein Kernmerkmal der Ikea-Firmenphilosophie beschrieb Kamprad in seinem Text unter der Überschrift »Die ›Linie anders‹«. Schon die Tatsache, dass Ikea in einem so kleinen Ort wie Älmhult entstanden und gewachsen sei, hebe es von vielen anderen Unternehmen ab. Kamprad hielt es für einen wichtigen Schlüssel zum Erfolg seines Unternehmens, dass Ikea immer wieder neue Wege gegangen sei. Auch in Zukunft müsse immer wieder versucht werden, ob man Dinge nicht auch anders machen könne als bisher. Das Althergebrachte fortzusetzen oder zu wiederholen, bringe keinen Wettbewerbsvorteil. »Wir versuchen es einfach anders!« Als Beispiel führte er Fälle an, bei denen Ikea Möbel bei Industrieunternehmen geordert hatte, die bis dahin nur andere Dinge hergestellt hatten.

Zur »Linie anders« lässt sich auch Kamprads persönliche Steuerflucht und die Verlegung der Hauptverwaltung nach Dänemark zählen. Das kostete das Unternehmen in viel Schweden viel Sympathie. Aber einige Jahre nach dem Fortzug der Kamprads stieß das rigorose Steuersystem auch der prominentesten Bürgerin des Landes bitter auf.

Astrid Lindgren war kein Mensch von der Sorte, der dem Staat am liebsten gar nichts abgeben würde. Schon ihr Vater war ein braver Steuerzahler gewesen, der nach dem Lesen seines Steuerbescheids stets mit demselben zufriedenen Lächeln gesagt hatte: »Na, das war ja halb so schlimm.« Aber 1976 hatte die Schriftstellerin ausgerechnet, dass sie für ein Einkommen von 2 Millionen Kronen Steuern und Sozialabgaben in Höhe von 2 002 000 Kronen zu zahlen hätte. Das waren mehr als 100 Prozent. Astrid Lindgren war erbost und entschloss sich zum Protest.

So schrieb sie das Märchen »Pomperipossa in Monismanien«, das in der Tageszeitung *Expressen* veröffentlicht wurde. Darin schrieb sie über ihr persönliches Verhältnis zum Modell Schweden: »Pomperipossa liebte ihr Land mit seinen Wäldern, Bergen, Seen und grünen Hainen, aber nicht nur das Land, sondern auch die Menschen, die darin lebten. Ja, sogar die weisen Männer, die es regierten, liebte sie. Sie hielt sie ja für so weise und gab ihnen daher auch jedes Mal ihre Stimme, wenn wieder mal weise Männer gewählt wurden, die Monismanien regieren sollten. In ihren Augen hatten diese Weisen, die über vierzig Jahre das Sagen gehabt hatten, für ein ausgezeichnetes System gesorgt; keiner im Land brauchte arm zu sein, alle bekamen ihr Stück vom Wohlfahrtskuchen ab, und Pomperipossa war froh, dass sie selbst zur Entstehung des Kuchens beigetragen hatte.«

Nun aber war für Astrid Lindgren der Punkt erreicht, an dem sie feststellte, dass das politische System Schwedens teilweise entartet war. In den Augen der Schriftstellerin war Schweden zu einem »machtlüsternen, bürokratischen, ungerechten Bevormundungsstaat« mutiert, zu einem Staat, der seine Bürger »bestraft und verfolgt, bloß weil sie zufällig auf ehrliche Weise – freiwillig oder unfreiwillig – Geld verdienten«.

Astrid Lindgrens »Märchen« erregte großes Aufsehen in Schweden. Auch die internationale Presse berichtete darüber. Nur die Regierung von Ministerpräsident Olof Palme nahm die Sache auf die leichte Schulter. Finanzminister Gunnar Sträng hielt der Schriftstellerin spöttisch vor, dass sie falsch gerechnet habe. In ihrem Alter von 68 Jahren müsse sie keine Sozialabgaben zahlen, sodass es in ihrem Fall beim Spitzensteuersatz von 85 Prozent bleibe. Vom Rest könne die Schriftstellerin gut leben, fand der Politiker.

Aber Astrid Lindgren hatte einen Nerv getroffen. Die Schriftstellerin erhielt zahlreiche Briefe von Kleinunternehmern, die unter dem schwedischen Steuerstaat litten. Sie erfuhr von Schikanen der Finanzbehörden. In einem weiteren Artikel rief Lindgren zur Abwahl der Regierung auf. Die herrschenden Sozialdemokraten müssten sich von ihrer »Machtvergiftung« reinigen. Die Mehrheit der Schweden sah es ähnlich. So verloren die Sozialdemokraten bei der Wahl im Herbst 1976 die Macht, die sie mehr als 40 Jahren in den Händen gehalten hatten.

7. Kapitel

»Das unmögliche Möbelhaus aus Schweden«

Ikea erobert den deutschen Markt

»Die Schweden kommen«, meldete eine Münchner Zeitung, bevor Ikea am 17. Oktober 1974 in Eching bei München die Türen eines neuen Einrichtungshauses öffnete. Dort gebe es Möbel »vorwiegend aus Kiefernholz, die man selbst abholen und aufbauen muss«, hieß es in dem Bericht.

Ikea präsentierte sich in Deutschland als »Das unmögliche Möbelhaus aus Schweden«. In ganzseitigen Anzeigen lasen die Bayern Slogans wie »Jung ist mit uns jeder« und »Nur Stehen ist billiger«. Ein anderer Ikea-Werbespruch hieß: »Wir treiben's bunt mit hellem Holz«.

Das traf die Stimmung in Deutschland 1974. Es war das Jahr, als die Fernsehzuschauer anfingen, über Otto Waalkes zu lachen. In der TV-Serie *Ein Herz und eine Seele* karikierte Autor Wolfgang Menge mit der von ihm erdachten Figur des Alfred Tetzlaff den deutschen Spießer. Es war auch das Jahr, in dem häufiger mal nackte Menschen (»Flitzer«) gegen Prüderie anrannten, obwohl das schon längst nicht mehr nötig war. Ungefähr jedes zweite Titelblatt des *stern* zeigte 1974 eine Barbusige.

Der erste Ikea-Katalog, der in Deutschland erschien, trug den Titel: »Wer jung ist, hat mehr Geschmack als Geld«. Im Vorwort schrieb Ingvar Kamprad: »Wenn wir jetzt unser erstes kleines Möbelhaus in Deutschland eröffnen, wollen wir – bildlich gesprochen – mit der Mütze in der Hand kommen. Nicht als großspurige Besserwisser, sondern als Diener vieler tausend deutscher Möbelkäufer.«

An anderer Stelle des Katalogs wurde den Deutschen dann pädagogisch nahe gebracht, dass sie bei Ikea mitarbeiten mussten. »Es ist ziemlich teuer, König Kunde zu sein. Der ganze Hofstaat muss

96 DIE 11 GEHEIMNISSE DES IKEA-ERFOLGS

Das erste Ikea-Einrichtungshaus in Deutschland wurde 1974 in Eching bei München eröffnet.

schließlich mitbezahlt werden. Also haben wir diese Art Monarchie abgeschafft und tragen Sie nicht mehr auf Händen herum. Sondern lassen Sie Hand mit anlegen.«

Zu den Möbeln, mit denen Ikea den deutschen Markt erobern wollte, zählten der 178 Mark teure Sessel Kontiki, der aussah wie ein überdimensionierter Liegestuhl, das Sofa Berlin für 296 Mark, und das Regal Tiga für 92 Mark. Das Doppelregal aus unbehandelter Kiefer hieß damals »Bosse« und schlug mit 160 Mark zu Buche. Besonders billig waren die Dixi-Sessel in »frechen Farben« (braun, gelb, orange oder erbsengrün) für 59 Mark, die Kommode Tore 61 für 79 Mark und der Esstisch Format für 49 Mark. Den Holzstuhl Klapp gab es für 14,50 Mark.

Preiswerte Möbel passten in eine Zeit, in der nach Jahrzehnten des Aufbaus und der Vollbeschäftigung die Arbeitslosigkeit erstmals wieder zu einem Politikum geworden war. In Bonn übernahm Helmut Schmidt die Regierung, nachdem Willy Brandt über einen Spionagefall gestürzt war. Infolge der Ölkrise mussten sich die Deutschen an stark steigende Preise gewöhnen, und Ikea setzte in einer Zeit, »in

Der erste deutsche Ikea-Katalog von 1974.

der die Inflation ihr böses Spiel mit uns treibt«, als »preisbewusste Möbelfirma« dagegen.

Als Ikea nach Deutschland kam, herrschte im Möbelhandel Flaute. 1974 verbuchte die Branche einen Umsatzrückgang von real 5 Prozent. Der *Spiegel* beschrieb sogar einen »Existenzkampf unter Westdeutschlands Möbelhändlern«. Nicht nur hochpreisige Anbieter wie Hülsta und Interlübke taten sich schwer, auch die Discountmärkte kamen häufig nicht auf ihre Kosten. Um das Geschäft anzukurbeln, nahmen manche Möbelhäuser nun sogar Alt-Sofas in Zahlung.

Ikea konnte von Anfang an große Erfolg feiern. In den ersten drei Tagen besuchten fast 30 000 Menschen das Möbelhaus in Eching bei München. Das Konzept kam an. Bereits ein Jahr nach der Eröffnung fuhren die Schweden, die im »Herzen der deutschen Möbelkäufer ein kleines Plätzchen für Ikea schaffen« wollten, wie sie im Katalog geschrieben hatten, einen Umsatz von 50 Millionen Mark ein. Das war deutlich mehr als erwartet und entsprach immerhin einem Zehntel des damaligen Konzernumsatzes.

Die Eroberung des deutschen Marktes geschah im Zeichen des Elches. Die Idee, den skandinavischen Hirsch als Werbemaskottchen aufzubauen, stammte allerdings nicht von den Schweden selbst. Das Markenzeichen wurde in der Münchner Werbeagentur Herrwerth & Partner entwickelt und sollte eine deutsche Spezialität bleiben. In der Schweiz setzte Ikea beispielsweise auf einen Wikinger als Symbolfigur.

Auf das Möbelhaus in München folgten im Frühjahr 1975 weitere Ikea-Häuser in Köln-Godorf und in Gelsenkirchen-Dorsten. Sie waren bereits deutlich größer als das erste. Ikea hatte die Grundstücke und Gebäude von dem Möbelhändler Ferdinand Zerbst kaufen können. Der Unternehmer hatte sich von seiner »Markant«-Möbelkette getrennt, weil er in dem Geschäft keine Zukunft mehr sah.

In rascher Folge entstanden in den folgenden Jahren weitere Ikea-Möbelhäuser in der Bundesrepublik: 1976 in Großburgwedel bei Hannover und in Stuhr bei Bremen, 1977 in Hofheim-Wallau bei Wiesbaden und in Kaltenkirchen bei Hamburg, 1978 in Kamen bei Dortmund und 1979 in Berlin-Spandau und in Kaarst bei Düsseldorf. Ikea musste die deutschen Einrichtungshäuser auf Kredit bauen. Denn abgesehen davon, dass es schwierig war, Kapital aus Schweden zu exportieren, hätten die Gewinne dort wohl auch nicht ausgereicht, um die schnelle Expansion auf dem deutschen Markt zu finanzieren.

Der Mann, der Ikea nach Deutschland brachte, hieß Jan Aulin. Er war Mitte dreißig und stammte aus dem südschwedischen Schonen. Aulin hatte sich seine ersten Sporen bei Ikea als Kamprads Assistent verdient. Bevor er für Ikea den deutschen Markt aufrollte, hatte er schon das Möbelhaus bei Zürich aufgebaut.

Aulin war ein Draufgängertyp, der andere mitreißen konnte. Auf Etikette legte er keinen Wert. In die Werbeagentur von Werner Herrwerth tauchte er in einer Art von Holzfällerlook auf: in Jeans und Karohemd, und statt eleganten Halbschuhen hatte er Clogs an den Füßen. Der dynamische Expansionsmanager hatte ein Team junger Leute um sich geschart, die das Ikea-Konzept von Ort zu Ort führten. Meistens waren die neuen Möbelhäuser zum Zeitpunkt der Eröffnung noch nicht fertig eingerichtet. Aber um die Rechnungen an Baufirmen und Handwerker zu zahlen, musste Aulin schnell Geld in die Kasse bekommen.

Die Linie für die Expansion des Unternehmens hatte Ingvar Kamprad schon in seinem »Testament eines Möbelhändlers« vorgezeichnet. Das Wichtigste war aus seiner Sicht stets die größtmögliche Konzentration der Kräfte. »Wir können nicht alle Märkte auf einmal erobern. Wir müssen uns konzentrieren, um das optimale Ergebnis mit wenigen Mitteln zu erreichen.«

Aulins »kleine Gruppe«

Wenn Ikea ein neues Absatzgebiet erobere, sei das Marketing vordringlich. Alles andere müsse hintanstehen. Als Lager genügten für den Anfang Provisorien. Die Geschäftsabläufe ließen sich auch später noch perfektionieren. Darin war sich Kamprad mit Jan Aulin einig, in anderen Punkten gerieten die beiden oft in Streit. Aulin hatte eine Schar von Vertrauten um sich, die sich »die kleine Gruppe« nannte. »Die waren eigensinnig und wollten nicht auf Ingvar Kamprad hören«, sagte der Gründer später. Aber sie hätten damit Erfolg gehabt.

Ikeas Preisniveau lag so weit unter dem der etablierten deutschen Möbelhändler, das deren Vertreter den Verdacht äußerten, Ikea betreibe Dumping. Tatsächlich hätte man zu dieser Zeit in der Bundesrepublik für den Preis der Ikea-Möbel woanders nicht einmal deren Rohmaterial kaufen können.

Aber Ikea kaufte ja auch nicht in der Bundesrepublik ein, sondern ließ die Möbel vornehmlich in Polen, Rumänien und der DDR herstellen. Korb- und Bastmöbel bezog das Unternehmer containerweise aus der Volksrepublik China und aus Taiwan. Außerdem wurden seit den sechziger Jahren für Ikea-Möbel häufig Spanplatten verwendet. Das sparte Geld. Und so konnte Ikea in Deutschland die Regale, Sessel und Betten trotz der niedrigen Preise mit Gewinn verkaufen.

Der deutsche Möbelhandel war einen aggressiven Preiswettbewerb nicht gewohnt. Die Branche hatte viele fette Jahre hinter sich und arbeitete traditionell mit hohen Gewinnspannen. Viele Kunden hatten sich daran gewöhnt, dass Möbel ein kleines Vermögen kosteten. Sie kannten es gar nicht anders, und eine Alternative gab es in den meisten Regionen nicht.

Ein einziger Unternehmer war schon damals aus dem informellen Preiskartell der deutschen Markenmöbelfirmen ausgeschert, das war der Händler Artur Kraft in Bad Segeberg. Kraft ignorierte die Preisempfehlungen der Hersteller und verkaufte deren Sessel, Sofas und Schrankwände um ein Drittel billiger. Mit dieser Strategie war es ihm Anfang der siebziger Jahre gelungen, zum zweitgrößten Möbelhaus des Landes nach der in Karlsruhe beheimateten Möbel-Mann-Kette aufzusteigen.

Entscheidend für den Preisvorsprung von Ikea war das Cash-and-carry-Prinzip, wie Wolfgang Hoffmann damals in der *Zeit* am Beispiel des gesamten Ikea-Konzerns vorrechnete: »Ein herkömmliches Möbelunternehmen von der Größe Ikeas braucht rund 9 000 Mitarbeiter. Die Schweden schaffen es bei ihrem System mit 2 200.«

Die deutschen Kaufhauskonzerne versuchten, sich an den Ikea-Erfolg anzuhängen. Kaufhof und Karstadt boten nun ebenfalls Möbel zum Selbstmontieren an. Andere Konkurrenten stießen sich daran, dass sich Ikea in seiner Werbung höchst erfolgreich als »Möbelhaus aus Schweden« profiliert hatte, während tatsächlich ein Großteil der Möbel im Ostblock produziert wurde.

Der Hamburger Möbelhändler Kurt Barnekow (Kubah-Möbel) schickte nicht lange nach dessen Eröffnung Testkäufer in das Ikea-

Haus in Kaltenkirchen. Sie fanden dort Tische, Stühle und einen Sessel, deren Kennzeichnung ihre Herkunft aus der DDR verriet. Der »Verein zur Wahrung des lauteren Wettbewerbes« verklagte Ikea und siegte in zwei Instanzen. Die Ikea-Anwälte hielten dagegen, dass es sich bei den Möbeln durchweg um schwedisches Design handele, auch wenn ein Teil außerhalb Schwedens produziert würde. Daraus habe das Unternehmen außerdem niemals ein Geheimnis gemacht, sodass von einer Täuschung der Verbraucher, wie sie Ikea vorgeworfen wurde, keine Rede sein könne.

Ähnlich sahen es die Experten der Verbraucherzentrale Hamburg. Der Begriff Schwedenmöbel bedeute »nicht unbedingt, dass die Möbel in jedem Fall in Schweden angefertigt sind«, schrieben sie in einer Stellungnahme. Gemeint sei nur ein Stil, der sich »in einer bestimmten geschmackssicheren, eben schwedischen Weise auszeichnet«.

Brötchen und Haarschnitte

Auch andere Werbemethoden, mit denen Ikea von sich reden machte, erregten den Ärger der etablierten Möbelhäuser. Der Chef des Ikea-Hauses in Kaltenkirchen, ein junger Mann namens Anders Moberg, proklamierte einen »Junggesellen-Tag«: Alleinstehende Männer konnten bei Ikea ihre mitgebrachten Socken waschen lassen. An anderen Tagen lockte Ikea die Kunden mit Gratisbrötchen und kostenlosen Haarschnitten an.

Die Konkurrenten schäumten, wenn sie solche Anzeigen lasen. Ikeas Erfolg beruhe nicht auf niedrigen Preisen und guter Qualität, sondern auf verbotenen Werbemethoden, klagten Branchenvertreter – ganz so, als ob es nicht die Möbel, sondern die Gags und flotten Sprüche (»Bei uns geht die Liebe durch den Wagen«) gewesen wären, die die Kundschaft scharenweise in die Möbelhäuser zog.

Der Präsident des Bundesverbandes des deutschen Möbelhandels Kurt Schmiedeknecht ließ Ikea-Möbel, die laut den angehefteten Kennzeichnungen von hoher Güte waren, von Experten untersuchen. Das Ergebnis entsprach seinem Vorurteil. »Die gekauften Möbel einer

Serie, die mit hohen Möbel-Fakta-Werten gekennzeichnet waren, sind allergrößter Mist und nicht anzusprechen als Gebrauchsmöbel.«

Tatsächlich gab es immer wieder Ikea-Möbel von fragwürdiger Qualität. Häufig waren die Löcher nicht an den richtigen Stellen ausgestanzt und es fehlten Schrauben in den Paketen. Die Montageanleitungen waren vielfach nicht zu verstehen. Aber die meisten Kunden hatten doch das Gefühl, Ware zu bekommen, die das Geld wert war. Vor allem waren es Möbel, die man woanders nicht bekam.

Die Schweden brachten vornehmlich Möbel in hellen und natürlichen Farben nach Deutschland. Sie unterschieden sich angenehm von den dunklen Eichenmöbeln, wie sie damals unter deutschen Dächern standen. Ikeas offene Regale waren eine Alternative zu den geschlossenen und oft erdrückend wirkenden Schrankwänden im Beizton Eiche P43. Anfangs taten sich viele Kunden schwer mit Lagerregalen wie denen vom Typ Bosse/Ivar, denn die sahen aus, als gehörten sie in den Keller und nicht in die Wohnung. Aber gerade das Unkonventionelle sprach viele der Jüngeren an.

»Wenn Sie Nussbaum, Palisander und Teak lieben, werden Sie uns wahrscheinlich hassen«, hieß es im ersten Ikea-Katalog. »Wir haben mit der guten alten Nobeltradition gebrochen und uns dem Kiefernholz oder anders lackierten und gebeizten Holzsorten verschworen. Das wirkt dann zwar oft freundlicher und jünger, auf manche Leute aber machen Sie damit null Eindruck.«

Der Designprofessor Norbert Bolz war 21 Jahre alt, als Ikea nach Deutschland kam. Wie viele in seiner Generation wurde er schon bald Kunde des schwedischen Möbelhauses. »Wir mussten uns ja möblieren. Aber wie war das möglich, ohne in die Welt des absolut Reaktionären, des Ultrakonservativen, in die Möbelwelt der eigenen Eltern zurückzukehren?« Ikea war die willkommene Alternative.

Ein Einkauf bei Ikea lief völlig anders ab als im Möbeleinzelhandel üblich, erinnert sich Ikeas damaliger deutscher Werbeberater Werner Herrwerth: »In den herkömmlichen deutschen Möbelgeschäften herrschte damals noch eine Atmosphäre wie in der Kirche. Diese Altdeutsche-Eiche-Ästhetik wirkte auf Jungkäufer eher wie ein Sarglager.«

Möbelkauf als Bekenntnis

Vor allem Studenten kauften im unmöglichen Möbelhaus, und das nicht nur der niedrigen Preise wegen. »Größenwahn und Depression der ersten Semester fanden in den mobilen Selbstaufbauten eine perfekte Kulisse«, hat die Feuilletonistin Mariam Lau beobachtet. »Die protestantische Ethik der Arbeitsplatte, die dem politisch (schuld-) bewussten Germanisten das Gefühl gab, im Produktionsprozess zu stehen, war die Antwort auf die pompös-autoritären Schreibtische aus Eichenholz mit den verschließbaren Geheimfächern, hinter denen sich die Väter und Großväter verschanzt hatten.«

Bei Ikea zu kaufen, das war für viele Kunden auch ein politisches Statement. Ein Bekenntnis zu einem Lebensstil, der nicht auf Konsum und Status setzte. Die Schweden eroberten den deutschen Markt in dem Jahrzehnt, indem erstmals Atomkraftgegner in Brokdorf und Kalkar mobil machten und sich Ökos, Linke und Spontis in grünen Listen zusammenfanden.

Das freche jugendliche Image legte sich Ikea interessanterweise erst zu, als es den deutschen Markt eroberte. In Schweden war Ikea ein Möbeldiscounter für die Massen, keine Trend-Company für Unangepasste. »Erst wir haben aus dem schwedischen Möbel-Woolworth den Spezialisten für jung-dynamisches Wohnen gemacht«, reklamierte der Werbefachmann Herrwerth 1985 nicht ganz zu Unrecht für sich.

Richtig ist in jedem Fall, dass Ikea zu einer Zeit nach Deutschland kam, als sich das Unternehmen auch in Skandinavien stärker als zuvor auf ein junges frisches Design ausrichtete – eine hölzerne, ländliche Version des europäischen Modernismus mit seinen strengen Linien. Seit 1975 arbeitete der Däne Niels Gammelgaard als Berater für Ikea und lieferte zahlreiche Entwürfe für neue Möbel und Hausrat.

Es blieb aber nicht bei der Übernahme des deutschen Marktes. Auch andere Länder wurden attraktiv. Die von Kamprad propagierte »Konzentration der Kräfte« bedeutete eigentlich, dass sich Ikea in den siebziger Jahren auf den europäischen Kontinent beschränken musste. Doch bald schon gab es auch blaugelbe Möbelhäuser in Übersee. 1975 wurden zwei Ikea-Einrichtungshäuser in Australien und Hongkong eröffnet, allerdings standen dahinter Franchisenehmer, die die Läden auf eigenes Risiko betrieben und für die Nutzung des Ikea-Konzeptes Geld zahlten.

Auch nach Kanada übertrugen Franchisenehmer 1976 die Ikea-Idee. Bis zum Ende des Jahrzehnts sollten dort immerhin fünf Ikea-Häuser entstehen. Weil die Geschäfte aber nicht gut liefen, übernahm Ikea das kanadische Franchiseunternehmen 1979 und führte die Häuser in eigener Regie zum Erfolg.

In Europa nahmen sich die Ikea-Leute nach der Schweiz und Deutschland Österreich vor – und eroberten es im Sturm. Als Ikea 1977 in Wien mit viel Werbetamtam das erste Haus eröffnete, machte Kommerzialrat Walter Köberl mit seiner alteingesessenen Möbelkette Weiss eine neuartige Erfahrung: »Plötzlich hatte ich in meinen Filialen mehr Angestellte als Kunden.«

In Österreich waren Möbel bis dahin noch einmal deutlich teurer gewesen als in Deutschland. Ikea konnte es sich daher erlauben, in der Alpenrepublik Preise zu nehmen, die um 30 bis 60 Prozent über denen in Deutschland und Schweden lagen. »Wir haben uns eben dem österreichischen Preisgefüge angepasst«, kommentierte Ikea-Manager Anders Moberg die Differenz. Auch in die Niederlande ging Ikea noch in den siebziger Jahren. Dagegen sollte Frankreich sein erstes Ikea-Einrichtungshaus erst in den achtziger Jahren bekommen.

Wie König Gustav II. Adolf im Dreißigjährigen Krieg mit seiner überlegenen Militärtechnik halb Europa unterworfen hatte, so machte sich nun der Unternehmer Ingvar Kamprad mit seiner fortschrittlichen Möbelverkaufsmethode daran, ein Land nach dem anderen zu erobern.

8. Kapitel

»Jetzt habe ich Ikea weggegeben!«

Kamprad überträgt sein Werk einer Stiftung

Die Kamprads fühlten sich in Dänemark außerordentlich wohl. Seit 1973 lebten sie in Vedbæk, einem Badeort nördlich von Kopenhagen. Die Söhne Peter, Jonas und Mathias gingen dort zur Schule und hatten Freunde gefunden. Ingvar Kamprad arbeitete und reiste viel. Für Frau und Kinder blieb ihm kaum Zeit. Die Söhne vermissten ihren Vater. Wenn sie es sich hätten aussuchen können, hätten sie lieber einen Vater gehabt, der abends zu Hause war und sie ins Bett brachte.

Aber ihr Vater war Unternehmer, ein besonders rastloser zudem. Dass ihr Vater eine eigene Firma hatte, imponierte den Kindern, aber es weckte auch ihr Mitleid. Als Kamprad einmal spät nach Hause kam, waren seine Söhne noch wach. Der älteste war zehn. Zu dieser Uhrzeit hätten die Jungen längst im Bett sein müssen. Aber sie hatten dem Vater etwas zu sagen. Sie hätten einen Beschluss gefasst: Wenn sie groß wären, würden sie dem Vater helfen, damit er nicht mehr so viel arbeiten müsse. Kamprad war tief gerührt.

Aber er verstand auch, dass er sich mehr um die Familie kümmern sollte. Gerne hätte Kamprad in Dänemark einen Bauernhof erworben und auf diese Weise mehr Ruhe in sein Leben gebracht. Er hatte angefangen, Tomaten anzubauen. Aber es half nichts. Dänemark war nicht der Endpunkt. Auf seiner selbstgewählten Flucht vor der Steuer musste Kamprad spätestens nach vier Jahren weiterziehen.

Die politische Wende, die sich 1976 in Schweden vollzog, verfolgte Kamprad mit Freude. In seiner Heimat hatten die bürgerlichen Kräfte die Macht übernommen. Die seit den dreißiger Jahren bestehende Vorherrschaft der Sozialdemokraten schien gebrochen. Für ihn selbst und seine Familie konnte Schweden keine Heimat mehr sein, fand

Kamprad. Vor allem war das Land in seinen Augen kein geeigneter Standort für die Ikea-Spitze.

Seine Berater hatten ihm vorgeschlagen, er solle seinen endgültigen Wohnsitz in Großbritannien nehmen. Dort lebte, neben vielen anderen Exilanten, auch die aus Schweden stammende Familie Rausing, die ihr Vermögen mit Getränkekartons (»Tetra Pak«) gemacht hatte. Kamprad beschäftigte sich intensiv mit diesem Vorschlag. Was ihm nicht gefiel, war die Art und Weise, wie internationale Geldgrößen in England besteuert wurden. Die Zugezogenen konnten nur einen kleinen Teil ihrer Einkünfte angeben, worauf die Behörden die Steuern mehr oder weniger nach Gutdünken festsetzten.

Das Prinzip war also: Der Steuerzahler schummelt, und das Finanzamt schätzt. Am Ende des Verfahrens stand eine für den reichen Einwanderer erträgliche Steuerlast und für den britischen Fiskus eine Einnahme, die er bei einer strengeren Herangehensweise wohl nicht gehabt hätte.

Aber für Ingvar Kamprad kamen derlei Methoden nicht infrage. Der Unternehmer wollte nicht mauscheln. »Ich hatte keine Lust, in einem Land zu leben, wo ich mich als potenzieller Halbkrimineller fühlen müsste, ohne es zu sein«, sagte er.

So fiel die Wahl des Wohnsitzes auf die Schweiz. Dort wollte der Unternehmer mit seiner Familie leben und alt werden. Auf Wunsch seiner Frau entschied sich Kamprad für den französischen Teil des Landes. Margaretha Kamprad liebte diese Sprache, und ihr lag daran, dass auch die Kinder Französisch lernten.

Eine Villa in der Schweiz

In der Nähe von Lausanne fanden die Kamprads 1978 ein Haus. Es lag in dem Bauerndorf Epalinges auf 785 Metern Höhe, welches zum Schweizer Kanton Waadt gehört. Bei dem Anwesen handelte sich um einen geräumigen, aber schlichten Bungalow mit Doppelgarage. Die Kamprads waren dort nur Mieter, das Haus gehörte einer Schweizer Ikea-Tochterfirma.

Der Neubürger zeigte sich gegenüber dem Schweizer Fiskus großzügig. Kamprad machte nicht von der Möglichkeit Gebrauch, lediglich ein Einkommen in der Höhe seiner Schweizer Ausgaben anzugeben wie es andere Zugezogene taten. Das wäre ein ziemlich geringes Einkommen gewesen, denn die Kamprads lebten bescheiden.

Ingvar Kamprad gab ehrlicherweise sein dänisches Gehalt als Ikea-Konzernchef an, das sich immerhin auf eine halbe Million Schweizer Franken belief. »Ich möchte nicht in der Schweiz durch die Straßen laufen und mich wie ein Parasit oder Steuerhinterzieher fühlen«, sagte er. Die Gemeindeverwaltung in Epalinges honorierte diese Einstellung, indem sie für die Neubürger ein Willkommensfest gab. Das Dorf oberhalb des Genfer Sees hatte nun schon zwei prominente Einwohner, die aus dem Ausland kamen. In Epalinges lebte auch der aus Belgien stammende Kriminalschriftsteller Georges Simenon.

Ingvar Kamprad fiel es nicht leicht, sich in der Schweiz einzuleben. Vor allem mit der französischen Sprache hatte er große Schwierigkeiten. Er heuerte eine Privatlehrerin für einen Intensivkurs an und paukte mit ihr sechs Stunden am Tag. Aber er konnte sich die Vokabeln einfach nicht merken. Nach zwei Wochen sagte ihm die Frau, dass sie in ihrem Berufsleben noch nie einen Schüler mit einer ähnlich geringen Aufnahmefähigkeit gehabt habe wie ihn.

Kamprad hatte sich nicht zuletzt deshalb für Lausanne als Wohnort entschieden, weil Ikea in der Gegend zur gleichen Zeit ein neues Möbelhaus plante. Diese zweite Niederlassung in der Schweiz entstand in Aubonne, etwa 25 Kilometer entfernt von Kamprads Wohnhaus. In den Verwaltungsräumen dieses Möbelhauses richtete sich Kamprad einen Arbeitsplatz ein. Dabei beanspruchte er für sich selbst nicht mehr Platz, als die anderen Büromitarbeiter hatten. Eine Ecke im Großraumbüro genügte dem Firmengründer.

25 Jahre später sollte Kamprad im Gespräch mit seinem Biografen Torekull behaupten, dass er nicht in erster Linie der Steuern wegen aus Schweden fortgegangen sei. Ausschlaggebend für die Emigration sei gewesen, dass er nicht mehr in Älmhult habe leben wollen, weil er dort »früher oder später« zu einem »Störfaktor des Unternehmens« geworden wäre. Aber diese Erklärung ist wenig überzeugend. Ein selbst gewählter Rückzug aus dem Ikea-Geschäft wäre dem alten

Kamprad vielleicht zuzutrauen. Der Kamprad des Jahres 1973 war aber ein Mann von Ende vierzig und ein überaus aktiver Unternehmer. Die internationale Expansion von Ikea stand damals erst am Anfang.

Im Aufsichtsrat von Ikea kam damals häufiger die Frage auf, ob es nicht besser wäre, wenn das Unternehmen an die Börse ginge. Bislang gehörten alle Aktien einem einzigen Mann, Ingvar Kamprad. Das bedeutete einerseits Sicherheit für Ikea, aber es begrenzte andererseits die Möglichkeiten des Wachstums.

Um neue Möbelhäuser zu bauen und weitere ausländische Märkte zu erobern, brauchte Ikea ständig Geld. Kamprad war der Ansicht, dass Ikea nur in dem Maße größer werden dürfte, wie es die eigenen Gewinne erlaubten. Eine Expansion auf Pump kam für ihn nicht infrage. In solchen Dingen war er ausgesprochen konservativ eingestellt. Zudem hätte er dann einen Teil seiner Macht an die kreditgebenden Banken abgeben müssen. Aus demselben Grund war Kamprad auch gegen die Beteiligung neuer Aktionäre.

Ein Börsengang brachte überdies die Verpflichtung zur Offenlegung der Umsatz- und Gewinnzahlen mit sich und führte regelmäßig dazu, dass das Management unter den Druck der Aktionäre geriet. Den Anteilseignern war in aller Regel an schnellen Kurssteigerungen und hohen Ausschüttungen gelegen. Ikea hingegen verfolgte eine langfristige Strategie – und dabei sollte es nach Kamprads Willen bleiben.

Ikea wird zur Burg ausgebaut

Mitte der siebziger Jahre beschäftige Kamprad ein ganzes Heer von Anwälten, die sich mit der Frage auseinander setzten, was auf Dauer die beste Rechtsform für Ikea wäre. Als Ziel der Überlegungen hatte Kamprad seinen Wunsch genannt, Ikea zu einer uneinnehmbaren Burg auszubauen. Je größer Ikea geworden war, desto mehr trieb den Unternehmer die Frage um: »Wie können wir vermeiden, dass gierige Interessen das, was wir aufgebaut haben, leichtfertig aufs Spiel setzen und gleichzeitig eine Organisation beibehalten, die Dynamik entwickelt und schafft?«

Kamprad war entschlossen, Ikea zu einem Unternehmen zu machen, über das niemand mehr frei verfügen konnte – nicht einmal der Gründer selbst. Er wollte, wie er selbst erklärte, »das wachsende Unternehmen vor künftigen Überrumpelungsaktionen sowohl seitens der Familie als auch aus anderer Richtung schützen«. Nachdem sie zahlreiche Optionen geprüft hatten, empfahlen die Anwälte Kamprad, das Unternehmen in eine niederländische Stiftung einzubringen. Der Gründer ließ sich alles genau erklären, dann stimmte er zu.

Was sprach für die Niederlande als Standort für Ikea? Ein Land, in dem es bis 1979 nicht einmal ein Möbelhaus der Schweden gab. Der Grund für die Wahl war, dass die Niederlande ein besonders liberales Stiftungsrecht hatten. Dort ließen sich Stiftungen ohne staatliches Zutun gründen. Während in Deutschland zum Beispiel eine Stiftung nur mit behördlicher Genehmigung entstehen konnte, genügte in den Niederlanden bereits die Beurkundung bei einem Notar.

In den Niederlanden gab es auch keine staatliche Aufsicht über Stiftungen. Kein Amt, das Sitzungsprotokolle und Verwendungsnachweise sehen will, machte dort den Stiftern das Leben schwer. Die Stiftung ist allein Sache des Stifters und des Vorstands. Nur wenn Gesetze gebrochen werden, kann der Staatsanwalt eingreifen. Wie in Deutschland ist es in den Niederlanden nicht zwingend vorgeschrieben, dass eine Stiftung gemeinnützigen Zwecken dient. Jeder Zweck, der nicht gegen die guten Sitten oder die Gesetze verstößt, ist zulässig.

Einen weiteren Vorteil bot das niederländische Recht einem Stifter wie Ingvar Kamprad. Während in Deutschland und vielen anderen Ländern Stiftungen eine unbegrenzte Lebenszeit haben und nicht rückgängig gemacht werden können, ist es in den Niederlanden möglich, Stiftungen wieder aufzulösen.

Wenn das niederländische Recht einem Stifter also ungewöhnlich große Freiheiten gab, so musste Ingvar Kamprad doch einige Beschränkungen hinnehmen, als er Ikea in eine Stiftung einbrachte. Es ist in den Niederlanden zwar erlaubt, dass eine Stiftung ein Unternehmen führt und Gewinne macht, sie darf diese aber nicht an den Stifter oder die Vorstände der Stiftung ausschütten. Denn dann würde sie agieren wie eine ganz normale Kapitalgesellschaft, und das war nicht zulässig.

Kamprads Stiftung wurde in den späten siebziger Jahren gegründet. Sie erhielt den Namen The Stichting INGKA Foundation, eine englisch-niederländische Bezeichnung mit den Initialen des Unternehmensgründers in der Mitte. In einem mehrstufigen Verfahren übertrug Kamprad das Eigentum an Ikea auf die Stiftung. Er selbst nahm im Vorstand der Stiftung einen Sitz ein. Die anderen Sitze gingen an Berater der Familie.

Diesen Schritt begründete Ingvar Kamprad im Sommer 1983 in einer Pressekonferenz im Badeort Tylösand an der schwedischen Westküste mit dem Wunsch, dass sein Lebenswerk auch nach seinem Tod Bestand haben solle. Er wolle verhindern, dass sich seine Söhne eines Tages »um die Stücke reißen«, wie er es formulierte. Gleichzeitig übte Kamprad, der sich bis dahin nicht zu politischen Fragen geäußert hatte, auch Kritik an der schwedischen Regierung. Im Jahr zuvor waren die Sozialdemokraten wieder an die Macht gekommen. Olof Palme regierte nun mit Duldung der Kommunisten. Der Premier hatte einen Gesetzentwurf angekündigt, durch den so genannte Arbeitnehmerfonds geschaffen werden sollten.

Diese Fonds sollten aus Mitteln der Unternehmen gespeist werden, wenn die Arbeitnehmer im Gegenzug auf Lohnzuschläge verzichteten. Das so gesammelte Geld sollte dazu dienen, Anteile an Unternehmen zu erwerben. Sozialdemokraten und Gewerkschaften verfolgten mit dieser Politik das Ziel, die starke Konzentration von Unternehmensvermögen und Macht in Schweden abzubauen und eine neue Form der Mitbestimmung zu erreichen. Die schwedischen Unternehmer liefen Sturm gegen das Vorhaben, wohl zu Recht.

Nach Ansicht des deutschen Schriftstellers Hans Magnus Enzensberger, der den schwedischen Wahlkampf 1982 beobachtet hatte, handelte es sich bei dem Fonds-Vorhaben um ein »Streitobjekt, das in jedem anderen Land der westlichen Hemisphäre einen ideologischen Bürgerkrieg ausgelöst hätte«. Es laufe auf »eine ebenso einfache wie dreiste Forderung hinaus: Die Kapitalisten sollen den Strick bezahlen, an dem die Gewerkschaften sie erwürgen wollen«.

Genauso sah es auch Ingvar Kamprad. Der Ikea-Gründer klagte auf der Pressekonferenz, es sei ein erster Schritt hin zu einem osteuropäischen Wirtschaftssystem in Schweden, wenn solche Fonds eingeführt würden.

Aus Kamprads Kritik schlossen manche Beobachter, der Unternehmer sei aus Angst vor einer Sozialisierung seines Besitzes ins Ausland gegangen und nicht in erster Linie wegen der Steuern. »Die Fonds sollen Ikea nicht in die Finger bekommen«, schrieb die den Gewerkschaften gehörende Zeitung *Aftonbladet*. Das war nicht falsch, aber es war auch nicht richtig. Die Wahrheit war, dass Kamprad sicherstellen wollte, dass überhaupt niemand Ikea »in die Finger« bekam. Nicht die Gewerkschaften, nicht der schwedische Steuerstaat, nicht einmal seine eigenen Nachkommen.

Ein Schreck in der Abendstunde

Für die Familie Kamprad markierte die Übertragung von Ikea an eine Stiftung einen Einschnitt. Im Gespräch mit dem Unternehmensbiografen Torekull berichtete einer von Kamprads Söhnen über das tiefe Gefühl des Verlustes, das er damals empfunden hatte: »Ich erinnere mich noch sehr gut an diesen Augenblick, ich mag 12 Jahre alt gewesen sein, er kam eines späten Abends nach Hause und sagte: ›Jetzt habe ich Ikea weggegeben!‹ Und dann erklärte er, dass es ihm aber gelungen sei, die Macht zu behalten, dass er weiterhin mitbestimmen könne, dass wir aber das Geld nicht mehr hätten. In diesem Alter verstand man nur das Wort Geld; es stand für Süßigkeiten am Samstag, Taschengeld und so. Ich war total erschrocken: Was hat Papa getan? Hatten wir gar kein Geld mehr?«

Manches spricht dafür, dass Vater Kamprad genau dieses Gefühl bei seinen Söhnen erzeugen wollte. Peter, Jonas und Mathias sollten nicht mit der Einstellung aufwachsen, dass sie reich seien und nichts leisten müssten. Und sie sollten niemals auf die Idee kommen, dass das Unternehmen etwas war, worüber die Familie frei verfügen konnte. Für Kamprad war Ikea in gewisser Weise heilig.

Mit der Stiftung befreite Kamprad seine Söhne allerdings auch frühzeitig von einem Druck, der auf vielen Menschen in der jüngeren Generation von Unternehmerfamilien lastete: dass sie eines Tages die

Nachfolge antreten müssten und für das verantwortlich sein würden, was der Vater aufgebaut hatte.

Ikea gehörte nun nicht mehr den Kamprads. Für das Unternehmen war es ab sofort unerheblich, welche Rolle die Mitglieder der Familie weiterhin spielen würden. Entscheidend war der Fortbestand von Ikea. Mit seiner Stiftung verfolgte Ingvar Kamprad letztlich auch das Ziel, sich unsterblich zu machen. In einem Anflug von Größenwahn formulierte er dies einmal: »Solange es auf unserer Erde menschliches Wohnen gibt, muss es ein starkes und effektives Ikea geben.«

9. Kapitel

»Der Elch wird geschlachtet«

Expansion und Neuorientierung in den achtziger Jahren

Ingvar Kamprad ist jemand, der keine langen Umschweife macht. Die Absicht hinter der Einrichtung der Ikea-Kinderparadiese, wo die Kleinen in bunten Bällen baden konnten, war »Geld zu verdienen«. Der Ikea-Gründer macht keinen Hehl daraus, dass er Kunden mit Kindern ermöglichen wollte, in Ruhe und reichlich einzukaufen. Aber es habe dabei auch ein »Gefühl der Fürsorge« gegeben, so Kamprad. »Gibt es etwas Wichtigeres, als sich ordentlich um die Kinder zu kümmern?«

Tatsächlich gehörte Ikea schon in den siebziger und achtziger Jahren zu den wenigen Unternehmen, die sich gezielt der Bedürfnisse von Familien mit Kindern annahmen. Die gesamte Geschäftsidee selbstmontierbarer und somit preisgünstiger Möbel lief ja zu einem nicht geringen Teil auf eine wirksame Familienförderung hinaus.

Als die Vereinten Nationen 1980 das »Jahr des Kindes« ausriefen, proklamierten die Schweden das »Jahr des Kinder-Wohnzimmers« und brachten das Sofa Klippan auf den Markt. Der Clou an dem klobigen Möbel: Der Bezug war leicht abzunehmen und konnte in der Waschmaschine gereinigt werden. Klippan war ein strapazierfähiges Familiensofa.

Um die Kunden noch enger an sich zu binden, gründete Ikea 1984 einen Club: Ikea Family. Für dessen Mitglieder gab es regelmäßig Sonderangebote, die vom Schweizer Offiziersmesser über die Thermoskanne bis zum Rauchmelder reichten. In Schweden konnten Ikea Family-Mitglieder mit ihrer Karte billiger tanken und günstige Hausratsversicherungen abschließen.

Aber Ikea hatte in Deutschland ebenso wie in Schweden längst Anhänger in allen Bevölkerungsschichten gefunden. In Bonn hatte sogar

Bundesminister Björn Engholm sein Dienstzimmer mit Ikea-Möbeln ausgestattet und dabei für die komplette Büroeinrichtung weniger Geld ausgegeben als seine Ministerkollegen für ihren Schreibtisch.

Anfang der achtziger Jahre zeigte sich allerdings, dass das Geschäft mit billigen Kiefernmöbel in Deutschland ausgereizt war. Ikea musste sich etwas Neues einfallen lassen, wenn es weiter wachsen wollte. Zusätzlich zu ihren eher rustikalen Regalen und Schränken nahmen die Schweden nun auch elegantere Möbelstücke in das Sortiment auf.

Im Katalog von 1983 fanden die deutschen Kunden neben den Regalen Sten und Ivar nun auch hochwertigere Stücke wie Ledersofas im italienischen Stil und Vitrinenschränke. Zur neuen Linie passte das knuddelige Werbemaskottchen nicht mehr. Ikea verbannte die Comicfigur aus der Werbung. »Der Elch wird geschlachtet«, schrieb *DIE ZEIT*. Der Marketingchef von Ikea Deutschland Werner Stoffregen kommentierte die Ausmusterung des Symboltieres mit den Worten: »Er hat uns in der Aufbauphase sehr geholfen. Jetzt müssen wir das Image aufpolieren und deutlich zeigen, dass Ikea nicht für miese Ware steht.«

Die Qualitätsprobleme löste Ikea vor allem dadurch, dass das Unternehmen mit Herstellern zusammenarbeitete, die über eine stark automatisierte Produktion verfügten. So konnte garantiert werden, dass beispielsweise Löcher sauber ausgesägt waren. Zu viele Kunden hatten sich bereits frustriert abgewandt. »Wenn wir diese Anfangsprobleme nicht gelöst hätten, dann wäre die Lebensdauer von Ikea kurz gewesen«, gestand Kamprad später.

Aber Ikea musste sich auch an einen veränderten Geschmack anpassen, die Zeit der roh wirkenden Kiefernmöbel war abgelaufen. Nun hielt die weiße Welle Einzug in die 16 deutschen Ikea-Einrichtungshäuser.

Allergisch gegen Kiefernholz

Es war ein Stilwechsel, durch den sich manche in Deutschland geradezu erlöst fühlten. So auch Florian Illies, ein Angehöriger der von ihm selbst ausführlich beschriebenen »Generation Golf«. Vor Ikeas Kehrtwende habe seine Generation, das sind die zwischen 1965 und 1975 geborenen Westdeutschen, an einer regelrechten »Kiefernholzallergie« gelitten, klagte Illies in seinem Bestseller. »Deutschland war innerlich vollgestellt mit Kiefernholz, man fühlte sich in einer gigantischen sozialdemokratischen Kiefernholz-Sauna«, schrieb der Feuilletonist und schimpfte ausgiebig über »jenes hellbraune, undefinierbare Material mit hässlichen Astlöchern, aus dem die Träume der Vorgängergenerationen waren«.

Für die »Generation Golf« kamen daher nur die weißen Ikea-Möbel infrage, Billy und die neuen Beistelltische namens Lack. Kombiniert wurden sie vorzugsweise mit alten Kommoden, Schränken und Tischen, die aus dunklem Holz waren. Dieser neue Stil bedeutete letztlich aber nur, dass auch die »Generation Golf« eine »Generation Ikea« war, und es ist ein bezeichnender Umstand, dass der erste Golf im selben Jahr vom Band lief, als Ikea nach Deutschland kam.

Mit der Möbelserie Stockholm erklomm Ikea 1984 eine neue Qualitätsstufe. Die Materialien waren Birke, Leder und Baumwolle. Für die Gestaltung erhielt Ikea erstmals den Preis für »Excellent Swedish Design«. Produziert wurden Ikea-Möbel allerdings weiterhin dort, wo die Löhne am niedrigsten waren. So waren beispielsweise Mitte der achtziger Jahre in der Schwerbehindertenwerkstatt im englischen Remploy Tausende Arbeitskräfte damit beschäftigt, Betten und Tische für Ikea zu zimmern. Auch einige Fürsorgeanstalten in Schweden produzierten für Ikea. Und im Bremer Gefängnis Oslebshausen schreinerten Häftlinge die Rahmen von Sitzmöbeln der Typen Sommen und Furudal.

Ein junger Småländer

Mitte der achtziger Jahre machte sich Ikea-Gründer Kamprad daran, seine Nachfolge an der Unternehmensspitze zu regeln. 1986 würde er seinen 60. Geburtstag feiern, und es schien ihm vernünftig, wenn dann jemand anderes als er selbst das operative Geschäft des Ikea-Konzerns leitete. Kamprad überlegte lange, wer das sein könnte. Schließlich fiel seine Wahl auf den 35-jährigen Anders Moberg.

Der junge Schwede hatte keinen Hochschulabschluss. Dafür hatte er im Alter von 35 Jahren bereits ein halbes Leben Ikea hinter sich. Außerdem verfügte Moberg über reichlich Auslandserfahrung. Er hatte an der Eröffnung eines guten Dutzends Einrichtungshäuser mitgewirkt. Moberg kannte den wichtigen deutschen Markt, wo er einst das Möbelhaus in Godorf bei Köln und das in Kaltenkirchen bei Hamburg geleitet hatte. Und er war auch als Chef von Ikea in Frankreich erfolgreich gewesen, wo 1981 das erste Möbelhaus eröffnet worden war.

Anders Moberg war ein Mann von kräftiger Statur, der in seiner Jugend Handball gespielt und als Trainer gearbeitet hatte. Er war ein Teamplayer, was auch daran lag, dass er mit fünf Geschwistern aufgewachsen war. Wirkte der Manager äußerlich auf manche ein wenig phlegmatisch, so hatte Ingvar Kamprad früh erkannt, welche Tatkraft sich hinter diesem ruhigen Auftreten verbarg.

Was Kamprad an ihm vielleicht am meisten einnahm, war seine Herkunft. Der Manager stammte von einem Bauernhof in dem Dörfchen Idhult, das 2 Kilometer von Älmhult entfernt liegt. Moberg war ein echter Småländer.

Während einer gemeinsamen Geschäftsreise nach Amsterdam 1985 eröffnete Kamprad dem Manager, dass dieser im folgenden Jahr Chef der Ikea International A/S werden könne. Das war die dänische Gesellschaft, die den Möbelhausbetrieb dirigierte. Er solle sich die Sache durch den Kopf gehen lassen und ihm anschließend Bescheid geben, ob er den Posten haben wolle. Kamprad gab Moberg eine Bedenkzeit von einem Monat.

Mit einem solchen Angebot hatte Anders Moberg nicht gerechnet. Er würde erst 36 Jahre alt sein, wenn er an die Konzernspitze vorrückte. Bei Ikea gab es eine Menge Leute, die über mehr Erfahrung verfügten als er. Aber das Angebot war natürlich ehrenvoll und verlockend. Außerdem wusste Moberg, dass er an der Unternehmensspitze nicht auf sich allein gestellt sein würde. Im Hintergrund würde es weiterhin Ingvar Kamprad geben. Dass sich der Gründer völlig zurückziehen würde, damit war nicht zu rechnen. So gut kannte Moberg Kamprad längst.

Der Wachwechsel erfolgte schließlich am 1. September 1986. Im

Oktober präsentierte Ingvar Kamprad im dänischen Humlebæk seine letzte Bilanz als Konzernchef. Es war auch aus einem anderen Grund ein ganz besonderer Tag. Erstmalig hatte der Ikea-Gewinn die magische Marke von 1 Milliarde Schwedischer Kronen (damals rund 330 Millionen Mark) übertroffen.

Schweigend genießen

Hatten manche Ikea-Manager gehofft, zur Feier des Tages würde es vielleicht ein Glas Sekt geben, so sahen sie sich getäuscht. Kamprad beging das Ereignis auf die ihm eigene Weise. Zur Überraschung aller Anwesenden schlug er eine Schweigeminute vor – »um unsere Zufriedenheit zu genießen«. Dazu hatte der Firmengründer allen Grund. In der ersten Hälfte der achtziger Jahre war Ikea gewaltig expandiert. In Deutschland hatte der Konzern neue Häuser in Kassel, Fürth, Freiburg, Walldorf bei Heidelberg und Bous bei Saarbrücken eröffnet. In den Niederlanden, wo Rotterdam 1979 den Anfang gemacht hatte, waren Einrichtungshäuser in Amsterdam und Duiven dazugekommen.

In Belgien war Ikea inzwischen mit Häusern in Zaventem bei Brüssel, Antwerpen und Lüttich vertreten. In Dänemark waren neue Häuser in Århus und Odense dazugekommen, in Island gab es jetzt Ikea Reykjavik. Und im Heimatland Schweden hatte Ikea zwischen 1980 und 1985 nicht weniger als sechs neue Standorte besetzt.

Nicht nur auf den spanischen Ferieninseln Gran Canaria und Teneriffa war das Möbelhaus inzwischen präsent. Auch in Dschidda in Saudi-Arabien und im Scheichtum Kuwait hatten Franchisenehmer in den Jahren 1983 und 1984 Ikea-Häuser eröffnet.

Der mit Abstand wichtigste Markt für Ikea war aber nach wie vor Deutschland. Fast 40 Prozent seines Umsatz erwirtschaftete der Konzern Mitte der achtziger Jahre dort. Die Deutschen gaben mehr Geld für Wohnen aus als die Bürger anderer europäischer Staaten. Um das Geschäft auszubauen, setzte Ikea nicht mehr nur auf neue Standorte. Manchmal brachte es mehr, mit einem Möbelhaus näher an die Stadt heranzurücken.

So entschieden sich Ikeas Standortplaner Anfang der achtziger Jahre dafür, das zu klein gewordene Möbelhaus in Kaltenkirchen nördlich von Hamburg zu schließen und ein neues größeres in Hamburg-Schnelsen zu eröffnen. Davon versprach man sich deutliche höhere Besucherzahlen und mehr Umsatz. Gegen das Vorhaben erhob sich allerdings heftiger Widerstand einer örtlichen Bürgerinitiative, die eine hohe Lärm- und Schadstoffbelastung durch den zu erwartenden Kundenverkehr befürchtete. Während die SPD im Hamburger Rathaus die Ikea-Pläne befürwortete, machte die örtliche CDU jahrelang Front gegen das 30-Millionen-Mark-Projekt. Am Ende konnte sie es aber doch nicht verhindern.

Die starke Expansion des Möbelkonzerns in den achtziger Jahren war zu einem nicht geringen Teil auf dem Rücken der Mitarbeiter erreicht worden. Überlange Arbeitszeiten waren nicht ungewöhnlich in dem unmöglichen Möbelhaus. In Stuttgart und Kamen hatten Ikea-Mitarbeiter sogar einstweilige Verfügungen gegen ihren Arbeitgeber erwirkt, weil sie bis zu 100 Überstunden im Monat leisten mussten. »Die ehemalige Familienatmosphäre ist hinüber«, klagte der Dorstener Ikea-Betriebsrat Harald Voß.

Ingvar Kamprad sah das genau umgekehrt. Für ihn bestand das Familiäre bei Ikea genau darin, dass jeder so viel leistete, wie irgend möglich war. Arbeitsreiche Zeiten erforderten eben einen außerordentlichen Einsatz. So dachte der Gründer. Er selbst schonte sich ja auch nicht.

Aber der Druck der Belegschaft auf das Management wuchs. Ende 1984 reisten Gewerkschaften aus sechs europäischen Ländern nach Älmhult, um sich über die schlechten Arbeitsbedingungen der damals 6000 Ikea-Beschäftigten zu beschweren. Drei Tage tauschten die Arbeitnehmervertreter mit der Unternehmensführung ihre Argumente. Anschließend reiste der Vertreter der deutschen Gewerkschaft Handel Banken Versicherungen (HBV) Helmut Stegmaier mit einem guten Gefühl nach Hause: »Die wollen jetzt endlich statt Familien-Schmus eine ordentliche Sozialpartnerschaft einführen.«

Aber die Konflikte zwischen Geschäftsführung und Betriebsräten in den deutschen Einrichtungshäusern hielten an. Strittig waren vor allem die Arbeits- und Pausenzeiten. In Berlin ging das Management

1988 gegen Betriebsräte vor, die während der Arbeit Buttons getragen hatten, mit denen sie gegen den geplanten Dienstleistungsabend protestierten. Außerdem bot Ikea den deutschen Mitarbeitern Prämien von bis zu 3 000 Mark an, wenn sie halfen, Umsatzpläne zu erfüllen und auf Mitbestimmungsrechte bei Arbeitszeiten, Überstunden und der Beschäftigung von Aushilfen verzichteten. Das war viel Geld, Vollzeitkräfte verdienten bei Ikea damals knapp 1 900 Mark im Monat.

Bei der Übergabe der Konzernführung hatten Kamprad und Moberg eine Arbeitsteilung vereinbart. Sie sah im Wesentlichen so aus, dass der Jüngere für das tägliche Geschäft des Managements zuständig war, während sich Kamprad fortan einzelnen Projekten widmen wollte. In allen Fragen, die das Sortiment betrafen, hatte sich der Gründer allerdings ein Vetorecht ausbedungen. Damit der eine wusste, was der andere gerade tat, beschlossen die beiden Männer, sich künftig einen Assistenten zu teilen. Dass dieser Assistentenposten ein Sprungbrett für Nachwuchsmanager werden würde, sollte der junge Anders Dahlvig, der 1988 zum Diener zweier Herren bestellt wurde, viel später einmal erfahren.

Ikano für die Söhne

Nachdem Ingvar Kamprad die operative Führung von Ikea abgegeben hatte, kümmerte er sich verstärkt um die Interessen seiner Familie. Da die Möbelhäuser einer Stiftung gehörten und damit keine Erbmasse mehr waren, wollte Kamprad seinen Söhnen eine eigene wirtschaftliche Basis verschaffen, die unabhängig von Ikea war.

Im Laufe der Jahre hatte Kamprad mit dem Geld, das er durch Ikea verdient hatte, etliche Beteiligungen an anderen Unternehmen erworben. So war er an Anteile der Fluggesellschaft Cross Air und des Besteckproduzenten Gab Gense gekommen. In Dänemark kontrollierte Kamprad ein eigenes Kreditinstitut, Den Kobenhavnske Bank. Bei dem Besitz handelte es sich um ein bunt zusammengewürfeltes Vermögenssammelsurium, zu dem etliche Immobilien zählten, darunter auch ein Technologiepark in der südschwedischen Universitätsstadt

Lund. Komplettiert wurde das Kampradsche Privatvermögen durch ein breit gestreutes Wertpapiervermögen.

1988 machte sich Kamprad daran, Ordnung in diesen Bereich zu bringen. Dazu formierte er die von Ikea unabhängige Unternehmensgruppe Ikano. Diese Firma, die einst gegründet worden war, um Ikeas Möbelimporte aus Polen abzuwickeln, nahm nun das gesamte Beteiligungsvermögen auf.

An die Spitze dieses privaten Mischkonzerns stellte Kamprad den Finanzmann Ingemar Gustafsson, der wie er selbst und Moberg einer småländischen Bauernfamilie entstammte. Doch nicht nur das. Gustafssons Geburtsort war Agunnaryd – jenes Dorf, dessen Anfangsbuchstabe für das A in Ikea steht. Gustafssons Aufgabe war es, ein effektives Management der Beteiligungen aufzubauen. Die Zentrale der neuen Gruppe wurde ebenfalls in Dänemark angesiedelt, in einer Villa nicht weit von Humlebæk, von wo aus der Ikea-Konzern gesteuert wurde.

Als Ingvar Kamprad 1986 die Führung des Konzerns abgab, war die Expansion der Möbelkette noch keineswegs an ihrem Ende angelangt. Es gab zu diesem Zeitpunkt in Europa noch große Märkte, auf denen Ikea überhaupt nicht vertreten war, nämlich Großbritannien und Italien. Die Entscheidung, es auch in diesen beiden Länder zu versuchen, war bereits gefallen.

In den USA stand Ikea ebenfalls erst ganz am Anfang. Das erste Ikea-Möbelhaus hatte dort 1985 seine Tore geöffnet. Als Standort war ein Vorort von Philadelphia gewählt worden. Ikea gab reichlich Geld für Werbung aus. Bald war der Kundenandrang so groß, dass das Möbelhaus zeitweilig seine Türen schließen musste, weil es drinnen zu eng war.

Statt 3 Millionen Dollar, wie veranschlagt, nahm Ikea in den ersten drei Monaten nach der Eröffnung 8 Millionen Dollar ein. Die *New York Times* bescheinigte dem schwedischen Unternehmen einen »phänomenalen Erfolg« und erklärte ihren Lesern, wie man Ikea ausspräch: »eye-KEY-ah«, also anders als in Deutschland und Schweden.

In gewisser Weise war es ein Heimspiel. Der schwedische Wohnstil hatte in den USA traditionell viele Freunde. Schwedische Auswanderer hatten ihn schon im 19. Jahrhundert mit in die neue Welt gebracht. Auf dem Lande in Connecticut legen noch heute viele Häuser Zeugnis davon ab. Anlässlich einer Ausstellung skandinavischen Designs hatte der US-Kunsthistoriker Leslie Cheek in den fünfziger Jahren die skandinavische Wohnkultur mit den Worten gepriesen: »Jeder möchte gut gestaltete Dinge für das eigene Zuhause. Weil man sie tagtäglich sein ganzes Leben lang gebraucht, erwartet man von ihnen, dass sie so nützlich und so schön wie möglich sind. Zur Zeit gibt es niemanden, der besseren Hausrat entwirft, als die Skandinavier.«

Auf das Ikea-Möbelhaus in Philadelphia folgten weitere in der Nähe von Washington 1986, Baltimore 1988 und Pittsburgh 1989. Gleich zwei Möbelhäuser kamen 1990 hinzu: in Elizabeth in New Jersey und in Burbank bei Los Angeles. In New York feierte Ikea dann 1991 Premiere.

Tische für Truthähne

In den USA unterliefen den Schweden allerdings einige Anfängerfehler. Ikea hatte zunächst nur Betten in europäischen Größen im Programm. Zu denen passten die amerikanischen Laken und Matratzen nicht. Aber auch nachdem Ikea die passende Wäsche anbot, blieben die Umsätze mau. Das Geschäft zog erst an, als Ikea schließlich Betten der US-Größen King Size und Queen Size in sein Sortiment aufnahm.

Bald zeigte sich, dass die Anfangserfolge getäuscht hatten. Tatsächlich tat sich Ikea in keinem Land so schwer wie in den USA. Zwei Jahre nach der Eröffnung des ersten Möbelhauses sanken dort die Umsätze statt zu steigen. Obwohl Ikea viel Geld in Werbung investierte, kam das Geschäft kaum in Gang. Es schien, als könnte der Konzern in den USA niemals aus den roten Zahlen herauskommen.

Ein Grund war, dass Ikeas europäische Bestseller vielfach nicht den US-Gegebenheiten entsprachen. Kleiderschränke zum Beispiel brauchten viele Amerikaner einfach nicht. Sie nutzten lieber einen kleinen Raum in der Wohnung als begehbaren Kleiderschrank, statt sich solch ein wuchtiges Möbel in den Flur oder das Schlafzimmer zu stellen.

Die in Europa vielfach verkauften Ikea-Regale waren den US-Kunden nicht tief genug, und die Sofas waren ihnen zu hart. Die Badetücher waren verglichen mit dem, was US-Verbraucher bevorzugten, zu klein und zu dünn. Auf die Essteller von Ikea passten keine Pizzas im US-Format. Und weil auch die Trinkgläser nach amerikanischen Maßstäben winzig waren, griffen manche Kunden in den Ikea-Einrichtungshäusern kurzerhand zu den Blumenvasen.

1990 zog Anders Moberg die Konsequenzen aus den anhaltenden Anlaufschwierigkeiten und setzte einen neuen Mann an die Spitze von Ikea USA. Dabei griff er nicht auf ein Nachwuchstalent oder einen Veteranen aus dem eigenen Konzern zurück, sondern rekrutierte einen Manager von außen. Göran Carstedt kam von Volvo und hatte bei dem schwedischen Automobilhersteller unter anderem das Frankreichgeschäft geleitet. Der Manager hatte also Erfahrung darin, schwedische Produkte im Ausland zu verkaufen.

Es dauerte eine ganze Zeit, bis Carstedt seinen Vorgesetzten im Hauptquartier in Humlebæk und den Produktentwicklern in Älmhult klar gemacht hatte, dass sie sich stärker dem US-Geschmack anpassen mussten, wenn Ikea in den Staaten Erfolg haben wollte. Bald nahm Ikea in den USA Esstische in das Sortiment auf, die erheblich größer waren als die in Europa. Auf denen war endlich genug Platz für einen Truthahn der Größe, wie ihn die Amerikaner an Thanksgiving verzehren.

Carstedt hätte gerne noch viel mehr Möbel für den amerikanischen Markt verändert, aber die Strategen um Moberg wollten diesen Weg nicht gehen. »Sie argumentieren, dass sich Ikea nicht jedem Markt anpassen könnte«, erinnerte er sich später an die damaligen Diskussionen zurück.

Tatsächlich ging es um eine Grundsatzfrage, die die Identität und das Geschäftsmodell des Möbelkonzerns berührte. Ikea war damit groß geworden, in allen Ländern dasselbe Sortiment zu verkaufen. Nur so konnte der Konzern die hohen Stückzahlen erreichen, die nötig waren, um die niedrigen Preise zu halten. Die Chefs der verschiedenen Ländergesellschaften hatten zwar die Möglichkeit, zu entscheiden, welcher Teil des weltweiten Ikea-Sortiments in das nationale Angebot kam. Sie konnten sogar Vorschläge für einzelne lokale Produkte machen. Allerdings konnten nationale Vorlieben nur in ganz geringem Maße berücksichtigt werden, denn sonst ging die Rechnung nicht mehr auf.

Dennoch gelang es Carstedt, einige weitere Produkte abzuwandeln, um das US-Geschäft in Fahrt zu bringen. Ein Nachttischchen mit Schublade, das den Namen Kurs trug, wurde in fast allen Ikea-Ländern gut verkauft. Nur in den USA war das Möbel ein Ladenhüter. Nach dem Empfinden der US-Kundschaft war die Schublade zu flach, und dass sie aus Plastik war, gefiel den Amerikanern auch nicht. Carstedt sorgte dafür, dass der Nachttisch in einer US-Spezialausführung produziert wurde.

Die Auseinandersetzung um internationale Geschmacksdifferenzen erwies sich andererseits aber als durchaus fruchtbar für Ikea. So sollten übergroße und besonders weiche Sofas, wie sie in den USA lange populär waren, später auch in den europäischen Einrichtungshäusern zum Verkaufsschlager werden.

10. Kapitel

»Triumph der Proleten«

Ein Konzern im Kaufrausch

Unter den vielen Staaten, in denen Ikea Geschäfte machte, fühlte sich Ingvar Kamprad keinem Land so zugetan wie Polen. Seit er in dem Ostblockstaat Möbel produzieren ließ, hatte er dort nicht nur Geschäftspartner gefunden, sondern auch Freunde gewonnen, mit denen er manche Nacht durchgezecht hatte. Häufig sprach der Ikea-Gründer von Polen als seiner zweiten Heimat.

Der Unternehmer empfand diesem Land gegenüber aus mehreren Gründen Dankbarkeit. Die Polen hatten ihn in den sechziger Jahren nicht nur gerettet, als schwedische Produzenten Ikea nicht beliefern mochten. Ohne den in Polen erarbeiteten Preisvorteil, darüber war sich Kamprad im Klaren, hätte Ikea außerdem wohl kaum zu einem globalen Handelshaus heranwachsen können.

Die Beziehungen waren nicht immer einfach gewesen. Ende der siebziger Jahren hatte es heftige Auseinandersetzungen zwischen Ikea und den polnischen Partnern gegeben. Damals hatten die Polen versucht, die Preise zu erhöhen. Ihr Anliegen war nicht völlig unberechtigt gewesen, denn tatsächlich zahlte Ikea damals schlechter als andere Einkäufer aus dem Westen. Dafür nahmen die Schweden aber auch größere Mengen ab und waren zu langfristigen Liefervereinbarungen bereit.

Für Ingvar Kamprad kam es daher nicht infrage, höhere Preise zu akzeptieren. Auf diesem Ohr war der Ikea-Chef ohnehin so gut wie taub. So platzten die Verhandlungen, und Ikea reduzierte seine Bestellungen in Polen drastisch. Produzenten in der Tschechoslowakei, Rumänien und der DDR füllten die Lücke.

Erst in den späten achtziger Jahren verbesserte sich das Verhältnis wieder, nachdem auf polnischer Seite neue Leute in die Schlüsselpositionen vorgerückt waren. Ikea ließ nun wieder in großer Stückzahl Billy- und Ivar-Regale in Polen fertigen. Das war auch deshalb praktisch, weil 30 Prozent aller Ikea-Möbel im benachbarten Deutschland verkauft wurden.

Das Problem der Polen

Dann kam die politische Wende. Im Herbst und Winter 1989 verloren die Herrschenden in allen Staaten des Ostblocks bis auf die Sowjetunion die Macht. Bei den ersten freien Wahlen nach dem Zweiten Weltkrieg wählten die Polen 1990 Lech Walesa mit fast 75 Prozent aller Stimmen zum Staatspräsidenten. Mit dem Zusammenbruch des Ostblocks hatten sich schlagartig die alten Strukturen der Wirtschaft aufgelöst. Der Handel zwischen den Ländern hinter dem Eisernen Vorhang kam fast zum Erliegen. Die polnische Wirtschaft geriet in schwere Turbulenzen. Der Dollar- und DM-Wechselkurs des Zloty fiel ins Bodenlose.

Die polnischen Ikea-Zulieferer waren damit in einer bedrohlichen Lage: Die mit dem Möbelkonzern langfristig vereinbarten Preise für die Möbel deckten die Kosten nun nicht mehr. Manche Unternehmen steuerten geradewegs auf eine Pleite zu, wenn sie weiterhin zu den alten Konditionen für Ikea produzierten.

Als Ingvar Kamprad von diesen Problemen erfuhr, lud er die Chefs der polnischen Partnerbetriebe zu sich in die Schweiz ein. In seinem Haus bei Lausanne bewirtete der Ikea-Gründer die Gäste und diskutierte mit ihnen über die schwierige Lage in ihrem Land. Kamprad begriff, dass die Polen in Schwierigkeiten steckten, die sie nicht selbst verschuldet hatten. Daher war er geneigt, ihnen entgegenzukommen. Aber wie?

Für Ikea waren Preiserhöhungen etwas grundlegend anderes als für die meisten anderen Handelskonzerne. Die Kataloge waren längst gedruckt, und es galt das eiserne Prinzip, dass die dort stehenden Preise nicht mehr verändert wurden. Kein Kunde würde Verständnis dafür aufbringen, wenn die Sofas, Schränke und Tische in den Einrichtungshäusern teurer waren als im Katalog angekündigt. Selbst in der Ölkrise 1973/74, als sich Ikeas Einkaufspreise fast über Nacht drastisch erhöht hatten, hatte Kamprad die Preise für die Endverbraucher stabil gehalten.

Nach einigem Überlegen entschied Kamprad daher, die polnischen Verluste aus der Ikea-Konzernkasse auszugleichen. Er erklärte sich bereit, Kostensteigerungen von bis zu 40 Prozent zu übernehmen. Die Polen waren, glücklich. Ein Mitglied der polnischen Delegation gab später zu Protokoll: »Wir fuhren nach Hause und hatten sowohl unsere Unternehmen als auch unser Gesicht und die Geschäftsbeziehung gerettet. Solcher Dinge wegen liebten wir ihn und Ikea.«

Mit Kamprads einmaligem Entgegenkommen waren die Schwierigkeiten, die sich aus der politischen Umwälzung in der Sowjetunion und Osteuropa ergaben, allerdings nicht aus der Welt. In den achtziger Jahren hatte Ikea mit rund 500 Zulieferern in Polen, Rumänien, der Tschechoslowakei und der DDR zusammengearbeitet. Bei allen von ihnen hatte sich die wirtschaftliche Lage jetzt grundlegend gewandelt.

Viele dieser Staatsbetriebe gingen bald nach dem Fall der Mauer unter. Von einigen Unternehmen, die noch produzierten, mochte Ikea nichts mehr kaufen, weil deren Preise allzu stark gestiegen waren. Solche Preiserhöhungen waren besonders in den Fällen ärgerlich, in denen osteuropäische Betriebe mit Maschinen produzierten, die sie von Ikea zur Verfügung gestellt bekommen hatten. Es war offensichtlich, dass manche Manager im Osten die Umbruchsituation dazu ausnutzten, sich lästig gewordener Verpflichtungen zu entledigen.

Der Untergang der osteuropäischen Planwirtschaften stellte Ikea vor gewaltige Probleme. Hatte der Konzern vor 1989 ein gutes Fünftel seiner Lieferungen aus dem Ostblock bezogen, schmolz der Anteil in den folgenden zwei Jahren auf 13 Prozent. Konzernchef Moberg musste neue Bezugsquellen auftun, um den Nachschub an preiswerten Möbeln zu sichern. Aber wo?

Einstieg in die Möbelproduktion

In dieser Situation fassten Kamprad und Moberg gemeinsam den Entschluss, einen neuen Weg einzuschlagen: Ikea sollte künftig auch selbst Möbel produzieren. Statt wie bisher ausschließlich mit unabhängigen Lieferanten zu arbeiten, wollte sich der Konzern eine Reihe eigener Möbelfabriken zulegen. Bisher hatte Kamprad das immer abgelehnt. Er wollte den Erfolg der Einrichtungshäuser nicht dadurch gefährden, dass Ikea auf industrieller Seite Fehler machte. Herstellen und verkaufen, das war zweierlei, und nur das zweite glaubte Kamprad wirklich zu beherrschen.

Auf der anderen Seite verfügte Ikea aus der langen Zusammenarbeit mit Tausenden von Lieferanten mittlerweile über ein großes Produktions-Know-how, und es schien Kamprad verlockend, dieses Wissen künftig in eigenen Herstellungsbetrieben zu nutzen – zumal in einer Lage, wo man sich auf frühere Lieferanten nicht mehr verlassen konnte.

Noch ein zweites Argument sprach für den Aufbau Ikea-eigener Fabriken: eine größere Flexibilität im Warennachschub. Das Geschäft in den Einrichtungshäusern litt zunehmend darunter, dass von den Kunden stark nachgefragte Möbelneuheiten oftmals nicht in ausreichend großer Menge hergestellt worden waren. Immer öfter mussten die Ikea-Verkäufer ihre Kunden, die nach einem bestimmten Artikel fragten, auf die nächste Saison vertrösten. Es handelte sich keineswegs um Einzelfälle, wie die *WirtschaftsWoche* 1992 von dem Unternehmensberater Wim Neitzert erfuhr, der viele Jahre für Ikea gearbeitet hatte. »Ein Drittel der Produkte fehlt immer. Das können Sie als Faustregel nehmen.«

Es war daher an der Zeit, Ikea auf die so genannte Just-in-time-Produktion umzustellen. Die Möbelherstellung sollte sich künftig stärker an der tatsächlichen Nachfrage orientieren und nicht wie bisher an den Absatzschätzungen der Ikea-Einkäufer in der Unternehmenszentrale. Möbel, die sich überraschend gut verkauften, mussten bei den Lieferanten umgehend nachbestellt werden können, um Engpässe zu vermeiden.

1991 bot sich für Ikea die Gelegenheit, die schwedische Firma

Swedwood zu kaufen. Swedwood war ein Holz verarbeitender Betrieb mit Filialen in Dänemark und Kanada. Moberg und Kamprad griffen sofort zu. Diese Firma, die über ein erfahrenes Management verfügte, sollte der Nukleus eines neuen Produktionskonzerns innerhalb der Ikea-Gruppe sein.

Als die Privatisierung der polnischen Möbelindustrie begann, übernahm Swedwood 1992 in einem ersten Schritt drei Betriebe in Babimost, Lubawa und Zsbaszyn. Im selben Jahr baute die Ikea-Tochterfirma auch in Gardelegen unweit von Magdeburg eine neue Fabrik. In Spartan/Slowakei erwarb Swedwood einen weiteren Möbelproduzenten, um im folgenden Jahr bei nicht weniger als neun Sägewerken einzusteigen, die in der Gegend um Stettin zum Verkauf standen. Auch dort bauten die Schweden eine eigene Möbelproduktion auf.

Parallel dazu nahmen die Schweden auch die Verbraucher in den einstmals sozialistischen Staaten ins Visier. Viele Menschen in Ungarn, Polen, Tschechien und der Slowakei waren begierig auf preiswerte und geschmackvolle Möbel in westlichem Design, und die wollte Kamprad ihnen gerne verkaufen. Die ersten beiden Ikea-Einrichtungshäuser auf osteuropäischem Boden eröffneten schon 1990 in Warschau und Budapest. Im Jahr darauf konnten dann auch die Menschen in Prag und in Posen Mitnahmemöbel zum Selbstmontieren kaufen. In Bratislava war es 1992 soweit, im selben Jahr kam Ikea nach Leipzig und Chemnitz.

Wann immer sich den Schweden in den folgenden Jahren eine Gelegenheit bieten sollte, einen ihrer langjährigen Lieferanten in Osteuropa zu übernehmen, wurde sie genutzt. So wuchs mit Swedwood ein Konzern im Konzern heran.

Ikea konnte sich große Investitionen ohne weiteres leisten. In den achtziger Jahren hatte sich der globale Umsatz der Ikea-Einrichtungshäuser mehr als verdreifacht und lag nun bei umgerechnet 6 Milliarden Mark. Die Kassen waren prall gefüllt. Die deutsche Tochtergesellschaft des Einrichtungsriesen schwamm Anfang der neunziger Jahre dermaßen in Geld, dass sie für 20 Millionen Mark einen Schaufelradbagger in Australien anschaffte und überdies zwei Airbusjets für jeweils 73 Millionen Mark, wie die *WirtschaftsWoche* aufdeckte. Zum Ikea-Inventar zählte außerdem eine Absetzanlage, wie sie im Tagebau eingesetzt wurde. Deren Anschaffung hatte mit 37 Millionen Mark zu Buche geschlagen.

Mit solchen Investitionen konnte Ikea überschüssige Mittel steuergünstig anlegen. Die Jets und Maschinen wurden verleast und trugen auf diese Weise zum Gewinn der deutschen Ikea-Tochter bei, der im Geschäftsjahr 1990/91 fast 100 Millionen Mark betrug. Und in dieser Summe waren die 49 Millionen Mark, die Ikea Deutschland als Lizenzgebühren an andere Konzernteile abführte, nicht einmal enthalten.

Ikea schluckt Habitat

Ein spektakulärer Coup gelang Ingvar Kamprad 1992, als er die britische Einrichtungskette Habitat seinem Imperium einverleiben konnte. Habitat war einer der wenigen ernst zu nehmenden Konkurrenten, die Ikea in Europa hatte. In Großbritannien galt Habitat als die Ladenkette, die das Wohnzimmer der Mittelschicht verändert hatte. Und ihr Gründer Terence Conran war so etwas wie der Stilguru des Landes.

Der Möbeldesigner und Szenegastronom Conran hatte das Unternehmen, dessen Namen von dem lateinischen »er/sie wohnt« abgeleitet ist, 1964 gegründet. Der damals 32-jährige Conran war ein stilbewusster Bohemien, der schon in den fünfziger Jahren auf einem selbst importierten Vespa-Roller durch London gesaust war. Er betrieb auch das Szenelokal »The Soup Kitchen«, für das er in Italien eine gebrauchte Espresso-Maschine gekauft hatte.

Im Swinging London der sechziger Jahre kreierte Conran einen neuen Einrichtungsstil, der modern, minimalistisch und stylish war und sich vom Muff konventioneller britischer Raumgestaltung abhob. »Wir boten Möbel und Lampen an, die die jungen Leute noch nie zuvor gesehen hatten«, sagte Conran. »Endlich waren sie in der Lage, sich etwas anderes zu kaufen als ihre Eltern.«

Der Designer fand, dass Möbel nicht nur nützlich und bequem sein sollten, sie sollten auch die Lebensfreude ihrer Nutzer widerspiegeln.

Und so entwarf und importierte Conran extravagante Designstücke zu kleinen Preisen: verchromte Sessel im Bauhaus-Stil, farbenfrohe Schaumstoffsofas und Lichtschalter aus gebürstetem Aluminium. Daneben gab es bei Habitat Küchenartikel wie Holzlöffel und Emailwaren. Conran verkaufte Terrakottageschirr und schlichtes weißes Porzellan, wie es in Großbritannien bis dahin kaum gebräuchlich gewesen war.

Bald feierten die Londoner Trendmagazine die beiden Habitat-Läden an der Fulham Road und an der Tottenham Court Road als Heimstätten stilvollen Wohnens. Bei Conran kauften John Lennon, George Harrison und die Schauspielerin Julie Christie, die 1965 als Lara in »Doktor Schiwago« zu Weltruhm gekommen war. Der Habitat-Gründer eröffnete weitere Filialen in Manchester und Kingston. Außer Möbeln nahm er bald auch Lacke und Farben in das Sortiment auf und richtete in seinen Läden spezielle Abteilungen für ambitionierte Heimwerker ein.

Der Brite war sechs Jahr jünger als Ingvar Kamprad und ein ganz anderer Charakter. Aber wie diese beiden Männer dachten und was sie daraus machten, das weist viele Parallelen auf.

Wie Kamprad hatte sich Conran früh der Mission »Design für die Massen« verschrieben. Wie Ikea verkaufte Habitat nicht nur Möbel, sondern einen Lebensstil, allerdings einen, der zwar skandinavisch beeinflusst, aber in erster Linie mediterran ausgerichtet war, mit großen Holztischen, geflochtenen Stühlen und Geschirr aus der Provence. »Während des Krieges aufgewachsen, war es geradezu eine Offenbarung für mich, als ich mit 20 erstmals ans Mittelmeer fuhr. Dort fand ich statt grauer englischer Arbeitswelt bunte Märkte mit Gemüse und Früchten, in den Restaurants gab es wunderbares Essen und köstlichen Wein – unvorstellbar für unsereinen. Diese Farbigkeit und Lebensfreude wollte ich nach Norden tragen.«

Wie Kamprad bei Ikea bot Conran in seinen Habitat-Läden viele Möbel in flachen Paketen zum Mitnehmen an. Wie Kamprad begann Conran seine Karriere mit Billigmöbeln, entwickelte sich dann, dem wachsenden Wohlstand seiner Kundschaft folgend, zu einem Anbieter stilvoller Qualitätsinteriieurs weiter.

Als Terence Conran in den sechziger Jahren anfing Möbel zu verkaufen, war die britische Gesellschaft zum Teil sehr snobistisch. In der Oberschicht sah man gern auf Leute herab, die sich Möbel kaufen mussten, weil sie keine geerbt hatten. Stil zu haben hieß für viele Briten damals, in einer Tradition zu stehen. Conran brachte frischen Wind in die Wohnkultur, und es gelang ihm mit seinem Angebot, die Geschmäcker zu verändern. Seit den siebziger Jahren offerierte Habitat vor allem Möbel aus natürlichen Materialien, aus hellem Holz. Conran hatte eine Vorliebe für Schlichtes und Rustikales, und es gelang ihm, viele seiner Landsleute damit anzustecken. Im Laufe der Jahre wurde Habitat in Großbritannien zum Inbegriff eines großstädtisch-lässigen Wohn- und Lebensstils.

»Ich verkaufe Sachen, die aus einer Wohnung ein Zuhause machen«, sagte er. In seinen Möbelentwürfen nahm der Designer Anleihen beim deutschen Bauhaus, der britischen Arts & Crafts-Bewegung und dem puritanischen Stil der amerikanischen Shaker-Sekte. Bald galt der Habitat-Katalog vielen in Großbritannien als Einrichtungsbibel und Conran selbst als oberste Instanz in allen Fragen des guten Geschmacks. Vom Erfolg in seinem Heimatland beflügelt eroberte der »Buddha des Design« (*The Times*) mit seinen Läden Paris und New York.

Anfang der achtziger Jahre ging Habitat an die Börse. Damit begann eine neue Ära in der Geschichte des Unternehmens. Nun folgte ein Deal auf den nächsten. Erst fusionierte Habitat mit Mothercare, dem weltgrößten Anbieter von Babyprodukten, dann übernahm die Firma den Konkurrenten Heal's und anschließend die Modekette Richard Shops. Terence Conran, den die Queen 1983 wegen seiner Verdienste um das britische Design und den Handel in den Adelsstand erhob, wollte immer höher hinaus.

1986 fusionierte Habitat mit British Home Stores zu Storehouse PLC. Ein Konzern mit fast 30 000 Mitarbeitern entstand auf diese Weise. Aus dem Möbeldesigner Conran war ein viel beschäftigter Topmanager geworden. Aber auch das genügte ihm noch nicht. Als wäre er nicht längst ausgelastet gewesen, eröffnete der Designer 1987 auch noch das Restaurant Bibendum und zwei Jahre später das Blue Print Café.

Über all diesen Transaktionen vernachlässigte Conran das Habitat-Sortiment. Zunehmend verlor der Gründer die Kontrolle über das von ihm aufgebaute Unternehmen. Mit der Zeit begriff er, dass er sich verzettelt hatte und orientierte sich neu. 1990 ging der Konzernbauer bei Storehouse von Bord, um sich fortan ausschließlich dem Restaurantgeschäft zuzuwenden. »Am Ende hat es mir keinen Spaß gemacht«, sagte Sir Terence später. »Darum bin ich gegangen.« Heute betreibt er noch elf Conran Shops, eine kleine Kette exklusiver Möbelgeschäfte, die er auch damals aufgebaut hatte.

Anfang der neunziger Jahre wuchs die Habitat-Kette um neue Geschäfte in Frankreich, Deutschland und Spanien. Aber es war zu spät. Auf der Jagd nach immer höheren Profiten hatte sich Storehouse, die Muttergesellschaft von Habitat, in die Verlustzone manövriert. Hektische Strategiewechsel hatten die Lage noch verschlimmert. Bald wurde den Beteiligten klar, dass der Konzern wieder demontiert werden musste.

1992 wechselte Habitat den Besitzer und landete im Reich Ingvar Kamprads. Habitat zu Ikea, das passte irgendwie. In den Augen vieler Kunden hatte das britische Trendunternehmen immer schon als eine Art Nobel-Ikea gegolten. 78 Millionen Pfund zahlten die Schweden angeblich für die Ladenkette. Technisch ging die Übernahme so vor sich, dass die Stichting INGKA Foundation, der die Ikea-Einrichtungshäuser gehören, und die Ikano-Gruppe, in der das Kampradsche Privatvermögen gebündelt war, gemeinsam alle Habitat-Aktien übernahmen, die sich im Besitz der britischen Storehouse PLC befunden hatten. Später sollte Habitat komplett bei Ikano und damit im Kampradschen Familienvermögen landen.

Der Verkauf von Habitat erregte Aufsehen. »Das ist der Triumph der Proleten über das Mittelfeld«, kommentierte der renommierte Architekturkritiker Hugh Pearman die Übernahme in der *Sunday Times*. Nordischer Calvinismus habe mediterrane Lebenslust ausgestochen, analysierte er. »Ein neuer Sieg für die schwedische Gruppe, deren Aufruf zur Klassenlosigkeit sie zum Designerfolg der neunziger Jahre hat werden lassen.«

Habitat war vermutlich einer der Gründe gewesen, warum sich Ikea mit seinen eigenen Einrichtungshäusern relativ spät auf den britischen Markt gewagt hatte. Das erste blau-gelbe Möbelhaus auf der

Insel war erst 1987 in Warrington in der Nähe von Manchester eröffnet worden. Im Jahr darauf waren die Schweden dann auch nach London gekommen und hatten in Brent Park die blau-gelbe Fahne gehisst. Beide Geschäfte erwiesen sich rasch als erfolgreiche Investitionen.

Nach der Übernahme von Habitat installierte Kamprad ein neues Management und stellte ihm die Aufgabe, das Unternehmen wieder auf sein klassisches Geschäftsfeld zurückzuführen: den Verkauf von anspruchsvoll gestalteten Möbeln und Haushaltswaren. In einem persönlichen Brief versicherte Kamprad seinem alten Gegenspieler Conran, dass er bei Habitat den Geist wiederbeleben wolle, der hinter der Gründung des ersten Ladens 1964 gestanden hatte: Qualitätsdesign zu erschwinglichen Preisen.

Aus diesem Grund verlegte Kamprad die Unternehmenszentrale als erstes von London nach Paris. In Frankreich, wo Habitat ein eigenes Designteam unterhielt, waren die Läden zuletzt erheblich besser gelaufen als in Großbritannien. Dort verkaufte Habitat immer noch die schlichten, zeitlosen und bequemen Möbel, mit denen die Kette groß geworden war. In Großbritannien dagegen war ein Großteil des Stammpublikums durch schnelle Stilwechsel vergrault worden.

11. Kapitel

»Pekings Schickeria träumt von Tomelilla«

Ikea geht nach China

Die Idee, Ikea nach China zu bringen, stammte vom Großen Vorsitzenden selbst. »China ist unerhört interessant«, sagte Ingvar Kamprad 1995 in einem Interview mit der Stockholmer Zeitung *Svenska Dagbladet* und witzelte: »Ein noch so kleines Bücherregal für jeden Chinesen macht ja schon ziemlich viel Umsatz.«

Ingvar Kamprad kannte das Land von Reisen, die er gemeinsam mit dem langjährigen Einkaufschef Lars-Göran Peterson dorthin unternommen hatte. Seit den späten siebziger Jahren war China für Ikea ein preisgünstiger und zuverlässiger Lieferant handwerklich gefertigter Möbel und Wohnaccessoires. Ikea bezog von dort Strohteppiche, Bambusrollos, Emailwaren und vieles andere. Fasziniert hatte Ingvar Kamprad über die Jahre verfolgt, wie sich die Volksrepublik wirtschaftlich entwickelte, nachdem der Reformer Deng Xiaoping 1978 begonnen hatte, das Land wirtschaftlich zu öffnen und die Marktkräfte wirken zu lassen.

Der Ikea-Gründer begriff früh, dass sich mit dem wirtschaftlichen Aufstieg Chinas ein gewaltiger Markt auftun würde. Ein Fünftel der Weltbevölkerung lebte in China. Es schien daher durchaus möglich, dass das 21. Jahrhundert das Jahrhundert Chinas werden könnte.

Andererseits stand die Entwicklung noch sehr am Anfang. Sah man von den großen Städten ab, war China ein Dritte-Welt-Land. Weite Teile der Bevölkerung lebten in bitterer Armut. Einige wenige, die als Unternehmer zu Geld gekommen waren, zeigten einen protzenden Reichtum, wie Kamprad belustigt feststellte. »Der Kommunismus von heute darf offenbar aussehen, wie er will.« Was in China allerdings fehlte, war eine große Mittelschicht, wie Ikea sie als Zielgruppe brauchte. Die Frage war: Wann war der richtige

Zeitpunkt, um das Wagnis einzugehen und Ikea in China zu etablieren?

Mitte der neunziger Jahre hielt Kamprad die Zeit für gekommen. Im August 1995 beschloss der Aufsichtsrat der INGKA Holding, mit der Planung für ein Einrichtungshaus in China zu beginnen. Als Standort wurde rasch Schanghai ausgewählt, mit 14 Millionen Einwohnern die zweitgrößte Stadt des Landes und zugleich das wichtigste Industriezentrum Chinas.

Ikea konnte sich ein asiatisches Abenteuer durchaus erlauben. An Kapital mangelte es dem Möbelkonzern nicht. Mitte der neunziger Jahre befand sich Ikea wieder in einer guten Verfassung, nachdem das Geschäft kurze Zeit stagniert hatte. Die Zahl der Verkaufsstellen in Europa war rasant gewachsen. In den 20 Jahren, seit Ikea die ersten Einrichtungshäuser außerhalb Skandinaviens eröffnet hatte, hatte sich der Konzern um ein Vielfaches vergrößert. Aus den zehn Geschäften in fünf Ländern, die Ikea 1974 betrieb, waren bis 1994 nicht weniger als 119 Geschäfte in 24 Ländern geworden.

Binnen weniger Jahre war der britische Markt erschlossen worden. 1995 eröffnete in Leeds das sechste Ikea-Einrichtungshaus in Großbritannien. Auch in Italien waren die Schweden mittlerweile präsent. Dort waren auf die Premiere in Mailand 1989 weitere Einrichtungshäuser in Turin und Brescia gefolgt. In den USA hatte es Ikea nach vielen verlustreichen Jahren endlich geschafft, in die Gewinnzone vorzudringen. Seit 1990 war Ikea dort auch an der Westküste präsent. Und die hohen Investitionen, die der Möbelkonzern nach dem Fall des Eisernen Vorhangs in Osteuropa getätigt hatte, begannen sich langsam auszuzahlen. Auch auf dem wichtigsten Ikea-Markt lief es rund. Nach den beiden ersten ostdeutschen Möbelhäusern in Chemnitz und Leipzig waren weitere in Berlin-Waltersdorf und in Bielefeld gebaut worden.

Inzwischen wurde die Deutschlandtochter, die höhere Einnahmen verbuchte als alle skandinavischen Ikea-Häuser zusammen, von einem Deutschen geleitet. Als erster Nicht-Schwede hatte Uwe Kettering 1992 den Posten übertragen bekommen, nachdem er sich zuvor 13 Jahre im Konzern bewährt hatte. Unter Ketterings Führung setzte sich Ikea weiter von den heimischen Konkurrenten ab. Der Umsatz pro Quadratmeter Verkaufsfläche lag bei Ikea fast doppelt so hoch wie im westdeutschen Branchendurchschnitt. Auch beim Gewinn lag Ikea Deutschland nach Berechnungen der Unternehmensberatung Roland Berger vor den Wettbewerbern. Von 4,3 Prozent im Jahr 1989 war die Umsatzrendite 1996 auf 6,6 Prozent gestiegen.

Ikea operierte mit einem Eigenkapitalanteil von 50 Prozent und war ausgesprochen liquide. Die Strategen im dänischen Humlebæk konnten es sich jederzeit erlauben, sozusagen auf Vorrat Grundstücke zu kaufen, die in der Nachbarschaft der Einrichtungshäuser lagen und zum Verkauf standen. Wenn man später das Möbelhaus erweitern wollte, so war die Überlegung, dann hatte man bereits den Platz dafür.

Für Chinesen war Billy Luxus

Das erste Möbelhaus in China wurde im Frühjahr 1998 in Anwesenheit des schwedischen Botschafters eingeweiht. Statt ein Band zu zerschneiden, sägte der Diplomat ein Brett durch. Wie üblich bei Ikea-Neueröffnungen war der Andrang stürmisch. Das Drehkreuz am Eingang, mit dessen Hilfe die Besucher gezählt werden sollten, ging zu Bruch. Selbst die Polizei konnte die Menschen nicht zurückhalten. Diese rauschende Premiere fand um einige Jahre früher statt, als Ingvar Kamprad zu hoffen gewagt hatte.

Eigentlich war China noch nicht reif für Ikea, jedenfalls wenn man diesen Markt an dem Anspruch des Unternehmens maß, ein Möbelhaus für die Massen zu sein. Ikea konnte in Schanghai kaum etwas anbieten, was die Chinesen nicht anderswo billiger kaufen konnten. Selbst wenn man die Möbel zu Selbstkosten abgab, war schon ein Billy-Regal für einen chinesischen Durchschnittsverdiener ein Luxusartikel.

Kamprad und die Expansionsstrategen in Humlebæk und Älmhult hatten aber vor Augen, dass China eine Volkswirtschaft war, die jedes Jahr um 10 Prozent wuchs und in der die Einkommen schnell stiegen. Außerdem wurden rund um die chinesischen Großstädte Hunderttausende neuer Wohnungen gebaut, die eingerichtet werden mussten.

Seit Deng Xiaoping die Stadt Schanghai 1990 zur »vorrangigen nationalen Aufgabe« erklärt hatte, war dort eine gewaltige Bautätigkeit im Gange. Das alte Schanghai war dabei fast vollkommen dem Erdboden gleichgemacht worden, und ein neues erhob sich nun mit riesigen Bürotürmen und Stadtautobahnen auf Stelzen.

Zu Hunderttausenden wurden die Einwohner aus dem Stadtzentrum in Modellsiedlungen am Rande umgesiedelt. Dort lebten sie seither in gesichtslosen, aber komfortablen Neubauwohnungen. Und so wie Ikea in den sechziger und siebziger Jahren die Wohnungen Hunderttausender Schweden möbliert hatte, die in die neu errichteten Vorstädte rund um Stockholm, Göteborg und Malmö gezogen waren, so wollten Kamprad und seine Mitstreiter jetzt in China mit ihren Selbstbaumöbeln die Wohnstuben erobern.

Firmenbiograf Torekull verglich Ikeas Schritt auf den chinesischen Markt 1998 mit der Eröffnung des ersten Möbelhauses in Zürich: »Genau wie das Haus in der Schweiz das Signal zur Eroberung Westeuropas war, hofft man, dass Schanghai den Absprung zu einem vielleicht noch viel höheren Ziel schaffen wird – nämlich einen Markt für mehr als eine Milliarde Chinesen zu gewinnen.«

1999 wurde das zweite Einrichtungshaus in China fertig. Es lag an der Dritten Ringstraße im Pekinger Stadtteil Xichen. Wie schon in Schanghai kooperierte Ikea auch diesmal mit einem chinesischen Unternehmen in einem Joint Venture, was die Genehmigungsverfahren sehr beschleunigt hatte. Nach der Eröffnung kamen an manchen Wochenenden mehr als 30 000 Menschen.

Mehr als überall sonst auf der Welt bot Ikea den Chinesen ein besonderes Erlebnis. Das blau-gelbe Geschäft war ein Magnet für alle, die einen Blick über ihren Tellerrand werfen wollten. Alles war neu und anders. Der aus Schweden stammende Kaufhauschef Birger Lund registrierte eine regelrechte »Museumsatmosphäre«. Besonders groß war der Besucherstrom, nachdem das Management die Hallen hatte weihnachtlich dekorieren lassen.

Für viele Großstadtchinesen war Ikea ein echter Trendladen. »Längst träumt Pekings junge Schickeria den Traum vom schlanken Tomelilla-Sofa und weißen Billy-Regal, während die rote Parteielite noch immer in Lederknautschmöbeln versinkt«, schrieb der Korrespondent der *ZEIT* Georg Blume im Frühjahr 2000. Eine Attraktion waren in Peking und Schanghai die Ikea-Restaurants mit ihren småländischen Gerichten. Bei Ikea die Hackfleischbällchen namens Köttbullar oder Hot Dogs zu essen, mit Messer und Gabel statt mit Stäbchen, das war für experimentierfreudige Chinesen eine wahrhaft exotische Abwechslung.

In keinem anderen Ikea-Haus auf der Welt drängelten sich die Menschen so dicht wie in dem Geschäft in Peking. Den Besuchern gefiel es, sich in die ausgestellten Möbel zu setzen und dort einen Plausch zu halten. Sie kauften allerdings wenig. Nur einer von vier Besuchern nahm mehr als einen kostenlosen Minibleistift mit. Für chinesische Verhältnisse waren die Preise sehr hoch.

»Jeder Tischler um die Ecke kann in Peking ein Regal billiger als Ikea anbieten«, schrieb Georg Blume. Aber das war es nicht allein. Der Journalist sprach mit einem chinesischen Akademiker, der sich über die Qualität der Ikea-Tischplatten mokierte. »Meine Mutter würde meinen Vater damit nicht ins Haus lassen. Nicht einmal der ärmste Bauer duldet ein Astloch auf seinem Tisch.«

Nicht alle Ikea-Produkte erschlossen sich dem Durchschnittschinesen sofort. So rätselten die Leute beispielsweise, wozu ein merkwürdig geformtes Kiefernholzteil dienen könnte. »Ein Kopfkissen für den Sommer, auf dem der Nacken nicht nass schwitzt«, tippte eine junge Frau. Tatsächlich handelte es sich um einen Brotkasten. Die meisten Kunden verließen den Laden, der unter dem Namen Yi Jia (chinesisch für: »Geeignet für die Familie«) firmierte, anfangs nur mit Kleinigkeiten: Glühlampen, Haken, Papierkörbe. Viele Chinesen kamen nur wegen der Atmosphäre. Manche Besucher fühlten sich so wohl in dem Möbelhaus, dass sie sich zur Überraschung der europäischen Ikea-Mitarbeiter für ein kurzes Schläfchen in die ausgestellten Betten legten.

Es dauerte eine ganze Weile, bis das Geschäft mit den Möbeln in Gang kam. Mit zunehmendem Wohlstand entwickelten vor allem Chinesen, die der schnell wachsenden Mittelschicht angehörten, ein gesteigertes Repräsentationsbedürfnis und kauften bei Ikea. Die Schweden waren überrascht, dass die Chinesen trotz ihrer kleinen Wohnungen mit Vorliebe die größten Betten kauften.

Der schnelle Einstieg auf dem chinesischen Markt war ein persönlicher Erfolg des Konzernchefs Anders Moberg. Kamprad hatte 1995 mit ihm um eine Flasche Whisky gewettet, dass er es nicht schaffen würde, Ikea vor der Jahrtausendwende nach China zu bringen. Auch sonst lief es gut. Unter Mobergs Führung erwirtschaftete Ikea zweistellige Umsatzrenditen. Der Möbelriese hatte sich stärker als bisher den älteren und wohlhabenderen Kunden zugewendet, um seine Umsätze zu steigern. Der demografische Wandel hatte in vielen Ländern einen neuen Kurs erzwungen.

Wechsel an der Spitze

Anders Moberg war in keiner einfachen Position. Vorstandschef bei Ikea zu sein, war etwas anderes als einen börsennotierten Konzern zu leiten. Denn es gab nicht nur einen Aufsichtsrat, mit dem man sich auseinander setzen musste, sondern darüber hinaus noch einen überaus aktiven Gründer, der sich jederzeit das Recht nahm, in das Geschäft einzugreifen, indem er Anregungen gab oder Veränderungen missbilligte. »Ich habe meine Finger in zu vielem drin«, räumte Kamprad 1997 ein. Ändern mochte er daran aber nichts.

Kamprad war auch nach seinem Rückzug aus der operativen Führung für die Ikea-Manager ein fordernder und bisweilen anstrengender Partner geblieben. Auch wenn es gut lief, ließ er nicht zu, dass sich in der Konzernführung ein Gefühl der Sicherheit breit machte. Und so ordnete er beispielsweise an, dass der Finanzchef sich ausmalte, wie sich ein scharfer Rückgang bei den Verkaufszahlen auswirken würde. Kamprad wollte wissen, wie es um Ikea stand, wenn der Umsatz einmal, beispielsweise im Zuge einer globalen Rezession, massiv einbrach. Wie viel müsste dann zugeschossen werden, um Verluste auszugleichen? Solche Szenarien zu entwickeln nannte der Konzerngründer »Kriegsspiele«.

Kamprad mischte immer noch eifrig überall mit, und in der Branche und der interessierten Öffentlichkeit galt er ohnehin als der Boss. 1992 wurde der Ikea-Gründer nach einer Umfrage unter 1 000 europäischen Topmanagern zu »Europas Manager des Jahres 1992« gekürt. Bei Lichte betrachtet handelte es sich allerdings um einen

Fehlgriff, denn Kamprad war kein Manager, sondern ein Unternehmer. Der Ikea-Gründer nahm die Auszeichnung aber dennoch an. »Wenn es gut für die Firma ist, dann akzeptiere ich es, im Licht der Öffentlichkeit zu stehen«, sagte er. Eigentlich aber stehe der Preis nicht ihm, sondern der »neuen Ikea-Generation« zu.

Die hatte es bisweilen schwer mit dem Alten. »Er tritt sicher vielen Menschen auf die Füße«, berichtete einer von Kamprads Söhnen 1997. »Ein Chef, der Entscheidungen treffen muss, während der Gründer des Unternehmens noch lebt und agiert, muss eine starke Persönlichkeit haben. Ingvar mischt sich allzu gerne ein – er sieht etwas, wovon er meint, dass es mit dem Grundkonzept nicht in Einklang steht, und dann gibt es natürlich ein Mordstrara, wenn er das anspricht.«

Berüchtigt waren Kamprads Faxe. In ihnen beklagte er sich bei seinen Managern bitter darüber, dass von ihm eingebrachte Ideen nicht verwirklicht und getroffene Absprachen gebrochen würden. Doch manchmal waren die Schreiben in so hartem Ton verfasst, dass Kamprad nach dem Versenden versuchte, den Brief noch abfangen zu lassen, bevor er den Empfänger erreichte.

»Außenstehende mögen sagen, dass unsere Organisation sich mit einer so aktiven Person wie mir, die umherrennt und dem Konzernchef von Ikea Stolperdrähte spannt, schrecklich ausnimmt«, sagte Kamprad über seine Zusammenarbeit mit Moberg. »Aber das basiert alles auf einem rationalen Beschluss zwischen ihm und mir, als ich die Konzernleitung verließ.« Wenn Moberg auf sein Verhältnis zum Gründer angesprochen wurde, antwortete er diplomatisch, der sei für ihn »in vieler Hinsicht wie ein Vater«. Niemand bei Ikea könne Ingvar Kamprad ersetzen. Sich selbst hielt Moberg allerdings nicht für unersetzlich, wie sich bald herausstellen sollte.

Als ihm 1998 ein Vorstandsposten bei der US-Baumarktkette Home Depot angeboten wurde, gab es für Anders Moberg eine Reihe von Gründen, die Konzernleitung bei Ikea aufzugeben. Das Streben nach mehr Freiheit, der Wunsch, nach 13 erfolgreichen Jahren in der Ikea-Führung etwas Neues anzufangen und, sicher nicht zuletzt, eine bessere Bezahlung dürften den Ausschlag gegeben haben. Das Angebot war außerordentlich attraktiv. Home Depot war die weltgrößte

Baumarktkette und gemessen am Umsatz deutlich größer als Ikea.

Als Nachfolger für Moberg setzte Kamprad im März 1999 den Schweden Anders Dahlvig an die Spitze des Konzerns in Humlebæk. Der Betriebswirt stammte ebenfalls aus Småland, wo er 1958 geboren worden war. Dahlvig hatte niemals für einen anderen Arbeitgeber gearbeitet, sondern war gleich nach dem Examen 1984 zu Ikea gekommen.

In dem Möbelkonzern war Dahlvig zuerst als Rechnungsprüfer in der Schweiz tätig gewesen. Dann hatte ihn Ingvar Kamprad als Assistenten zu sich geholt. Dahlvig hatte sich bewährt, und nachdem er eine Zeit lang ein Einrichtungshaus geleitet hatte, übertrug man ihm die Leitung des Geschäftes in Großbritannien. Anschließend war er Europachef und stellvertretender Verkaufsleiter gewesen.

Anders Dahlvig rückte 1999 an die Spitze des Ikea-Konzerns.

Mit 41 Jahren rückte Dahlvig nun an die Spitze eines Konzerns auf, der rund 50 000 Menschen weltweit direkt beschäftigte und ein Mehrfaches davon bei seinen zahlreichen Lieferanten. Was Kamprad für Dahlvig eingenommen hatte, brachte er später einmal auf die knappe Formel: »Liebt Einfachheit, Einmannlösungen und unsere Kulturfragen.«

Und bescheiden war der Neue auch. Mit umgerechnet 220 000 Mark im Jahr verdiente Dahlvig für einen Topmanager jämmerlich wenig.

12. Kapitel

»Ich bin zutiefst glücklich, wie weit wir es gebracht haben«

Kamprad als Kapitalismus-Missionar

Moskau, März 2000. Der alte Mann mit den dünnen am Kopf klebenden Haaren sprach so gut wie kein Russisch. Trotzdem ging er auf die Leute zu, die zur Eröffnung des Ikea-Einrichtungshauses in Chimki bei Moskau gekommen waren, und stellte ihnen schwer verständliche Fragen. Wie ihnen der Laden gefalle, wollte er wissen, und welche Anschaffungen sie planten. Ein irritierter Russe erkundigte sich beim uniformierten Personal, ob der komische Alte zu Ikea gehörte, und erfuhr, dass er soeben die Bekanntschaft mit Ingvar Kamprad gemacht hatte.

Der Gründer des Möbelhausimperiums war nach Moskau gereist, um die Premiere von Ikea persönlich zu erleben. Am Vorabend der Eröffnung hatte der 73-jährige Patriarch den Laden wie gewohnt kritisch inspiziert. Am Morgen des Eröffnungstages sägte er eigenhändig einen Baumstamm durch, um den neuen Möbelmarkt einzuweihen. Und am Abend, als eine regelrechte Einkaufsschlacht auf ihr Ende zusteuerte, half Kamprad den russischen Kunden hinter den Kassen beim Einpacken. Es war ein Tag ganz nach seinem Geschmack.

40 Millionen US-Dollar hatte Ikea in das erste russische Möbelhaus investiert, das gleichzeitig das 157. Einrichtungshaus weltweit war. Dreieinhalb Millionen Kataloge waren vor der Eröffnung verteilt worden, und im russischen Fernsehen liefen Ikea-Spots.

Der Andrang war gewaltig. Schon Stunden vor der Eröffnung hatten einige hundert Russen vor dem Laden gewartet. Auf der Straße nach Chimki, einer Kleinstadt vor den Toren Moskaus, stauten sich die Autos und versperrten die Zufahrt zum internationalen Flughafen Scheremetjewo. Mehr als 40 000 Besucher sollte die Zählung am Abend ergeben.

»Derartige Käuferschlangen vor einem Geschäft hat es in der russischen Hauptstadt seit Sowjetzeiten nicht mehr gegeben«, berichtete die Moskauer Korrespondentin der *FAZ* Elfie Siegl. Die Schlangen waren noch einmal deutlich länger als bei der Eröffnung des ersten McDonald's-Restaurants 1989. Auch für Ikea war es ein Besucherrekord, kein neues Haus zuvor hatte jemals so viele Menschen angelockt. Die russischen Besucher waren regelrecht überwältigt von der Warenfülle, die sich ihnen in diesem Möbelkaufhaus darbot. Das Sortiment umfasste mehr als 5 000 Produkte.

Der Gang nach Moskau war für Ingvar Kamprad eine Herzensangelegenheit. In der Konzernführung hatten die meisten Manager den russischen Markt für zu riskant gehalten. Aber der Gründer bestand auf dem Wagnis. »In Russland aufzumachen war für mich wichtig, denn ich glaube, dass ein gemäßigter Kapitalismus ein Schrittmacher der Demokratisierung ist«, sagte er später.

Schon zu Sowjetzeiten war Kamprad 1988 im Kreml von dem damaligen sowjetischen Ministerpräsidenten Nikolaj Ryschkow empfangen worden. Kurz darauf hatte der Politiker Schweden besucht und dabei das Ikea-Einrichtungshaus in Göteborg besichtigt. Kamprad hatte Ryschkow gefragt, ob Ikea nach Russland kommen könne. Ryschkow lud ihn ein: »Bitte eröffnen Sie Ikea-Läden in allen russischen Städten mit mehr als einer Million Einwohner.«

Nach dem Zusammenbruch der Sowjetunion hatten sich die Pläne aber zerschlagen. Zwar hatte Ikea schon Anfang der neunziger Jahre ein Grundstück in St. Petersburg gekauft, sozusagen auf Vorrat. Dann aber zogen es die Strategen in der Zentrale im dänischen Humlebæk vor, einige Jahre zu warten und zuzusehen, wie sich die Bedingungen für ausländische Investoren im russischen Chaoskapitalismus entwickelten.

Während sich die meisten westlichen Konzerne Ende der neunziger Jahre auf den Wachstumsmarkt China konzentrierten, verlor man bei Ikea Russland nicht aus den Augen. Trotz der russischen Finanzkrise fasste das Management 1998 den Beschluss, in Moskau ein Möbelhaus zu bauen.

Als es dann in Kamprads Beisein eröffnet wurde, wären die Preise höher als in Deutschland. Ikea musste in Russland auf die Möbel

Einfuhrzölle bezahlen, die sich auf 28 Prozent vom Warenwert beliefen. Daher war Ikea sehr daran interessiert, den Anteil am Sortiment, der aus russischer Produktion stammte, zu steigern. Zu Anfang lag er nur bei 8 Prozent und bestand neben Stühlen und weißen Billy-Regalen aus preiswerten Wodkagläsern.

Ein deutscher Dokumentarfilmer begleitete die Ikea-Eröffnung in Moskau mit seiner Kamera. In einem ungewöhnlich einfühlsamen Film porträtierte Michael Chauvistré die beiden deutschen Ikea-Mitarbeiter Manuela und Ulf Seemann, die sich im Möbelhaus in Berlin-Spandau kennen und lieben gelernt hatten. Als sie erfuhren, dass Ikea nach Moskau gehen wollte, hatten sich die beiden entschlossen mitzugehen.

45 000 Bewerber für 600 Stellen

Das deutsche Paar zählte zu einem Team erfahrener Geburtshelfer, welches von Ikea für Russland zusammengestellt worden war. Seine Aufgabe war es, das Einrichtungshaus so einzurichten, wie es bei Ikea weltweit üblich war. Beide sollten die russischen Kolleginnen und Kollegen anlernen. Auf die internationale Crew wartete in Moskau eine hoch motivierte Truppe einheimischer Kräfte. Auf 600 Stellen in dem neuen Möbelhaus hatten sich 45 000 Menschen beworben.

Kamprads Vision hatte getragen, dass Russlandgeschäft begann für Ikea viel besser als erwartet. Auf den ersten Markt im Großraum Moskau folgte bereits im Jahr darauf ein zweiter. Mit einem Jahresumsatz von 260 Millionen US-Dollar gehörten die Geschäfte nach Aussage von Lennart Dahlgren, dem Generaldirektor von Ikea Russland, schon bald zu den erfolgreichsten der Welt. Zur Überraschung der Ikea-Manager gab der durchschnittliche russische Ikea-Kunde mit 60 US-Dollar je Einkauf nicht weniger Geld aus als der durchschnittliche Schwede.

»Der Umsatz ist viermal so hoch, wie die Firmenleitung erwartet hat«, bekräftigte Dahlgren zwei Jahre nach der Eröffnung. »Es gibt in Moskau viel mehr Kaufkraft, als alle geglaubt haben.« Vor allem gab es einen gewaltigen Nachholbedarf. Anders als in Spanien, wo die meisten Kunden nach der Eröffnung der Filialen in Barcelona und in Madrid 1996 zunächst nur Kleinigkeiten kauften, orderten manche Russen sogleich komplette Einbauküchen.

Schwierigkeiten sah sich Ikea auf einem anderen Gebiet gegenüber. Wie sollte der Konzern mit der in Russland stark verbreiteten Korruption umgehen? Mit den Standards des Unternehmens war es nicht vereinbar, Schmiergelder an Politiker und Beamte zu zahlen, wie dies häufig erwartet wurde. Die Ikea-Leute blieben ihrer Linie treu. Jedenfalls versicherte Dahlgren im Herbst 2003, dass Ikea in Russland kein Schmiergeld gezahlt habe: »Wir Schweden sind schlecht ausgebildet in Korruption.«

Ein gutes Jahr später allerdings sah sich Ikea gezwungen, Geld für eine Kindersportschule zu spenden, um lokale Politiker und Behörden für sich einzunehmen. Erst nach der Spende konnte ein 250 Millionen Euro teures Einkaufszentrum im Vorort Chimki, dem Standort des ersten russischen Ikea-Hauses, eröffnet werden. Die örtlichen Behörden hatten vor der geplanten Einweihungsfeier völlig überraschend Sicherheitsbedenken wegen einer in der Nähe vorbeilaufenden Gaspipeline geltend gemacht. Die Shoppingmeile mit 220 Läden, Kino und Eisbahn drohte zu einer Investitionsruine zu werden. Dann lenkten die Russen ein.

Inzwischen war Ikea auch in Wladimir Putins Heimatstadt St. Petersburg vertreten. Zur Eröffnung 2003 war Margaretha Kamprad aus der Schweiz gekommen und hatte eine kleine Ansprache gehalten. Für ihr viertes russisches Möbelhaus wählten die Ikea-Manager dann aber einen Standort in der Provinz und gingen nach Kasan, einer Millionenstadt an der Wolga und Hauptstadt der autonomen russischen Republik Tatarstan. Auch dort bekamen sie Schwierigkeiten mit den örtlichen Behörden, die sich überraschend auf den Standpunkt stellten, der verbaute Beton sei nicht stark genug.

Am Ende der Expansion will Ikea auf dem Gebiet der früheren Sowjetunion in mindestens 15 Städten präsent sein, darunter auch in Nowosibirsk. In Moskau immerhin ging alles sehr schnell, nachdem die Schweden die lang ersehnte Genehmigung zum Bau eines weiteren Ikea-Hauses erhalten hatten.

Nach dem friedlichen Machtwechsel in der Ukraine 2005 hat sich Ikea entschlossen, auch dort ein Möbelhaus zu bauen. Es wird wie das Ikea-Haus in Chimki mit einem gewaltigen Einkaufszentrum kombiniert werden, einer Mega-Mall mit der Möbelausstellung als Attraktion.

Vor allem für den russischen Mittelstand ist Ikea mittlerweile zu einer bevorzugten Einkaufsadresse geworden. Bevor die Kette nach Moskau kam, hatte es in der Stadt nur sehr billige und entsprechend unansehnliche Möbel zu kaufen gegeben oder sehr teure Importwaren. Heute reisen manche Kunden bis zu 1 000 Kilometer weit, um bei Ikea einkaufen zu können.

In China ist Ikea nicht so stürmisch gestartet wie in Russland. Erst nach deutlichen Preissenkungen ist das Geschäft dort in Gang gekommen. »Als wir den chinesischen Markt betraten, wurden wir als teure, westliche Marke wahrgenommen«, sagt Ikea-Manager Ian Duffy. Die Folge war, dass sich manche Kunden in Schanghai und Peking die begehrten Ikea-Möbel für einen Bruchteil des Preises in anderen Möbelhäusern nachbauen ließen. Es kamen sogar regelrechte Fälschungen auf den Markt.

»Jetzt gelten wir als Unternehmen, das Qualität zu günstigen Preisen anbietet«, so Duffy. Im Geschäftsjahr 2003/2004 hat Ikea in China einen Umsatz von 120 Millionen US-Dollar erzielt. Das war zwar gerade mal 1 Prozent des globalen Geschäfts, aber das Wachstum war in China größer als überall sonst auf der Welt. Daher will Ikea in den nächsten Jahren mindestens zehn weitere Einrichtungshäuser eröffnen. Ein neues Pekinger Möbelhaus, das das erste ersetzen soll, wird im Frühjahr 2006 eröffnet. Es wird eines der größten Geschäfte weltweit sein.

Die nächsten Märkte, die Ikea erobern will, sind Südkorea und Japan. Im Frühjahr 2006 feiern die Schweden in Tokio Premiere. Als globale Wachstumsregion gelten den Konzernstrategen aber auch die USA. Im Laufe des Jahres 2005 hat Ikea dort vier Möbelhäuser eröffnet: in Atlanta, Boston, Chicago und Dallas. Wenn sich die Umsatzerwartungen erfüllen, werden die USA bald Deutschland als den größten Ikea-Markt ablösen.

Zwanzig neue Häuser für Deutschland

Das bedeutet allerdings nicht, dass Ikea hierzulande nicht weiter wachsen wird. Mindestens 20 weitere Einrichtungshäuser will die Kette in Deutschland aufmachen. Erst dann sei die Sättigungsgrenze erreicht, glaubt man in der Firmenzentrale in Wallau. Es sei aber nicht ausgeschlossen, dass Ikea anschließend sein Netz durch kleinere Läden noch dichter knüpfe.

Auf einer ehemaligen Kohlenhalde in Dortmund baut der Konzern für 135 Millionen Euro derzeit ein weiteres Verteilzentrum, aus dem ab 2007 sämtliche europäische Filialen mit solchen Artikeln beliefert werden, die in vergleichsweise geringer Stückzahl verkauft werden. Im Dortmunder Stadtteil Ellinghausen betreibt Ikea schon länger ein Lager, aus dem bundesweit Ikea-Kunden beliefert werden, die über Telefon, Fax oder Internet bestellen. Aus dem nahe gelegenen Werne beliefert Ikea die deutschen Möbelhäuser mit dem Standardsortiment.

Konzernchef Anders Dahlvig hat bei Ikea dafür gesorgt, dass auch das Management internationalisiert wird. Über Jahrzehnte waren bei Ikea fast alle Toppositionen an schwedische Männer vergeben worden. Dagegen hatte Dahlvig schon bald nach seinem Amtsantritt eine Kanadierin zur Chefin der schwedischen Einrichtungshäuser ernannt.

Der ranghöchste Deutsche in der Ikea-Hierarchie ist Werner Weber, der 2005 in den Konzernvorstand aufrückte. Der studierte Psychologe, der 1987 in der Personalabteilung von Ikea Deutschland angefangen hat, hat sieben Jahre lang den wichtigsten Markt für Ikea betreut. In seiner Amtszeit verdoppelte sich der Umsatz. Nebenher hat Weber auch das Russlandgeschäft mitaufgebaut. Im September 2005 wechselte der Manager dann in die Europazentrale im schwedischen Helsingborg und wurde Vizechef der europäischen Ikea-Organisation.

Webers Posten in Wallau übernahm der Belgier Luc Lauwers, der zuvor für die Ikea-Einrichtungshäuser in Kanada verantwortlich gewesen war. Aber der Wechsel klappte nicht. Nach nur zwei Monaten verließ Lauwers das Unternehmen, angeblich aus »persön-

Aus dem Ikea-Lager im Dortmunder Stadtteil Ellinghausen werden bundesweit Kunden beliefert, die über Telefon, Fax oder Internet bestellen.

lichen Gründen«. Seit Anfang 2006 steht nun eine Frau an der Spitze der Einrichtungskette in Deutschland: Petra Hesser, die zuletzt als Landeschefin von Ikea in den Niederlanden gearbeitet hat, aber vor ihrem Wechsel nach Holland bereits verschiedene Führungsfunktionen bei der deutschen Ikea-Tochter innegehabt hatte.

Die Neue soll unter anderem dafür sorgen, dass der Anteil weiblicher Führungskräfte in den kommenden Jahren von 30 auf 50 Prozent steigt. Ikea will die geplante Expansion in Deutschland, durch die rund 800 neue Managementpositionen geschaffen werden, bewusst dazu nutzen, Frauen in Leitungsfunktionen zu bringen. Dabei zielt das Unternehmen nicht in erster Linie auf eine Gleichstellung der Geschlechter, sondern auf neue Initiativen für Umsatzzuwächse. Mehr als 60 Prozent aller Ikea-Kunden sind Frauen, und bei Ikea glaubt man, dass deren Wünsche von Möbelhauschefinnen und Abteilungsleiterinnen besser erfüllt werden können. Im Konzernvorstand sind mittlerweile zwei von zehn Mitgliedern Frauen: Josephine Rydberg-Dumont, die als Chefin von Ikea of Sweden in Älmhult für das Sortiment zuständig ist, und Pernille Spiers-Lopez, eine Dänin, die an der Spitze von Ikea Nordamerika steht. Als erste Frau zog Magdalena Gerger, Marketingchefin eines schwedischen Lebensmittelkonzerns, 2005 in den Aufsichtsrat des Ikea-Konzerns ein.

Der Möbelriese hat das Tempo seiner Expansion noch einmal forciert und eilt von Rekord zu Rekord. Niemals zuvor wurden in einem Jahr so viele neue Einrichtungshäuser eröffnet wie im Ikea-Geschäftsjahr 2005. Die Kette vergrößerte sich um 18 Standorte, und der Umsatz stieg um 15 Prozent auf 14,8 Milliarden Euro. Das Wachstum ist auch deshalb bemerkenswert, weil der Möbelkonzern bereits im Jahr zuvor sein Geschäft zweistellig gesteigert und 13 neue Läden aufgemacht hatte.

13. Kapitel

»Ingvar erhöht mit jedem Tag den Druck auf uns«

Die drei Söhne des Ikea-Gründers

Ingvar und Margaretha Kamprad haben drei Söhne, die alle in den sechziger Jahren zur Welt kamen: Peter, Jonas und Mathias. 1973 zog die Familie von Schweden nach Dänemark und 1978 weiter in die Schweiz. Unter den Umzügen haben die Jungen gelitten, besonders unter dem zweiten. Aber schließlich fanden sie in der Schweiz neue Freunde und lebten sich ein.

Nachdem Anfang der achtziger Jahre die Stiftung gegründet war, ging es in der Familie Kamprad noch einmal darum, ob die Familie ihren Wohnsitz verlegen sollte, zurück nach Dänemark oder gar nach Schweden. Doch nun sprachen sich die Söhne entschieden dafür aus, in der Schweiz zu bleiben. Lausanne und das nahe gelegene Dorf Epalinges waren ihre Heimat geworden.

Die Kamprad-Söhne fühlen sich stark durch ihren Vater beeinflusst und geprägt, obwohl er sich an der Erziehung kaum beteiligt hat. Sie seien typische Kamprads, sagen die Söhne über sich: sparsam, hartnäckig und handfest. Dem Vater war wichtig gewesen, dass seine Söhne lernten, mit Geld umzugehen, wobei sein Maßstab die eigene Knauserigkeit war. Hatte ein Sohn so viel Taschengeld zusammengespart, dass größere Anschaffungen möglich waren, ein Fahrrad zum Beispiel, und war er zum Kauf entschlossen, musste er sich zuvor eine Befragung durch den Vater gefallen lassen. War die Kaufentscheidung wirklich gut überlegt? War die Sache das Geld wert? Gab es nicht noch etwas Besseres, worauf es sich weiter zu sparen lohnte?

Die Mutter, eine ausgebildete Lehrerin, vermittelte den Söhnen, dass es wichtig sei, sich um andere Menschen zu kümmern. Margaretha Kamprad selbst engagierte sich in der Genfer Gemeinde der

»Schwedischen Kirche im Ausland«. Bald nach dem Umzug in die Schweiz hatte sie ein eigenes Leben und einen eigenen Freundeskreis aufgebaut. Es war ihr gar nichts anderes übrig geblieben. Ihr Mann war meistens nicht zu Hause. Hin und wieder begleitete sie den Ikea-Gründer auf seinen Reisen und half ihm mit ihren Sprachkenntnissen und ihren Einschätzungen. Kamprads Frau gilt als eine gute Menschenkennerin und hat ihren Mann auf diesem Feld immer wieder beraten.

Peter Kamprad, Jahrgang 1964, ist der älteste der drei Söhne. Nach dem Abitur hat er Wirtschaftswissenschaften in Lausanne studiert. Er hat zwei Hobbys, die nicht ungefährlich sind und die ihm auch schon Knochenbrüche eingetragen haben: Motorradfahren und Fallschirmspringen. Er ist verheiratet und hat Kinder.

Jonas Kamprad, Jahrgang 1966, ist ein künstlerisch veranlagter Mensch. Schon als Schüler hat er angefangen, Schlagzeug zu spielen. Später wählte er für sich den Beruf des Designers und entwarf neben anderem für Ikea den 12,95 Euro teuren Garderobenständer Rigga. Unter Kamprads Söhnen ist er derjenige, der sich am meisten für die Familiengeschichte interessiert. Als er eine Zeit lang bei Ikea in Älmhult arbeitete, wohnte er auf dem abgelegenen Waldbauernhof Elmtaryd, auf dem sein Vater aufgewachsen war.

Mathias Kamprad, der jüngste, hat vor allem intellektuelle Interessen. Anders als der Vater, der mit Büchern nichts anfangen kann, ist er ein begeisterter Leser. Er hat weder einen Beruf erlernt noch ein Studium abgeschlossen. Stattdessen hat er früh angefangen, auf verschiedenen Positionen im Reich seines Vaters zu arbeiten. So verbrachte er unter anderem vier Jahre bei Ikea in der Schweiz.

Im Schatten des Vaters

Die Kamprad-Söhne scheuen das Licht der Öffentlichkeit. Es scheint, als wollten sie sich hinter ihrem Vater verstecken, solange das noch möglich ist. Interviews geben sie grundsätzlich nicht. Nur für die von Ikea initiierte Unternehmensbiografie machten sie eine Ausnahme. 1997 standen sie dem schwedischen Journalisten Bertil Torekull in mehreren Gesprächen Rede und Antwort. Das Interview erschien allerdings in einer merkwürdigen Form. Die Kamprad-Söhne ließen sich zwar wörtlich zitieren, hatten allerdings darauf bestanden, dass dies jeweils ohne Namensnennung geschah. Der Leser erfährt daher nicht, welche Antwort von welchem der Kamprad-Söhne stammt. Den Söhnen lag offenbar daran, dass sie als eine Einheit wahrgenommen werden. Jeder sprach für alle.

In dem Gespräch gaben die drei Kamprad-Söhne Auskunft über ihr Verhältnis zu Geld. »Von uns führt keiner ein Reiche-Leute-Leben«, sagte einer. Im Alltag spiele das Familienvermögen überhaupt keine Rolle. Die Repräsentation sei ihnen allen drei gleichermaßen fremd. »Wenn man wirklich reich ist, hat man kein Bedürfnis, es zu zeigen«, meinte einer.

In dem Interview wurde deutlich, welche Rolle der Vater im Leben seiner Söhne spielte. »Wir hören gern zu, sind artig, es ist höllisch schwierig, sich zu behaupten, wenn er in der Nähe ist. Selbst wenn man seine Idee für schlechter hält, muss man sie fast hintanstellen, bis die Zusammenkunft vorüber ist, und sagen: ›Hör mal, findest du nicht, dass wir es besser so machen?‹« Für die Söhne war der Vater eine übermächtige Figur. Wenn sie ihn in größerer Gesellschaft erlebten, machten sie immer wieder die gleiche Beobachtung: Alle in der Runde warteten auf das, was Ingvar Kamprad zu sagen hatte.

Der Ökonom Joseph Schumpeter hat in den vierziger Jahren die These aufgestellt, dass es erfolgreichen Unternehmern bei ihrer Aufbauarbeit in erster Linie darum geht, ein Herrschergeschlecht zu begründen. Unternehmer wollten etwas erschaffen, das sie selbst überdauert und von dem ihre Nachkommen noch profitieren würden. Sobald ein Unternehmen eine bestimmte Größe erreicht habe, begänne der typische Gründer daher, in Generationen zu denken. Das »zaubervollste der bürgerlichen Ziele«, so formulierte Schumpeter, sei die Gründung einer Dynastie.

Auch Ingvar Kamprad hat schon frühzeitig angefangen, sich darüber Gedanken zu machen, wie es mit Ikea nach seinem Tod weitergehen könnte. Der Gefahr, extrem hohe Erbschaftsteuer bezahlen zu müssen, ist Kamprad durch den Wegzug aus seinem Heimatland begegnet. Aber es gab in seinen Augen noch ein zweites Risiko für Ikea. Das war die eigene Familie.

Wenn seine Nachkommen eines Tages das Unternehmen erbten, dann würden sie damit machen können, was sie wollten. Wenn es ihnen passte, würden sie es aufteilen oder verkaufen können oder beides. Es stünde den Erben auch frei, Ikea völlig neu auszurichten. Alles das wollte Ingvar Kamprad verhindern – indem er es von vornherein ausschloss. Und so hat er in den siebziger und frühen achtziger Jahren für Ikea eine der komplexesten Organisationsformen geschaffen, die bei Unternehmen überhaupt denkbar ist. Er hat den Möbelhausbetrieb und die Markenrechte voneinander getrennt, das Handelsgeschäft einer niederländischen Stiftung übertragen und ein ausgeklügeltes System der gegenseitigen Kontrolle errichtet, das keiner Einzelperson erlaubte, die Macht über das Ikea-Reich an sich zu reißen.

Als Kamprad diese Konstruktion errichtete, wurde sein ältester Sohn gerade volljährig. Zu dieser Zeit war völlig offen, welchen Weg die Kamprad-Söhne einschlagen würden. Hatten sie ein Interesse an Ikea? Oder waren sie bestrebt, eigene Wege zu gehen und unabhängig zu sein vom Vater?

Wie für viele Menschen, so wurde auch für Ingvar Kamprad die Familie mit jedem Tag, den er älter wurde, wichtiger. Der Vater lebte in dem Bewusstsein, seine Söhne in ihrer Kindheit vernachlässigt zu haben. In den Jahren, in denen er Ikea aufgebaut hatte, hatten die Kinder für ihn eine Nebenrolle gespielt. Im Mittelpunkt hatte das »Kind Ikea« gestanden, wie er es gerne ausdrückte. Später war ihm schmerzlich bewusst geworden, dass er das Versäumte nicht nachholen konnte. Aber er versuchte es dennoch.

Zärtlichkeit in der Familie

Im Umgang mit seinen erwachsenen Söhnen ist Ingvar Kamprad ein Mann von ungewöhnlich großer Zärtlichkeit. Einer der wenigen Menschen, die den Ikea-Gründer in seinem Privatleben beobachten konnten, ist der Firmenbiograf Torekull. »Manchmal treffe ich ihn zusammen mit seinen Söhnen und werde Zeuge ihres engen Kontakts«, schrieb er 1998. »Beim Gute-Nacht-Sagen streichelt er seinen Jungs die Wangen, tätschelt sie ständig, sobald er in ihrer Nähe ist. Beim Abschiednehmen verweilt seine Hand schon mal auf dem schmucken Bart des Ältesten, und er streichelt ihm mit einer Art zerstreuter Zärtlichkeit ein paar Mal ums Kinn – ungefähr so, wie Eltern ihre Kleinkinder liebkosen und einfach nicht die Hand von ihrem weichen Nacken nehmen können. Ingvar Kamprad küsst seine Söhne nicht nur ein, sondern mehrere Male zum Abschied; liebevoll nachsichtig nehmen sie die grenzenlosen Zärtlichkeitsbekundungen des Vaters entgegen.«

Kamprad hatte alles getan, die Verfügungsgewalt seiner Nachkommen über Ikea einzuschränken, er sah es aber dennoch gerne, wenn die Söhne bei Ikea mitarbeiteten und Einfluss auf das Unternehmen nahmen. Zu seiner Freude zeigten alle Söhne Interesse am Lebenswerk des Vaters. »Wir haben ein wichtiges Erbe zu verwalten«, erklärten sie im Interview mit Torekull. »Wir könnten uns stattdessen auf den Mond verkrümeln oder etwas ganz anderes machen, aber das wäre schade. Es gibt doch so viele Möglichkeiten. Unsere Aufgabe ist es, das Erbe zu nutzen, es auszubauen.«

Welche Rolle seine Söhne bei Ikea spielen könnten, darüber diskutierte Kamprad 1996 mit den Ikea-Managern Hans Gydell, Anders Dahlvig und Staffan Jeppsson, die alle einmal als Assistenten für ihn gearbeitet hatten. Die Männer hatten die jungen Kamprads im Laufe der Jahre recht gut kennen gelernt und sie gaben dem fragenden Vater ihre Einschätzungen über deren Talente. Kamprad selbst klassifizierte die Fähigkeiten seiner Söhne 1997 so: »Ihre Stärken liegen auf unterschiedlichen Ebenen. Jonas hat Erfahrung mit den Produktionsbedingungen, Peter eine Neigung zu Struktur und Organisation und Mathias ein gutes Gespür für den Verkauf.«

Zu diesem Zeitpunkt hatten alle Kamprad-Söhne schon eine Vielzahl von Ausbildungsstationen und Jobs im globalen Imperium des Vaters durchlaufen. Sie hatten bei Ikea eine große Spannbreite an Erfahrungen gemacht und das Unternehmen sowohl aus der Perspektive des Lageristen als auch des Topmanagements kennen gelernt. Ihre Einsatzorte waren in Älmhult und auch in Fernost.

Vater Kamprad fing Mitte der neunziger Jahre an, seine Söhne zu bedrängen, Führungsaufgaben im Ikea-Reich zu übernehmen. Es schien ihm an der Zeit. 1996 feierte der Patriarch seinen 70. Geburtstag. Sein ältester Sohn Peter wurde im selben Jahr 32. »Ingvar erhöht mit jedem Tag den Druck auf uns: ›Ihr müsst jetzt übernehmen‹«, berichtete einer der Söhne. Allerdings machte der Vater immer nur allgemeine Bemerkungen und unterließ es, konkret zu sagen, welcher Sohn welchen Posten zu welchem Zeitpunkt übernehmen sollte.

Wie oft in seinem Leben ging bei Ingvar Kamprad Ungeduld einher mit Unentschiedenheit. Peter Kamprad stellte den Vater einmal zur Rede: »Sag, was Du von uns erwartest!« Eine befriedigende Auskunft bekam er aber nicht. Offenbar war der Vater hin- und hergerissen zwischen dem Wunsch, seine Söhne baldmöglichst in Spitzenpositionen bei Ikea zu sehen, und den Zweifeln, ob sie dafür geeignet und genügend ausgebildet waren.

»Heute hofft Ingvar Kamprad inständig, dass seine Söhne im 21. Jahrhundert das Imperium mitregieren«, schrieb Torekull 1998. Und Kamprad selbst bestätigte das später beiläufig, als er in einem Interview über den Beruf des Unternehmers sprach. Nicht das Streben nach persönlichem Reichtum sei das Motiv der meisten Unternehmer, meinte Kamprad. Einige wenige schätzten zwar den Luxus, aber die Mehrzahl führe wie er selbst »ein ganz normales Alltagsleben in relativer Einfachheit«. Was Unternehmer antreibe, sei etwas anderes: »Sie setzen das meiste ihres Reichtums dafür ein, ihr Unternehmen weiterzuentwickeln, und sie möchten gern, dass die nächste Generation den Bau fortsetzen wird. Ich bin einer von ihnen.«

Das Ziel war klar, der Zeitpunkt nicht. Als der langjährige Konzernchef Anders Moberg im März 1999 das Unternehmen verließ, verzichtete Kamprad darauf, einen seiner Söhne auf diesen Posten zu hieven. Ein Kommentator von *Dagens Industri*, der größten schwedischen Wirtschaftszeitung, forderte den Ikea-Gründer auf: »Lass die Söhne ran!« Aber Kamprad traute das seinen Nachkommen noch nicht zu. »Ich bewundere meine Söhne, sie sind sehr schlau«, sagte er. »Aber ich glaube nicht, dass einer von ihnen in der Lage ist, das Unternehmen zu führen, jedenfalls noch nicht jetzt.«

Nach wie vor steht Ikea bei Kamprad an erster Stelle. Er hat lange mit einer Ausschließlichkeit für das Unternehmen gelebt, die man monomanisch nennen kann. Keinesfalls will er das Unternehmen durch eine falsche Personalentscheidung gefährden. Sein spät erwachter Familiensinn geht daher auch nicht so weit, dass er es bereuen würde, das Eigentum an der Einrichtungskette auf eine Stiftung übertragen zu haben. »Auch wenn ich heute meinen Söhnen vertraue, weiß ich nicht, ob ich ihnen künftig vertrauen kann.«

Doch im Jahr 2001 muss Kamprad wohl intensiver über Nachfolgeregelungen nachgedacht haben. Da erfuhr er nämlich, dass er an Prostatakrebs erkrankt war. Es war ein Schock für ihn und seine Familie. Kamprad entschied sich, angeblich gegen den Rat der Ärzte, zur Operation und erlebte dann »einen der glücklichsten Momente in meinem Leben«. Der Arzt teilte ihm mit, dass die Operation gut verlaufen war. »Da wollte ich vor Freude in die Luft springen«, berichtete Kamprad im Jahr darauf in einem *stern*-Interview. »Seitdem fühle ich mich jung.«

Im August 2002 verkündete der Ikea-Gründer öffentlich, dass alle drei Söhne über kurz oder lang Führungsaufgaben bei Ikea übernehmen würden. Sein ältester Sohn Peter, der damals als Finanzchef einer belgischen Ikea-Gesellschaft arbeitete, werde demnächst die Leitung der Stiftung in den Niederlanden übernehmen, sagte Kamprad in einem Interview mit der *Financial Times* und fügte hinzu: »Möglicherweise muss ich ihn ein bisschen dazu drängen.« Der Zweitälteste Jonas Kamprad werde die Verantwortung für das Sortiment tragen. Welche Aufgabe sein Jüngster übernehmen werde, sei noch nicht klar. »Vielleicht wird er Präsident der Ikea-Gruppe«, spekulierte Kamprad munter. »Auch wenn ich ihm das nicht wünsche.« Er selbst habe allerdings nicht vor, sich völlig zurückzuziehen, versicherte der Ikea-Gründer.

Wenige Tage nach dem Interview machte Kamprad einen Rückzieher. In einem handschriftlichen Brief an die Ikea-Mitarbeiter entschuldigte er sich, dass er über die Nachfolgefrage gesprochen habe, obwohl diese noch gar nicht geklärt sei: »Ich habe wieder Mist gebaut.« Die Äußerungen des Alten hatten im Management der Möbelkette zu Irritationen geführt. Stand ein großes Revirement an? Kamprad musste die Gemüter beruhigen. Wie es immer schon seine

Art gewesen war, wandte sich der Ikea-Gründer in seinem Schreiben direkt an jeden einzelnen Mitarbeiter der Möbelkette: »Du wirst es noch eine Weile mit mir aushalten müssen. Wir haben noch viel zu tun.«

Auch mit über 75 Jahren ließ es sich Kamprad nicht nehmen, jeden einzelnen Artikel zu prüfen, bevor er in die Massenproduktion ging. Er sei eben ein Fachidiot und könne nichts anderes als Möbel verkaufen, begründet er seinen nicht endenden Einsatz für Ikea. Freimütig räumt er ein, keinerlei kulturelle Interessen zu haben und allenfalls drei Bücher im Jahr zu lesen. Radfahren, Pilze sammeln und Tomaten züchten, das sind die einzigen Dinge, mit denen sich Kamprad hin und wieder die Zeit vertreibt.

Bei Ikea lediglich zu repräsentieren und auf der alljährlichen Weihnachtsfeier zu sprechen, das genügt Kamprad nicht. Häufig reist er aus der Schweiz an, wenn irgendwo auf der Welt ein neues Ikea-Haus eröffnet wird. Auch im Alter kann er nicht auf die praktische Arbeit verzichten. Er ist ein Händler durch und durch. Es drängt ihn, mit seinen Leuten zu diskutieren und zu kontrollieren, ob ein Produkt etwas taugt. Er will Fragen stellen und das Nachdenken anregen, wie man Dinge möglicherweise noch billiger herstellen oder einkaufen kann. Es befriedigt ihn, wenn er Geschäfte rund um den Globus inspizieren kann, um zu prüfen, ob alles so eingerichtet ist, dass sich die Kunden dort wohlfühlen und der größtmögliche Umsatz erzielt wird.

»Ich bin der Ingvar«, so stellt er sich seit Jahrzehnten Mitarbeitern vor, die ihn bei einer seiner Möbelhausbesichtigungen kennen lernen. Manchmal sah man ihn gemeinsam mit irgendwelchen Kunden durch den Laden gehen, von denen der Gründer erfahren wollte, was ihnen gefiel und was nicht. Der Unternehmer hat sich einen kritischen Blick für Details bewahrt. In Peking bemängelte er, dass Ikea dort zwar Lacke verkaufe, aber keine Pinsel.

Meist hat Kamprad dabei Snus, den schwedischen Kautabak, unter der Oberlippe. Salze halten diesen Tabak feucht und rauen die Mundschleimhaut auf. Das Nikotin gelangt direkt in den Blutkreislauf, die Wirkung ist stärker als bei einer Zigarette. In der Schweiz darf Snus, ebenso wie in Deutschland, nicht verkauft werden. Der

Ikea-Gründer muss sich daher in seiner alten Heimat Schweden eindecken.

Kamprads jüngster Sohn nahm im Februar 2004 einen wichtigen Schritt auf dem Weg an die Ikea-Spitze. Im Alter von 34 Jahren übernahm Mathias Kamprad die Leitung des Ikea-Geschäftes in Dänemark. Zuvor hatte er in London für Habitat gearbeitet. Hämischen Gerüchten zufolge war es ihm nur schwer gelungen, eine Tudor-Villa im Westen Londons zu verkaufen, weil sich die Interessenten an der Ikea-Möblierung gestört hatten.

Während manche Beobachter aus der Berufung Mathias Kamprads zum Chef von Ikea Dänemark schlossen, dass der jüngste Sohn nunmehr der Favorit für die Nachfolge an der Konzernspitze sei, hoben andere hervor, dass Dänemark mit nur vier Einrichtungshäusern ein ausgesprochen kleiner Markt für Ikea sei. Allzu viel traue der Alte seinem Jüngsten offenbar nicht zu.

Ohnehin ist Konzernlenker Dahlvig von der Pensionierung weit entfernt. 2008 wird der Ikea-Chef fünfzig. Dass er seinen Posten irgendwann für einen der Kamprad-Söhne aufgeben muss, darüber hat der Gründer mit Dahlvig nicht gesprochen. »Ich weiß wirklich nicht, ob es Pläne in diese Richtung gibt«, sagte Dahlvig Ende 2003.

Nach wie vor ist Ingvar Kamprad Chairman der Stiftung, ein Posten, auf dem ihm vermutlich eines Tages sein ältester Sohn Peter folgen wird. Dass die Kamprad-Söhne die Stiftung nach dem Tod des Vaters einmal unter ihre alleinige Kontrolle bringen können, ist aber ausgeschlossen. Ihr Vater hat dafür gesorgt, dass in dieser Runde immer nur einer sitzen darf, der den Namen Kamprad trägt.

Weil Ingvar Kamprad Ikea aber in viele Einzelteile zerlegt hat, hat er jedem seiner Söhne auch die Möglichkeit eröffnet, nach dem Tod des Vaters eine Führungsaufgabe zu übernehmen. Dabei ist nicht automatisch vorgegeben, wer wem untergeordnet ist. Ist die Position des Konzernchefs die wichtigste? Oder die des Stiftungsvorsitzenden?

Die Söhne sind jedenfalls davon überzeugt, dass Ikea, jedenfalls in ideeller Hinsicht, eine Familienfirma bleiben sollte. »Man erwartet, dass es in der Leitung Kamprads gibt, sonst wird die Seele von Ikea nicht überleben«, hat einer von ihnen schon vor Jahren zu Protokoll gegeben.

Die Kamprads pflegen ihr Familienleben. Weihnachten feiern sie meist zusammen auf einem Anwesen in Bölsö am Ostufer des Möckelnsees. Das zweigeschossige Haus am Seeufer hatte Ingvar Kamprad Ende der sechziger Jahre erbaut und bezogen, nachdem er seiner Schwester Kerstin Kamprad-Johansson den elterlichen Hof Elmtaryd überlassen hatte. Der Wegzug war Kamprad nicht schwer gefallen. Von Bölsö kann man die Firmenzentrale in Älmhult erheblich schneller mit dem Auto erreichen als von dem abgelegenen Waldbauernhof, auf dem der Ikea-Gründer aufgewachsen ist.

Auf dem Seegrundstück in Bölsö stehen außer dem Haupthaus drei weitere kleine Holzhäuser nebeneinander, grau gestrichen und mit weiß abgesetzten Fenstern. Sie werden von den Kamprad-Söhnen genutzt, wenn sich die Großfamilie in Schweden trifft. Ingvar Kamprad und seine Frau verbringen regelmäßig den Monat August am See. Inzwischen wohnt auch Kamprads Schwester in Bölsö, ein paar hundert Meter entfernt vom Haus ihres Bruders. Wenn Kamprad in Schweden ist, trifft er hin und wieder auch seine Adoptivtochter Annika. Das Verhältnis ist herzlich, aber weder sie noch ihr Ehemann arbeiten für Ikea.

Der Kontakt innerhalb der engeren Familie ist ausgesprochen eng. »Unsere Söhne rufen fast jeden Tag an«, verriet Margaretha Kamprad vor zwei Jahren einem schwedischen Dokumentarfilmer. »In der Familie sprechen wir über Ikea von morgens bis abends.« Frau Kamprad kennt das seit Jahren nicht anders, und auch nach dem 75. Geburtstag ihres Mannes hat sich daran nichts geändert. Sie hat sich längst damit arrangiert. »Was mich manchmal nervt, ist, dass er ein Büro zu Hause hat«, sagte sie. »Ständig geht das Telefon. Ich bin also eine Art inoffizielle Sekretärin.«

Das Ikano-Imperium

Auch wenn sie Ikea nicht erben werden, so müssen sich die Kamprad-Söhne um ihre Zukunft keine Sorgen machen. Schon seit Jahren gehört ihnen privat jene kapitalkräftige Firmengruppe, die der Vater für sie aufgebaut hat: Ikano.

Diese Firma ist ein Konzern, der von Ikea geschäftlich unabhängig ist und auf fünf verschiedenen Geschäftsfeldern operiert: Bankwesen, Immobilien, Vermögensverwaltung, Versicherung und Handel. Die Ikano-Gruppe beschäftigt gegenwärtig annähernd 3500 Menschen, von denen die meisten in Europa arbeiten. Ikano ist aber auch in den USA sowie in Singapur und Malaysia tätig.

An der Spitze der Unternehmensgruppe steht eine Holdinggesellschaft in Luxemburg. Chef des Konzerns ist Birger Lund, jener Schwede, der bis 2002 für Ikea in China tätig war und zuvor auch schon das Geschäft in Großbritannien aufgebaut hatte.

Bei seinem Bankgeschäft, der profitabelsten Aktivität des Familienkonzerns, konzentriert sich Ikano auf Skandinavien. Dort ist das wichtigste Standbein ein schwedisches Kreditinstitut namens Ikano Banken AB, das sein Hauptquartier in der Nachbarschaft von Ikea in Älmhult hat. Diese Bank hat sich auf das Geschäft über das Internet spezialisiert. In den skandinavischen Nachbarländern sowie in Großbritannnien bietet Ikano ebenfalls Finanzdienstleistungen an. Zu den Spezialitäten der Gruppe gehören Kreditkarten und Treueprogramme, die Einzelhändlern helfen sollen, ihre Kunden an sich zu binden. In Deutschland ist Ikano mit einer Tochterfirma in Wiesbaden vertreten. Diese Plus Finanzservice GmbH managt die Kundenkreditkarten von Ikea und der Baumarktkette Hornbach.

Unter dem Dach von Ikano verwalten die Kamprad-Söhne zahlreiche wertvolle Immobilien, darunter eine Reihe von großen Einkaufszentren in Schweden sowie einen Technologiepark im südschwedischen Lund, der fast 200 kleineren High-Tech-Unternehmen Platz bietet. Zu den Filetstücken der Kampradschen Grundstücksgruppe, deren Marktwert mit knapp 300 Millionen Euro beziffert wird, gehören Büros und Luxuswohnungen in Prag.

Ikanos Vermögensverwaltung mit Sitz in Luxemburg konzentriert sich auf acht Fonds, die ihr Geld international in Aktien und Anleihen investieren. Der Wert der Anlagen, um die sich eine kleine schlagkräftige Truppe von Finanzexperten kümmert, wurde für 2004 mit rund 3 Milliarden Euro beziffert. Die Ikano-Versicherungssparte gehört mit Prämieneinnahmen von gut 60 Millionen Euro zu den Randaktivitäten des Mischkonzerns.

Das nach Umsatz und Mitarbeitern stärkste Geschäft des Ikano-Konzerns ist der Einzelhandelsbereich. Im Zentrum steht Habitat mit 80 Filialen und 1900 Mitarbeitern. In Großbritannien, Frankreich, Deutschland und Spanien ist Habitat mit eigenen Geschäften vertreten, in einigen anderen Ländern wie Griechenland, Belgien und Thailand nutzen Franchisenehmer das Konzept. Der Umsatz des Unternehmens lag 2004 bei 334 Millionen Euro. Das Hauptquartier liegt heute an der Princelet Street in London.

Der wichtigste Mann bei Habitat ist der Stardesigner Tom Dixon, den die Kamprads 1998 in die Firma holten. Aber auch Dixon ist es bislang nicht gelungen, das Geschäft wieder in Schwung zu bringen. Zwischen 2000 und 2004 schrumpfte der Umsatz um fast 20 Prozent. Als ein wichtiger Grund für die Misere bei Habitat gilt, dass das Unternehmen nicht mehr wie in früheren Jahren als Trendsetter für den Geschmack junger Leute gilt. Zum Teil hat Habitat diese Position an Ikea verloren.

Ingvar Kamprad bereut die Habitat-Übernahme inzwischen. Der Kauf sei ein Fehler gewesen, sagte er 2002 in einem Interview mit der *Financial Times Deutschland*: »Wir haben Geld verloren. Es läuft nicht zu gut.« Möglicherweise werde die Kette verkauft, deutete der Ikea-Gründer an. Aber es geschah nichts.

»Eines des Probleme Habitats ist natürlich der Einfluss von Ikea«, sagte Habitat-Gründer Conran 2004. »Ingvar möchte es eigentlich als Steigerung von Ikea erhalten. Wenn man seine Wohnung zum ersten Mal einrichtet, geht man zu Ikea. Wenn man sich schon eingenistet hat, geht man zu Habitat.« Aber die Qualität sei nicht durchgängig gut. Tatsächlich sehe er bisweilen einen ziemlichen Ramsch in den Habitat-Läden, sagte Conran, Produkte, die aussähen »wie auf einem Souvenirstand in Thailand oder Marokko eingekauft«.

Als Habitat 2004 40-jähriges Bestehen feierte, brachte die Kette eine Reihe von Prominenten wie das Model Helena Christensen und den Schuhdesigner Manolo Blahnik dazu, Möbel oder Accessoires für den Jubiläumskatalog zu entwerfen. Auch Ingvar Kamprad ließ sich bitten und entwarf ein Möbelstück – einen Melkschemel, wie er ihn gerne gehabt hätte, als er als Junge auf Elmtaryd die Kühe melken musste. Trendy war es nicht gerade, was sich der Ikea-Gründer für Habitat da ausgedacht hatte.

Teil 2

GEHEIMNIS I
Der Preis-Faktor

Den Zweck seines Unternehmens hat Ingvar Kamprad im »Testament eines Möbelhändlers« vor 30 Jahren so beschrieben: »Wir wollen ein breites Sortiment formschöner und funktionsgerechter Einrichtungsgegenstände zu Preisen anbieten, die so günstig sind, dass möglichst viele Menschen sie sich leisten können.« Damals gab der Ikea-Gründer seinen Mitarbeitern auf: »Um die Preise niedrig zu halten, dürfen keine Mühen gescheut werden. Deutliche Preisunterschiede zu unseren Mitbewerbern sind unerlässlich. In allen Bereichen müssen wir immer die eindeutig Günstigsten sein.«

Nach Aussage des langjährigen Ikea-Deutschland-Chefs Werner Weber gilt diese Regel noch heute unverändert. »Wenn wir sehen, dass ein Wettbewerber ein vergleichbares Produkt billiger anbietet als wir, dann gibt es keine Diskussion. Wir senken den Preis«, sagt er. Im Schnitt seien bei Ikea die Preise zwischen 1998 und 2003 um 2,5 Prozent gefallen.

Auf diese Weise ist es Ikea in Deutschland in den vergangenen Jahren gelungen, den Umsatz zu steigern, während die meisten Einzelhändler eine schwache Konsumkonjunktur durchlebten. Im Katalog vom August 2004 setzte der Möbelkonzern die Preise sogar um durchschnittlich 6 Prozent pro Produkt herab. Dabei wurden vor allem Schlafzimmermöbel und Küchen billiger angeboten. Die Folge waren geringe Gewinnmargen pro Möbelstück. Aber es erwies sich, dass Ikea zu den niedrigeren Preisen größere Mengen absetzen konnte. Unterm Strich fiel das Ergebnis der Operation wie erhofft aus: Die Einnahmen stiegen zweistellig, und auch der Gewinn wuchs.

Allerdings handelte sich die Möbelkette mit ihrer Preissenkungsaktion auch Kritik ein. Ikea musste sich der Verbrauchertäuschung zeihen lassen. Tatsächlich waren manche Artikel, darunter ausgerechnet das populäre Billy-Regal, teurer geworden.

Dem Absatz tat das keinen Abbruch. Billy ist das meistverkaufte Ikea-Möbel aller Zeiten. Mehr als 32 Millionen Stück wurden seit seiner Markteinführung 1978 abgesetzt, und die Nachfrage steigt immer weiter. Billy ist ein echtes Volksmöbel, das läuft und läuft und läuft. Die Kunstzeitschrift *Art* nannte es einmal »das wohl demokratischste Stück Design seit Erfindung des BIC-Feuerzeugs 1973: Alle hassen es, alle haben es.«

Aus den Täuschungsvorwürfen lernten die Ikea-Manager eine Lektion für das folgende Jahr. Als Ikea im August 2005 abermals Preissenkungen ankündigte – die Rede war nun von einem Volumen von 100 Millionen Euro –, verband Deutschlandchef Weber die Mitteilung mit der Versicherung, dass im neuen Katalog kein einziger Artikel teurer angeboten werde als im alten. Billiger wurden mehr als 500 Artikel.

Im Katalog 2006 finden sich tatsächlich eine Reihe von Möbeln zu Preisen, die man in früheren Jahren nicht für möglich gehalten hätte. Einen Esstisch für vier Personen namens Ingo, hergestellt aus massiver Kiefer, gibt es für 29 Euro zu kaufen, noch einmal 10 Euro weniger als im Vorjahr. Der Klappstuhl Jeff kostet 7,99 Euro. Ein einfaches Bettgestell und eine Kommode, ebenfalls aus Massivholz, werden für jeweils 20 Euro angeboten und kosten damit kaum mehr als zwei Kinokarten. Einen gepolsterten Sessel bekommt man bei Ikea bereits für 50 Euro, ein Sofa für 170 Euro.

Die Bestseller bei Ikea werden durch eine gezielte Niedrigpreisstrategie kreiert. Ein gutes Beispiel dafür sind die Beistelltische mit Namen Lack. Zehn Jahre nachdem das Möbelhaus die Tischchen erstmals auf den Markt gebracht hatte, entschlossen sich die Produktmanager, den Preis dieses beliebten Artikels radikal zu senken. Das war 1990, und Lack kostete damals umgerechnet 26 Euro. Mithilfe neuer Produktionsmethoden konnte das Tischchen in den folgenden Jahren tatsächlich erheblich verbilligt werden – und immer mehr Kunden griffen zu. Eine Spirale kam in Gang: Die gestiegene Nachfrage erlaubte größere Stückzahlen und damit weitere Preissenkungen. Im Katalog 2006 kostet der Lack-Beistelltisch nur noch

9,99 Euro. Ikea verkauft mittlerweile zwei Millionen Stück davon pro Jahr – das sind achtmal so viel wie 1990.

Als Ingvar Kamprad in den fünfziger Jahren in den Möbelhandel einstieg, waren die Preise in dieser Branche aus heutiger Sicht extrem hoch, in Deutschland ebenso wie in Schweden. Wenn damals ein junger Familienvater eine Wohnung bestehend aus Küche, Wohnzimmer, Schlafzimmer und Kinderzimmer möblieren wollte, kostete ihn das den Verdienst mehrerer Jahre. Heute müssen die meisten Menschen in den Industrieländern für solche Anschaffungen nicht mehr als einige Monatsgehälter ausgeben.

Wer in alten Ikea-Katalogen blättert, kann die Preissenkungen an einzelnen Artikeln genau nachvollziehen. 1974 bot das Möbelhaus in München zwei aneinander gebaute Aufbewahrungsregale vom Typ Ivar (das damals noch Bosse hieß) für 160 Mark an, das entspricht 82 Euro. Im Jahr 2004 kostete die gleiche Kombination nur noch 69,50 Euro und damit 15 Prozent weniger. In Wahrheit war die Preissenkung noch größer, berücksichtigt man, wie sich die Löhne und Gehälter in den 30 Jahren verändert haben. 1974 musste ein Arbeiter 17,5 Stunden für das Regal arbeiten, 2004 konnte er das Geld in 4,5 Stunden verdienen. An der Kaufkraft des Lohnes gemessen ist das Regal also um 75 Prozent billiger geworden.

Bei Ikea gilt der Satz, dass bei einem neuen Produkt als erstes das Preisschild designt wird. »Einen Schreibtisch konstruieren, der 3 000 Mark kosten darf, kann jeder beliebige Architekt«, hat Kamprad in seinem »Testament eines Möbelhändlers« geschrieben: »Aber um einen funktionellen und formschönen Schreibtisch zu entwerfen, der nur 200 Euro kosten darf, muss man schon ganz schön gewitzt sein.«

Neue Produkte werden bei Ikea nicht allein auf dem Zeichenblock oder am Computer kreiert, sondern auch in den Herstellungsbetrieben. Dort erfahren die Produktmanager und Designer, welche technischen Möglichkeiten es gibt und welche Kosten entstehen. Sie erhalten von Produktionsfachleuten Informationen darüber, was sich mit den vorhandenen Maschinen und Fertigungsanlagen möglicherweise sonst noch machen ließe und können klären, mit welchem Aufwand verschiedene Formen der Gestaltung eines Möbelstücks verbunden sind. Das ist wichtig zu wissen, denn manchmal genügen bereits kleine Änderungen in Größe oder Form, um einen Tisch, einen Schrank oder eine Kommode deutlich kostengünstiger herstellen zu können.

So flach wie möglich

Die wichtigste Voraussetzung für einen niedrigen Verkaufspreis im Ikea-Möbelhaus ist, dass die Möbel so flach wie möglich verpackt werden. Flache Pakete bedeuten, dass weniger Luft befördert werden muss. Ikea spart dadurch Transportkosten, denn es können erheblich mehr Möbel in einen Güterwaggon, einen Schiffscontainer oder einen Lkw verladen werden. Der Unterschied ist gewaltig: Würde Ikea die Möbel nicht in Teilen zerlegt und flach verpackt transportieren, sondern in der Form, wie sie später einmal aufgebaut in den Wohnungen stehen, so müsste der Konzern ein Transportvolumen bewältigen, das ungefähr beim Sechsfachen des heute Üblichen liegt. Auch die Arbeitskosten sind bei flachen Paketen erheblich niedriger. Mit ihren Gabelstaplern können Ikea-Mitarbeiter in einem einzigen Arbeitsgang ganze Paletten voller Pakete befördern.

Ständig arbeiten Ikeas Möbelfachleute daran, die Produkte so zu konstruieren, dass sie noch raumsparender als bisher transportiert werden können. Inzwischen bietet Ikea sogar ein Sofa an, das flach verpackt wird und von den Kunden nach Hause transportiert werden kann. Eine Ikea-Designerin entwarf eine Gießkanne aus Kunststoff, die sich im Gegensatz zu gewöhnlichen Gießkannen stapeln und damit raumsparend transportieren lässt.

In ihrem Bemühen, Transportkosten zu verringern, machen die Ikea-Leute nicht einmal vor den Teelichtern halt. Die kleinen Kerzen in Bechern aus Aluminiumfolie, die bei Ikea Glimma heißen, wurden ein Vierteljahrhundert lang lose verpackt in großen Plastikbeuteln verkauft. Beim Transport vom Hersteller in die Möbelhäuser waren die Beutel in großen Pappkartons. Dann aber warf einer der Logistikexperten bei Ikea die Frage auf, ob man die Teelichter nicht vielleicht doch zu kompakten Blöcken stapeln könnte. Mithilfe neuer Maschinen gelang das tatsächlich. Die Platzersparnis war erheblich. Heute benötigt die gleiche Menge Teelichter 30 Prozent weniger Raum. In einen Lkw passen nun 10 800 Beutel, früher waren es 7 560 Beutel.

Ikea bietet Möbel in unterschiedlichen Qualitäten an. Grundsätzlich gilt für das Unternehmen, dass Qualität kein Selbstzweck ist. Die Möbel sollen den Alltagsanforderungen einige Jahre genügen, mehr nicht. Maßgeblich ist der tatsächliche Nutzen eines Möbelstücks. So muss die Oberfläche eines Bücherregals nicht so viel aushalten wie eine Arbeitsplatte in der Küche und kann daher von geringerer Qualität sein. Für Möbelteile, die kaum im Blickfeld der Nutzer stehen wie das Innere von Schubladen oder die Rückseite eines Schrankes, verwendet Ikea billigere Materialien. Es ist daher gut möglich, dass bei einem einzelnen Möbel fünf verschiedene Holzqualitäten verarbeitet worden sind.

Bei der Qualität gibt es eine Untergrenze, die Kamprad in seinem »Testament eines Möbelhändlers« festgelegt hat. Dort schrieb er: »Wegwerf-Artikel passen nicht zu Ikea. Die Freude des Kunden an seinem Kauf muss dauerhaft sein.« Das scheint in aller Regel zuzutreffen. In Warentests bekommt Ikea meist gute Noten. Zuletzt nahmen Tester der Zeitschrift *Öko-Test* 2005 Kinderzimmereinrichtungen unter die Lupe. Mit dem Ergebnis konnte das Unternehmen zufrieden sein. Elf Produkte wurden mit »sehr gut« beurteilt, zwei mit »gut«, zwei mit »befriedigend«. Zwei Lampen erhielten nur ein »ausreichend«, weil sie nach Ansicht der Fachleute zuviel Elektrosmog erzeugten. Eine Matratze wurde für »mangelhaft« befunden, weil sie einen Stoff enthielt, der sich negativ auf das menschliche Immun- und Hormonsystem auswirken kann.

In einem Test der Stiftung Warentest schnitt eine andere Ikea-Matratze dann allerdings im Februar 2005 mit »gut« ab, ihr Preis von 99 Euro sei »unschlagbar günstig«. Der Vergleich zeigte: Vergleichbar gute Matratzen anderer Hersteller kosteten das Sieben- bis Achtfache. In einem weiteren Test, bei dem Kinderhochstühle geprüft wurden, wurde den Ikea-Fabrikaten bescheinigt, dass sie viel Sicherheit für wenig Geld böten. Auch als der *ARD Ratgeber* 2004 Energiesparlampen verglich, darunter solche von Osram und Philips, hieß der »Überraschungssieger: Ikea«.

Spinde für die Sowjetarmee

Einer der Erfolgsfaktoren bei Ikea ist die Auswahl der Hersteller. Nicht selten arbeitet Ikea mit Lieferanten zusammen, die vorher niemals Möbel produziert haben. Der Konzern nutzt systematisch das Know-how, das sich Industriebetriebe mit bestimmten Herstellungsmethoden erworben haben. So wird zum Beispiel der Tisch Moment, dessen Untergestell aus Stahl besteht, von einem Unternehmen gefertigt, das üblicherweise Einkaufswagen für Supermärkte herstellt. Den Kunststoffstuhl Skopa ließ Ikea in den siebziger Jahren von einer Firma produzieren, die sonst Plastikschüsseln und Eimer fertigte. Die stählerne PS Kommode kommt aus einer Fabrik, die früher Spinde für die Sowjetarmee machte. Metallwäschekörbe, wie sie in den neunziger Jahren populär wurden, orderte Ikea bei einem Dosenhersteller.

Ein Bestseller im Ikea-Sortiment war lange Zeit ein Stuhl namens Ögla, dessen Lehne aus im Wasserdampf gebogenen Buchenholzstäben bestand, ähnlich wie bei den berühmten Kaffeehausstühlen der Gebrüder Thonet. Die Produktion in der polnischen Biegemöbelfabrik Fameg war aufwändig und vergleichsweise teuer. Daher überlegten die Ikea-Leute in den siebziger Jahren, ob sie den Stuhl aus Kunststoff herstellen lassen könnten.

Aber das gelang nicht. Auf der Suche nach einer Lösung fragte Ikea-Designer Lundgren bei einem deutschen Chemiekonzern nach. »Sie schickten zwölf Doktoren zu uns, brachten Modelle voller Elektroden mit. Und dann sagten sie uns: Es ist unmöglich, diesen Stuhl aus Kunststoff zu produzieren«, berichtete Lundgren später einem Reporter der Zeitschrift *Max*. Aber die Ikea-Leute ließen nicht locker. Schließlich fanden sie Anfang der achtziger Jahre ein Chemieunternehmen in Schweden, das den Stuhl aus Kunststoff fertigen konnte. Dabei entwickelten die Produktionsfachleute auch noch ein materialsparendes Verfahren, mit dessen Hilfe Gas in den Kunststoff injiziert werden konnte.

Kaum ein Handelsunternehmen arbeitet so eng mit der Industrie zusammen wie Ikea. »Ikea bindet seine Zulieferer so eng an sich, wie wir es fast nur von japanischen Autokonzernen kennen«, schrieb der

Ökonom Heinz-Rudolf Meißner 1992. Nicht selten nehmen Ikeas Fertigungsexperten auch die organisatorischen Abläufe bei ihren Lieferanten unter die Lupe. Der schwedischen Firma Brantorp, die Schubladen für Ikea produzierte, empfahlen sie beispielsweise, auf einen Zwei-Schicht-Betrieb umzustellen, um die Maschinen besser auszulasten. So könne die einzelne Schublade um bis zu 20 Prozent billiger hergestellt werden. Ikea versprach, zum niedrigeren Preis eine größere Menge als bisher abzunehmen.

Ikea verfolgt eine langfristige Preisstrategie. An den im Einzelhandel verbreiteten Rabattschlachten nimmt der Konzern nicht teil. Vize-Europa-Chef Werner Weber hält die Aktionen vieler Konkurrenten für kopflos. Der Einzelhandel untergrabe seine Glaubwürdigkeit, sagt er, und verstärke die Kaufzurückhaltung der Konsumenten. Andererseits operiert aber auch Ikea selbst inzwischen häufiger als früher sowohl im Katalog als auch in den Möbelhäusern mit Hinweisen auf herabgesetzte Preise.

Ikea ist global tätig, aber die Preise unterscheiden sich von Land zu Land. Diese Tatsache nutzte der schwedische Ökonom Gabriel Thulin, um herauszufinden, in welchen Ländern es einen intensiven Wettbewerb auf dem Möbelmarkt gibt. Thulin überlegte sich, dass die Konkurrenz dort am heftigsten sein müsste, wo Ikea besonders niedrige Preise nimmt. Er erhob die Preise von 27 typischen Ikea-Artikeln in 15 Ländern und berechnete daraus einen Index, anschließend verglich er die Werte verschiedener Länder miteinander. Heraus kam, dass US-Amerikaner und Kanadier bei Ikea die niedrigsten Preise zahlen. Die Erklärung ist vermutlich: In den USA ist Ikea nicht Markführer und konkurriert mit mächtigen Handelsgiganten wie Wal Mart und Home Depot. Innerhalb Europas ist Deutschland das günstigste Land für Ikea-Kunden, gefolgt von den Niederlanden. Die höchsten Preise bei Ikea zahlen die Schweden, Finnen und Dänen sowie die Italiener.

Trotz der niedrigen Preise ist Ikea ohne Zweifel ein hochprofitables Unternehmen. Weder die Konzernzentrale noch die einzelnen Landesgesellschaften nennen Gewinnzahlen oder machen Angaben zum Cash Flow. Der britische Journalist Oliver Burkeman will erfahren haben, dass die Gewinnmarge beim durchschnittlichen Ikea-

Produkt zwischen 17 und 18 Prozent beträgt – was ein exorbitant hoher Schnitt wäre, wie er in der Pharmaindustrie üblich ist und nicht im Einzelhandel. Analysten in Stockholm taxieren Ikeas Marge auf 10 Prozent.

Die niedrigen Preise sind wohl der Hauptgrund für den Ikea-Erfolg, während das Design an zweiter Stelle steht. Dabei haben die meisten Ikea-Möbel unbestritten ein ansprechendes Design, obwohl sie billig sind. »Es sieht so aus, als hätten die Ikea-Leute dem britischen Volk Stil aufgezwungen, indem sie ihn billig gemacht haben«, schrieb Jonathan Margolis vor einigen Jahren in der *Financial Times* und mokierte sich über den schlechten Geschmack seiner Landsleute. »Dabei hat Ikea die geschäftliche Grundregel untergraben, wonach noch kein Unternehmen Geld verloren hat, das den britischen Geschmack unterschätzt hat.«

Dem Journalisten war aufgefallen, dass Ikea in Großbritannien eine der wenigen Handelsketten war, bei der Angehörige aller Klassen einkauften – der Hilfsarbeiter, der sich teurere Möbel nicht leisten könne, ebenso wie der gut verdienende Anwalt, dem das Design der Ikea-Möbel besser gefalle als alles andere, was in Großbritannien angeboten werde. Ikea, das Kaufhaus das Klassengrenzen sprengt.

Bei Ikea sind alle gleich. Zumindest über kurz oder lang. Das musste auch der sächsische Ministerpräsident Kurt Biedenkopf erfahren. Zur Preispolitik gehört, dass das Möbelunternehmen grundsätzlich keine Rabatte gibt. Dennoch schafften es Biedenkopf und seine Frau an einem Adventssamstag 2001 bei Ikea in Dresden, auf ihre Einkäufe im Wert von 880 Mark einen Preisnachlass von 132 Mark herauszuschlagen, angeblich durch ein besonders forsches und einschüchterndes Auftreten gegenüber dem Kassenpersonal. »Zwei riesige Bodyguards haben das Personal zusätzlich beeindruckt«, berichtete Einrichtungshauschef Dieter Gilsbach später.

Der Ikea-Rabatt ist dem Politiker dann allerdings nicht gut bekommen. Bald darauf musste Biedenkopf seinen Rücktritt als Ministerpräsident ankündigen, nicht nur, aber auch wegen seines Verhaltens bei Ikea. Das Interessante war, dass Biedenkopfs Vorgehen allgemein als undemokratisch empfunden wurde. »Es war eine Lappalie, aber es war eben der berühmte Tropfen, der das Fass zum

Überlaufen bringt«, kommentierte der Hörfunkjournalist Hubert Maessen. »Biedenkopf oder seine Frau hatten mit der Wucht seines hohen Amtes bei Ikea für einen gewöhnlichen Einkauf 15 Prozent Rabatt rausgeschunden, etwas, was es dort normalerweise überhaupt nicht gibt, etwas, was die dreiköpfige Familie oder alleinerziehende Mutter in der Schlange an der Kasse niemals kriegen würde, und Sie und ich auch nicht.«

Geheimnis 2
Der Stil-Faktor

Ikea ist mehr als ein Möbelhaus, es ist eine Stilschule. Mehr als die meisten Unternehmen, die sich mit diesem Label schmücken, kann Ikea für sich beanspruchen, Lifestyle zu verkaufen. »Wohnst du noch oder lebst du schon?« heißt der Werbeclaim in Deutschland.

Der Erfolg des Firma beruht neben den niedrigen Preisen auf der internationalen Popularität des skandinavischen Einrichtungsstils. Dieser Stil ist natürlich und hell, schlicht und praktisch. Verzichtet wird auf Eleganz und Extravaganz. Skandinavisches Design gilt zum einen als bodenständig und vernünftig, es steht zum anderen für ein selbstbewusstes, ungezwungenes Lebensgefühl.

Als sich Ikea in den Jahren 1973 und 1974 in der Schweiz und Deutschland zu etablieren begann, gelang es der Firma rasch, junge und jung gestimmte Menschen anzusprechen. Die von dem »unmöglichen Möbelhaus aus Schweden« vorgeführte Art, eine Wohnung einzurichten, war leicht und ungekünstelt und sie entsprach dem Zeitgeist nach 1968.

»Das moderne Leben war Ende der sechziger Jahre in Bewegung geraten und nichts sollte sich daheim an harten Kanten verhaken«, erinnert sich Angelika Jahr, Chefredakteurin der Zeitschrift *Schöner Wohnen*. »Mit dem weichen Schaumstoff verloren Sitzmöbel ihre Ecken, und am runden Esstisch verflüchtigten sich die Hierarchien. Ob jüngere Menschen das neue Leben auf einem Matratzenlager probten oder die Gediegeneren in eine Sofakombination investierten – in der Haltung waren alle vereint: Man wollte das Leben lässig angehen.«

Die Stile und Materialien wechselten im Laufe der Jahrzehnte, der Geschmack wandelte sich. Ikea erwarb sich in Deutschland den Ruf, ein einflussreicher Trendsetter der Wohnkultur zu sein. Als das Meinungsforschungsinstitut Emnid 2004 in einer Umfrage unter Bundesbürgern erfahren wollte, ob Ikea den Einrichtungsstil entscheidend beeinflusst habe, antworteten beachtliche 70 Prozent der Befragten mit Ja.

Tatsächlich hat Ikea wie kein anderes Unternehmen dazu beigetragen, dass die Menschen in Deutschland heute entspannter wohnen. Dazu haben nicht nur die hellen, frischen Farben und die strapazierfähigen Materialien beigetragen. Das Möbelunternehmen brachte mit seinem Geschäftskonzept viele Bundesbürger auch schrittweise davon ab, sich komplette Einrichtungen zu kaufen und sich so auf einen Schlag für die Ewigkeit zu möblieren.

Ikea-Möbel ließen sich gut kombinieren, fanden die Kunden, und das gefiel vielen von ihnen an dem Möbelhaus noch besser als das vorteilhafte Preisleistungsverhältnis. Wer sich mit Ikea möblierte, konnte ohne weiteres einzelne Möbel austauschen, Lampen wechseln oder Vorhänge ändern. Was erst in späteren Jahren zum Werbespruch wurde, das traf von Anfang an zu: Die niedrigen Preise halfen dem deutschen Wohnbürger tatsächlich dabei, seine Möglichkeiten zu entdecken.

In gewisser Hinsicht galt das sogar für das Liebesleben, wie Feuilletonisten meinen. »Beziehungstechnisch lieferte Ikea das Mobiliar zu dem, was die Paartherapeuten ›serielle Monogamie‹ nennen: den treuen, aber kurzlebigen Liebesverhältnissen, die für einige Monate oder Jahre auch mal in einer gemeinsamen Wohnung stattfinden«, schreibt Mariam Lau. »Alles war in einer Nacht auf- und abbaubar; aber dass man überhaupt möblierte, deutete Perspektivität an.«

Manche Kritiker werfen Ikea vor, dazu beigetragen zu haben, dass Möbel für viele Menschen zu modischen Austauschartikeln geworden sind. Für den britischen Markenexperten John Simmons ist der Möbelkonzern »ein Symbol dafür, wie die moderne Konsumgesellschaft unser Gefühl für Werte korrumpiert hat«. Niemand kaufe ein Möbelstück bei Ikea, klagt Simmons, um es an die nächste Generation weiterzugeben.

Das ist sicher wahr. Aber war es jemals anders? Auch in Zeiten, als die Möbel noch haltbarer waren als heute, war das Vererben ja nicht das Hauptmotiv der Käufer. Mit der Kritik an einer geringen Nutzungsdauer der Möbel setzt sich Ikea mittlerweile offensiv auseinander. Auf Ikea.de liest der Kunde jetzt: »Und weil sich jetzt jeder öfter mal ein Designprodukt gönnen kann, musst du deine Möbel auch nicht mehr weitervererben. Deine Kinder können somit auch selbst darüber entscheiden, wie sie sich einrichten. Das ist doch auch ziemlich demokratisch, findest du nicht?«

Ikea propagiert einen häufigeren Möbelwechsel in seiner Werbung. Weil der amerikanische Normalverbraucher viel seltener ein neues Sofa als eines neues Auto kauft und seinen Esstisch im Leben genauso selten wechselt wie den Ehepartner, nämlich durchschnittlich 1,5-mal, versuchte Ikea mit einer gezielten Kampagne gegenzusteuern. Ein TV-Spot zeigte das Schicksal einer ausrangierten Lampe. Darin war zu sehen, wie das alte Ding beim Müll auf der Straße landet. Es wird dunkel, beginnt zu stürmen und zu regnen. Als das Mitleid der Zuschauer geweckt ist, erscheint ein Mann auf dem Schirm und sagt mit schwedischem Akzent: »Viele von Ihnen fühlen sich schlecht wegen dieser Lampe. Das kommt daher, dass Sie verrückt sind. Die Lampe hat keine Gefühle. Und die neue ist viel besser.«

Ikea-Möbel in der unteren Preiskategorie sind eher Verbrauchs- als Gebrauchsgüter. Durchkrachende Betten und ausgebrochene Regalhalterungen gehören zur Ikea-Erfahrung wie das Hantieren mit dem Inbusschlüssel. »Wir wollten nicht ewig mit Billy, Sten oder wie sie alle hießen leben«, schrieb Jochen Siemens einmal über sein Leben mit Ikea im *stern*, »aber sie mit uns auch nicht.«

Für manche Kunden liegt die Attraktivität des Unternehmens gerade in der Möglichkeit häufiger Möbelwechsel. Die britische Autorin Elen Lewis hat sogar die These aufgestellt, dass Ikea eine »Changing-Room-Generation« hervorgebracht habe: Menschen wie sie selbst, die ihrer Wohnung alle zwei Jahren mit trendigen Billigmöbeln ein neues Gesicht geben.

Tatsächlich arbeitet Ikea ausdauernd daran, die Einstellung der Kunden zu ihrer Einrichtung zu verändern, weg von allzu großer Anhänglichkeit, hin zu einem häufigeren Stil- und Möbelwechsel. »Wenn man sich sein eigenes Leben anschaut, sieht man, dass es darin für viele verschiedene Lebensstile eine Zeit gibt«, hat Ikeas

Sortiments-Chefin Josephine Rydberg-Dumont 2002 dem US-Journalisten John Leland erzählt. »Das alte, traditionelle Zeug sorgt für das gegenteilige Gefühl, dass sich die Dinge nicht ändern können, dass es wichtiger ist, sich um seine Sachen zu kümmern als um sein Leben. Dabei ist es völlig in Ordnung, wenn man sie ersetzt oder sich von ihnen trennt. Wir glauben nicht, dass wir unser Leben immer nur auf eine Art leben. Unser Verständnis ist: Es sind nur Möbel. Wechsel sie aus!«

Nicht alle Länder nahmen den Ikea-Stil so bereitwillig auf wie etwa Westdeutschland. In solchen Fällen scheute sich der Konzern nicht vor einer aggressiven, herausfordernden Werbung. In Großbritannien etwa machte sich Ikea 1996 daran, die Wohnbürger umzuerziehen. Der Slogan der Kampagne lautete »Chuck out your chintz«, was man wohl am besten mit »Schmeiß den Muff raus« übersetzt. Auf der Insel hatte Ikea erfahren, dass sich viele Verbraucher schwer taten mit schlichten, modernen Möbeln. Sie bevorzugten weiterhin eine plüschige Wohnatmosphäre mit verspielten Blumenmustern und hoch glänzendem Chintzgewebe. Ikea entschloss sich, diese Vorliebe frontal zu attackieren und erregte mit der Kampagne großes Aufsehen. »Stop being so english« hieß ein anderer Slogan.

Eine Welt-Stil-Company

Ikea ist darauf angewiesen, seinen Stil weltweit durchzusetzen. »Wenn wir uns an lokale Märkte anpassen würden, wären wir nur ein weiterer Laden in der Region oder Stadt«, so Konzernchef Dahlvig. »Die Idee ist aber, einzigartig zu sein – einzigartig skandinavisch und einzigartig Ikea.« Selbst in China hat der Konzern deshalb von Anfang an nur drei heimische Artikel in sein Sortiment aufgenommen, um sich an nationale Vorlieben anzupassen: Essstäbchen, einen Wok mit Deckel und ein spezielles Küchenmesser. (Inzwischen verkauft Ikea den Wok weltweit.)

Ohne Zweifel ist Ikea heute so etwas wie die »Stimme des schwedischen Heims in der Welt«, wie das Ulf Beckmann, der Chefredakteur der Stockholmer Zeitschrift *Form*, einmal formuliert hat. Aber das Unternehmen ist noch mehr als das. Ikea gehört heute zu den wenigen Konzernen, die den globalen Massengeschmack beeinflussen können und prägen. Aus dem Möbelhaus ist längst eine Welt-Stil-Company geworden, die dazu beiträgt, die kulturelle Heterogenität einzuebnen.

Warum ausgerechnet das skandinavische Design weltweit so populär geworden ist, das lässt sich nur beantworten, wenn man dessen Wurzeln kennt und die Umstände, unter denen es sich herausbildete. Zu den Bedingungen gehört, dass die skandinavischen Länder eine raue, bisweilen unwirtliche Natur haben. Die langen und dunklen Winter banden die Menschen an ihre Häuser und Wohnungen, und so wurde Behaglichkeit in Schweden und seinen Nachbarländern zu einem wichtigen Wert.

Anders als in Ländern, denen es an Sonne und Licht selten mangelt und in denen die Bürger überwiegend in Städten, in urbaner Öffentlichkeit leben, waren in einem bäuerlichen, dünn besiedelten Land wie Schweden die Wohnungen der Mittelpunkt im Leben der Menschen. Sie hatten den alltäglichen Bedürfnissen ihrer Nutzer zu dienen, und nicht etwa der Repräsentation. Die Menschen in Schweden fanden Gefallen an hellen und freundlich anmutenden Materialien und einer geradlinigen Gestaltung. Helle Farbtöne an Wänden und Decken halfen ihnen, das Licht zu maximieren. Bei der Formgebung von Möbeln und Gerätschaften ging funktionale Schlichtheit vor schmuckreicher Eleganz. Symmetrie und eine klare Linienführung prägten das Bild.

Bereits um 1900 wurde diese schwedische Wohnkultur auch in Deutschland populär. Dafür sorgte der schwedische Maler Carl Larsson, dessen Bücher im Reich Kaiser Wilhelms II. zu echten Bestsellern wurden. In diesen Bilderalben präsentierte Larsson einen in Teilen neuartigen Lebens- und Wohnstil, den er gemeinsam mit seiner Frau Karin entwickelt hatte. Dieser besondere Stil sollte den Geschmack vieler Menschen nicht nur in Schweden prägen, sondern auch in anderen Ländern Europas und sogar in den USA.

Wer war dieser Mann, der fast im Alleingang einen Stil kreierte und ihn über die Grenzen Schwedens verbreitete? Carl Larsson, 1853 in Stockholm geboren, wuchs in großer Armut auf. Ein Lehrer entdeckte sein zeichnerisches Talent und ebnete ihm den Weg in die Vorbereitungsklasse der Kunstakademie. Nach dem Studium ging Larsson 1877 nach Frankreich, um zu malen. In der Fremde traf er die schwedische Künstlerin Karin Bergöö und verliebte sich auf der Stelle in sie. Das Paar heiratete, und einige Jahre nach ihrer Hochzeit bekam es von Karin Larssons Vater ein altes Holzhaus auf dem Lande geschenkt, welches bis dahin von zwei alten Tanten Karins bewohnt worden war.

Das Haus der Larssons in Sundborn

Dieses Haus, gelegen in Sundborn in der Provinz Dalarna, wurde zum Mittelpunkt im Leben und Schaffen Carl Larssons und seiner Frau. Die Larssons schufen sich ein Heim nach ihrem eigenen Geschmack, mit ansprechenden Interieurs und harmonisch aufeinander abgestimmten Farben. Bei der Einrichtung kombinierte das Künstlerpaar unbekümmert Traditionelles mit Modernem. Karin Larsson entwarf Teppiche, Tapeten, Tischdecken und auch Möbelstücke. Holz dominierte das Ambiente, es wurde sowohl für Böden und Decken als auch für Wandverkleidungen verwendet. Und doch entstand dabei keine Einförmigkeit. Denn an einer Stelle war das Holz farblos gebeizt, an anderer in zarter Farbe gestrichen. Einen Schaukelstuhl, den sie entworfen hatte, strich Karin Larsson rot an.

Bei den Larssons atmete jedes Zimmer eine andere Atmosphäre, aber alles war frisch, luftig und leicht. Die Räume waren ungewöhnlich sparsam möbliert und wirkten angenehm großzügig. Dieser Stil stand in einem Gegensatz zur damaligen Mode des Bürgertums in Schweden und anderen europäischen Ländern. Vielen Angehörigen dieser Klasse gefiel es, die Wohnräume zum Zwecke der Repräsentation mit schweren, dunklen Stilmöbeln buchstäblich voll zu stellen. Besonders beliebt waren dabei mit Brokat und Samt bezogene Polstermöbel und mächtige Vorhänge. Dagegen standen im Haus der Larssons die Möbel an der Wand, und die Mitte des Raumes blieb frei. Das Künstlerpaar schuf einen Stil, der im bewussten Kontrast stand zu der düsteren, schwülstigen Atmosphäre des bürgerlichen Salons und dessen Pomp.

Das Haus konnte sich sehen lassen – und Carl Larsson hatte das Bedürfnis, es zu zeigen. Der Maler fertigte eine Vielzahl heiterer Aquarelle, die das Haus von innen und außen darstellten. Diese Bilder erschienen 1899 unter dem Titel *Ett Hem* (Ein Heim) als Buch. »Das Ergebnis dieser Umgestaltung meiner Hütte ist es, welches ich euch zeigen will«, wandte sich Larsson an seine Leser, »weil ich meine, hierbei so verständig zuwege gegangen zu sein, dass es als Vorbild dienen könnte für Viele, welche das Bedürfnis haben, ihr Heim in netter Weise einzurichten.«

Larsson kultivierte zwar den Rückzug ins Familiäre, aber er sah sich gleichzeitig als Sozialreformer und hatte sich zum Ziel gesetzt, »den Geschmack und das Familienleben zu reformieren«. Der Maler, der selbst von der englischen Arts & Crafts-Bewegung und ihrer Orientierung auf einen Landhausstil beeinflusst worden war, propagierte in Schweden eine Rückbesinnung auf die bäuerliche Wohnkultur und eine Einrichtung, die die Bedürfnisse aller Hausbewohner respektierte – auch die der Kinder.

Die Larssons hatten sieben Kinder, die im Leben und in den Bildern des Malers eine große Rolle spielten. Der Maler zeichnete und beschrieb seine Töchter und Söhne als eigenständige kleine Menschen, was ungewöhnlich war in der damaligen Zeit. Larsson pries die Kinder in den höchsten Tönen: »Glück? Ganzes Glück gibt es nicht! Der Schuh drückt stets irgendwo, und das ebenso gut bei denen, die viele Schuhe besitzen, als bei denen, welche gar keine haben. Aber die Kinder – und von ihnen handelt eigentlich dieses Buch – sind die Träger unserer Hoffnungen und unserer Sehnsucht. Diese sind ebenso wie Du und ich totgeboren. Und doch: ihre rosigen Wangen und dicken krummen Beinchen, ihr fröhliches Geplapper, ihre bitteren Puppen- und Schularbeitssorgen, ihre verdrehte Ausdrucksweise, ihr Appetit, all' dieses erregt unser Entzücken, wir lachen, bis uns die Tränen an den von des Lebens Sorge durchfurchten Wangen herunterrollen, und wir drücken sie fast tot, diese Kleinen und danken Gott, dass er sie uns gab, denn wenn wir einst fort sind, dann – zum Kuckuck! – sind diese noch da!«

In Deutschland erschienen Larssons Bücher nach der Jahrhundertwende unter den Titeln *Unser Heim*, *Das Haus in der Sonne* und *Das Leben auf dem Lande*. Sie waren große Erfolge und sie vermittelten dem Publikum im Kaiserreich ein ansprechendes Bild schwedischer Wohnkultur. Die meisten deutschen Betrachter der Bilder Larssons standen damals in den Städten unter dem starken Eindruck der Industrialisierung und waren ergriffen und gerührt von dem Idyll, das ihnen der Schwede präsentierte.

Das Künstlerehepaar setzte Trends. »Mit ihren Vorschlägen für Kleidung, Ernährung, Design, Möbel und Architektur nahmen die Larssons die Idee ganzheitlicher Lebensentwürfe vorweg, die bald darauf etwa vom Bauhaus verfolgt wurden«, meint die Kunsthistorikerin Renate Puvogel – eine Idee, so kann man ergänzen, die einige Jahrzehnte später von Ikea aufgenommen wurde.

Für den Möbelkonzern ist Larsson heute so etwas wie ein ideeller Ahnherr, und Ikea bekennt sich zu diesen Wurzeln. Als das Werk der Larssons 1997 in einem Londoner Museum ausgestellt wurde und das Paar als »Schöpfer des schwedischen Stils« gewürdigt wurde, unterstützte Ikea die Schau finanziell.

Am Ende des 19. Jahrhunderts standen die Larssons mit ihren Ideen in Schweden nicht allein. Die Schriftstellerin und Sozialreformerin Ellen Key setzte sich ebenfalls sehr für eine Ästhetisierung des Alltagslebens ein. *Schönheit für alle* hieß ihr Buch, das 1899 erschien. Darin formulierte Key das Credo: »Menschen arbeiten besser, fühlen sich besser und sind glücklicher, wenn sie schöne Farben und Formen in den Dingen erleben, die sie täglich zu Hause umgeben, so bescheiden diese auch sein mögen.«

Ellen Key war davon überzeugt, dass es von großem Einfluss auf die Entwicklung der Menschen war, wie sie ihr »Heim« ausstaffierten. Wie die Larssons propagierte die Volkspädagogin eine Einrichtung, die auf Schlichtheit und Nützlichkeit abzielte und auf überladene Ornamentierung verzichtete. Ehrlich und reell sollte es in der Wohnung zugehen, forderte sie. Einer solchen Schmucklosigkeit und Kargheit wurde geradezu eine moralische Qualität beigemessen. Mit der von ihr formulierten Wohnästhetik wollte Key einen Beitrag leisten zur Modernisierung ihres Heimatlandes, das damals sowohl wirtschaftlich als auch kulturell rückständig war.

Tatsächlich ist das, was als schwedisches Design und schwedischer Lebensstil weltweit erfolgreich werden sollte, in vielerlei Hinsicht aus der Not geboren. Um die Auswanderung zu stoppen, durch die Schweden zusehends entvölkert wurde, beschloss eine Stockholmer Kommission 1913 eine Reihe von Aktivitäten, die das Land für seine Bewohner lebenswerter machen sollten. Im Rahmen dieser Initiative sollten preiswerte und schön gestaltete Möbel und Haushaltswaren dazu beitragen, dass sich die Menschen in ihrem Zuhause wohl fühlten. Künstler sollten bei der Gestaltung von industriell gefertigter Massenware helfen. »Formgestaltung ist eine Angelegenheit für alle Menschen, nicht nur für die, die sie sich leisten können«, schrieb der Direktor des schwedischen Kunstgewerbeverbandes Gregor Paulsson 1919 in seinem Buch über *Schönere Alltagswaren*.

Ein Mann ohne Geschmack

An diese Traditionen knüpfte Ikea an, als es sein Programm eines »Demokratischen Designs« konzipierte. Dabei wäre es sicher falsch zu sagen, dass Ikea von Anfang an ein designorientiertes Unternehmen gewesen wäre. Noch in den sechziger Jahren gab in Kamprads Firma häufig der Einkauf den Ausschlag in der Frage, welche Stilrichtungen Ikea einschlug. Weil das Unternehmen damals in Polen billig Eichen kaufen konnte, nahm es beispielsweise zahlreiche Möbel aus diesem Holz ins Sortiment. Erst später konzentrierte sich Ikea auf helles Kiefernholz, wie es vor allem die tschechischen Lieferanten günstig verarbeiten konnten.

Im Denken des Ikea-Gründers spielte das Design immer nur eine nachgeordnete Rolle. Die Formgestaltung interessierte Kamprad vor allem dann, wenn es darum ging, den Preis eines Möbelstückes zu senken. Ihn begeisterten Herstellungsverfahren wie die »board on frame«-Technik, die sich die Ikea-Leute bei Türenherstellern abgeguckt haben. Dabei werden auf beide Seiten eines Rahmens dünne Hartfaserplatten aufgezogen. Auf den Betrachter wirken die hohlen Wände und Oberflächen, als wären sie massiv. So lassen sich mit wenig Material und geringen Kosten solide wirkende Schränke, Regale und Tische produzieren. Solcherart Gestaltung gefällt Kamprad: Es sieht gut aus und ist billig.

Der Ikea-Gründer ist erklärtermaßen kein Ästhet. Mit Kulturgeschichte hat er sich nie befasst, wie er sich überhaupt nur ungern mit der Vergangenheit auseinander setzt. Kamprad sah und sieht sich selbst als Händler für breite Bevölkerungskreise, als einen Mann des Massengeschmacks, und er hegt Vorbehalte gegen Avantgardistisches.

Andere Menschen innerhalb und außerhalb des Unternehmens haben dafür gesorgt, dass Ikea auch auf dem Feld der Gestaltung zu einer führenden Kraft wurde. Männer wie der gelernte Grafiker Gillis Lundgren, der mehr Ikea-Möbel gestaltet hat als jeder andere. Oder der dänische Designer Niels Gammelgaard, der seit den siebziger Jahren für Ikea arbeitet, und 1985 ein viel bewundertes Sofa mit dem Namen Moment entwarf. Ein Ikea-Klassiker ist auch der Schwingsessel Pöang, den der Japaner Noburu Nakamura in den siebziger Jahren entwickelt hat. Und Peter Röing erhielt für die Gestaltung der Ikea-Halogenlampe Pianino 1986 sogar einen Preis für »Hervorragendes Schwedisches Design«.

Neun Jahre später ließ Ikea zur Mailänder Möbelmesse überall in der Stadt Transparente mit dem Motto »Demokratisches Design« anbringen und präsentierte die anspruchsvoll gestaltete PS-Serie. Diese Möbel waren von jungen Designern wie Stefan Ytterborn, Thomas Sandell und Thomas Eriksson entworfen worden. Die Novitäten standen in einem alten Gewächshaus und hatten, anders als sonst auf der Messe üblich, ein Preisschild. Das Design fand Anerkennung in Fachkreisen. »Die PS-Kollektion ist wie ein lichter Traum in einem modernistischen Arkadien«, schwärmte Ulf Beckmann in der schwedischen Zeitschrift *Form*.

Einer der Mitwirkenden, Ytterborn, klagte später aber in einem Interview: »Ingvar Kamprad verbindet mit dem Begriff Design etwas Luxuriöses, Überflüssiges, fast Vulgäres.« Während der Vorbereitung der Kollektion hätten die jungen Designer mit dem Patriarchen keinerlei Kontakt gehabt, aber gehört, dass ihm das ganze Vorhaben nicht gefalle. »Er hat das Designprojekt gehasst«, glaubt Ytterborn.

Im Anschluss an die Mailänder Möbelmesse erhielten die Designer mehrere Auszeichnungen. Thomas Sandells auffällige Sitzkiste, eine Art von Rollkommode, galt bald sogar als Designklassiker. Die avantgardistische PS-Kollektion wurde inzwischen zwar mehrfach erneuert, sie geht heute allerdings im großen Ikea-Sortiment unter.

Die Meinungen über die Qualität des Ikea-Designs gehen heute ziemlich auseinander. »Wenn es in der Welt des Designs so etwas wie einen Konsens über Ikea gibt«, schrieb Jonathan Margolis 2000 in der *Financial Times*, »dann ist es die Einschätzung, dass es nichts besonderes ist.«

Aber gibt es einen solchen Konsens wirklich? Oder hat sich nicht schon eine andere Einschätzung durchgesetzt? Mittlerweile wird auch in der Designszene immer öfter anerkannt, dass Ikea mehr ist als ein billiger Lieferant von Einrichtungsmassenware. »Wenn man sich die Geschichte von Ikea anschaut, so war das Design in den ersten Jahren ziemlich schrecklich«, sagt Alexander von Vegesack, Direktor des Vitra Design Museum in Weil am Rhein, der 1999 eine Ausstellung über Ikea gemacht hat. Aber das Unternehmen habe sich laufend verbessert.

»Ikea ist ein Beispiel, wie sich Designkultur innerhalb eines Großkonzerns entwickelt, und auch in dieser Beziehung ein schwedisches Modell«, schreibt Bernd Polster in dem von ihm herausgegebenen *Design-Lexikon Skandinavien* und nennt das Möbelunternehmen »ein Lifestyle-Haus für alle«. Und der Designer Mats Theselius, Professor der Göteborger Hochschule für Design und Kunsthandwerk, sagt über seine Landsleute und ihre Vorzeigefirma: »Wir Schweden sind bekannt als rationales, praktisch denkendes Volk, das in jeder Hinsicht versucht, den Traum eines Lebens mit Leichtigkeit für jeden zu ermöglichen. Ikea steht genau für dieses Lebensgefühl. In seinen Wohnkonzepten findet sich der Gedanke wieder, freies und demokratisches Design zu entwickeln, das sich von unnötigen Zwängen befreit und dem Wohlbefinden des Menschen dient.«

Selbst der wohl renommierteste Designer der Gegenwart Philippe Starck hat keine Berührungsängste mit dem Möbeldiscounter. Als Starck vor einigen Jahren die Arbeit internationaler Möbelgestalter beurteilen sollte, da fand er lediglich für den englischen Kollegen Jasper Morrison anerkennende Worte – und fügte einschränkend hinzu:

»Aber wenn ich einen Tisch von Morrison will, muss ich tausend Euro hinblättern. Da gehe ich lieber zu Ikea.«

Die schwedische Designerin Gunilla Allard, die auch als Filmausstatterin arbeitet und Anfang der achtziger Jahre an Ingmar Bergmans Werk *Fanny und Alexander* mitgewirkt hat, preist Ikea in höchsten Tönen: »Ich glaube, Ikea ist eine fantastische Firma. Sie machen etwas Schlichtes, Ökologisches und sehr Preiswertes ... es ist leicht glücklich zu werden, wenn man zu Ikea geht.« Allard, die selbst nicht für Ikea arbeitet, bescheinigt dem Konzern die Kraft zur innovativen Gestaltung: »Man findet dort viele frische Ideen.«

So geht es auch den meisten Kunden des Möbelhauses. Auf viele Besucher übt Ikea eine fast magische Anziehungskraft aus, es ist eine Art Kult. Studenten der Fachhochschule Stuttgart/Hochschule für Druck und Medien fragten Ende der neunziger Jahre mehr als 200 Ikea-Kunden, warum sie dort einkauften. Die Antworten, die sie bekamen, bezogen sich selten auf die Preise. Es ist offenbar etwas anderes, was Ikea ausmacht: »Die Einkaufsatmosphäre, die einem das Gefühl gibt, auf einem orientalischen Bazar zu sein, die schrillen Farben der Möbel und Accessoires, die einem suggerieren, dass man jung ist und ein aufregendes Leben führt, die witzige Werbung, die sich von anderen Möbelhäusern abhebt. Es geht nicht nur um die Gegenstände, die man kaufen kann, es geht um das Lebensgefühl: Ich bin dabei, ich bin mitten im Leben, wenn ich bei Ikea einkaufe.«

Dabei ist schon lange nicht mehr alles stylish und modern, was Ikea in seinen Einrichtungshäusern anbietet. Skandinavisches Design findet sich mittlerweile durchaus in unterschiedlichen Stilrichtungen. Im Laufe der Jahre ist dieses Spektrum kontinuierlich erweitert worden. Der Kulturwissenschaftler Thomas Düllo sieht die Kunden des Möbelunternehmens daher in einer »großen Ikea-Stilfamilie« vereinigt. Sie unterschieden sich dabei durch ihren individuellen Stilmix und durch die Zugehörigkeit zu einer bestimmten Ikea-Stilepoche.

Es ist eine Gratwanderung. »Je mehr Läden wir bauen und je stärker wir unseren Marktanteil ausbauen, desto mehr müssen wir Wege finden, um ein breiteres Publikum anzusprechen«, meint Konzernchef Dahlvig. »Skandinavisches Design und skandinavischer Stil sind eine Nische und nicht jedermanns Geschmack. Aber wir wollen nicht ein herkömmlicher Möbellieferant von vielen sein. Skandinavisches Design ist das, was uns einzigartig macht. Wir müssen eine Balance finden.«

Dabei geht Ikea auch schon mal weit zurück in die schwedische Kunstgeschichte. So entdeckten die Designer in den neunziger Jahren den Wohnstil der gustavianischen Zeit für sich und brachten eine Serie von Möbeln auf den Markt, die von dieser Epoche inspiriert waren. Unter der Herrschaft von Gustav III. in den Jahren 1771 bis 1792 waren in Schweden Interieurs von einer schlichten Eleganz entstanden, bei denen zarte Grau-, Blau- und Gelbtöne das im Rokoko beliebte Gold ersetzten. Ikea übersetzte den Stil in die Neuzeit.

In den vergangenen Jahren war Ikea vor allem mit Möbeln im Landhausstil sehr erfolgreich. Viele der meistverkauften Produkte gehören gegenwärtig in dieses Segment. Daneben gibt es drei weitere Basisstile bei Ikea: den klassisch-skandinavischen Stil, mit dem Ikea groß geworden ist, den minimalistisch-modernen Stil und die jugendlich-schwedische Linie mit ihren preisgünstigen Einfachmöbeln.

Nach Einschätzung von Lena Simonsson-Berge, einer altgedienten Design- und Marketingmanagerin des Ikea-Konzerns, gibt es in Europa gegenwärtig nur zwei Länder, in denen eine Mehrheit der Bevölkerung einen modernen Wohnstil der traditionellen Einrichtung vorzieht: Dänemark und die Niederlande. In allen anderen europäischen Ländern sei der konventionelle Geschmack vorherrschend, ebenso in den USA. Allerdings deute sich ein Umbruch an. Immer mehr Menschen bevorzugten einfach zu reinigende Wohnungen und verzichteten deshalb auf Zierrat ebenso wie auf Gardinen und Vorhänge. In Küchen und Wohnzimmern ziehen neue elektronische Geräte wie großformatige TV-Flachbildschirme zunehmend den Wunsch nach einer moderneren Einrichtung nach sich. Ikea will von diesem Trend profitieren und ihn befördern. Trotz der Erfolge mit dem Landhausstil verkauft Ikea schon heute insgesamt mehr Möbel in modernem Design (Umsatzanteil: 70 Prozent).

GEHEIMNIS 3
Der Bullerbü-Faktor

Ikeas Farben in der Welt sind blau und gelb, die Farben der schwedischen Nationalfahne. Auch das Logo und die Außenwände der kastenförmigen Einrichtungshäuser sollen die Aussage transportieren: Ikea ist Schweden. Im Möbelhaus tragen die Mitarbeiter gelbe Poloshirts und blaue Hosen. Fotowände zeigen schwedische Landschaften: Bohuslän, Värmland, Blekinge. Der Kinderspielraum heißt »Småland«.

In seinem »Testament eines Möbelhändlers« hat Kamprad in den siebziger Jahren die Linie vorgegeben: »Das Grundsortiment soll in Skandinavien für ›typisch Ikea‹ stehen und außerhalb von Skandinavien für ›typisch schwedisch‹.« Das sei der vielversprechendste Weg für Ikea, wenn es sich außerhalb seiner schwedischen Heimat durchsetzen wolle. »Ich wiederhole immer wieder, dass wir den Belgiern nicht beibringen müssen, belgische Kommoden zu kaufen, das können sie selbst. Was wir ihnen näher bringen können, ist das Nordische, das ist Teil unseres Konzepts.«

Auf dem internationalen Markt ist in aller Regel von Vorteil, wenn eine Marke eine klare nationale Identität aufweist. Das gilt nicht nur für Ikea, sondern auch für andere erfolgreiche Unternehmen wie Coca Cola, Mercedes oder Swatch. Auf dem Weltmarkt prägen nicht nur die Qualität und die Werbung das Bild einer Marke oder eines Produktes. Auch das Image ihres Heimatlandes färbt auf Unternehmen ab.

Wofür steht Schweden? Der Staat im Norden ist nicht nur für viele Deutsche das Bullerbü-Land. Die Bücher von Astrid Lindgren sind in 58 Sprachen übersetzt worden und haben allein in Deutschland eine Auflage von mehr als 20 Millionen Exemplaren erreicht. Mit ihren Kindergeschichten hat Lindgren vielen Lesern eine bestimmte Vorstellung von Schweden eingepflanzt. In ihren Büchern zeichnete die Schriftstellerin das Bild einer unaufgeregten und heimeligen Welt mit intakten glücklichen Familien, und Ikea versucht heute, davon zu profitieren.

»Schweden hat zweifelsohne etwas grundlegend Sicheres, Freundliches und Gemütliches, das bei vielen Gästen Erinnerungen an sorglose Stunden der Kindheit weckt«, steht in einer Tourismusbroschüre des Landes, die nicht zufällig in den deutschen Ikea-Häusern ausliegt. Auch die Bücher von Astrid Lindgren gibt es in den Möbelhäusern inzwischen zu kaufen.

Modell Schweden

Auch in politischer Hinsicht steht Schweden in dem Ruf, eine Gesellschaft mit einem erstrebenswerten Bullerbü-Zusammenhalt zu sein. Auf der internationalen Bühne verkörperte das Land im Norden in den Nachkriegsjahrzehnten den sozialen Fortschritt. Schweden galt vielen Menschen in Europa als Hort der Gleichheit und Gerechtigkeit, als Heimat von Emanzipation und Gleichberechtigung zwischen den Geschlechtern.

Als Ikea 1974 nach Deutschland kam, war Schweden in den Augen vieler politisch denkender Menschen ein Vorbild. Einige große Persönlichkeiten hatten das Bild des Landes in der Welt geprägt. Der Schwede Dag Hammarskjöld war 1953 zum Generalsekretär der Vereinten Nationen gewählt worden. Er erfand in dieser Position die UN-Friedenstruppen und legte Wert darauf, dass die Interessen der kleinen Länder gegenüber den Großmächten gewahrt wurden. 1961 kam Hammarskjöld auf dem Weg zu einer Friedensmission im Kongo bei einem Flugzeugabsturz unter rätselhaften Umständen ums Leben. Ob es ein Unfall oder ein Anschlag war, blieb ungeklärt. Posthum erhielt er den Friedensnobelpreis.

Die Preise, die der schwedische Industrielle Alfred Nobel gestiftet hatte, trugen ebenfalls zum guten Rufe Schwedens in der Welt bei. Seit sie 1901 zum ersten Mal verliehen wurden, gelten die Nobelpreise als die weltweit wichtigsten Auszeichnungen, mit denen herausragende Menschen geehrt werden. Die Preise für Naturwissenschaftler, Mediziner, Schriftsteller und Ökonomen werden jedes Jahr in Stockholm verliehen, und bei dieser Gelegenheit kann sich Schweden in der Rolle einer obersten Instanz in Fortschrittsfragen präsentieren.

Schweden ist der Inbegriff einer friedlichen Macht. Das Land hat seit 1814 keinen Krieg mehr geführt. Schweden verfolgt seither eine Politik der Neutralität. Das bedeutet allerdings nicht, dass sich die Stockholmer Regierung auf der internationalen Bühne immer nur passiv und still verhielte. Ministerpräsident Olof Palme verurteilte zum Beispiel scharf die Niederschlagung der Demokratiebewegung in der Tschechoslowakei durch die Sowjets. In den sechziger und siebziger Jahren baute er enge Kontakte zu den Befreiungsbewegungen in Asien und Afrika auf.

Schweden galt vielen Menschen in Deutschland und anderswo als Inkarnation der Idee von Fortschritt und Moderne. »Wenn ich die Wahl hätte, ob die Bundesrepublik ein kleines Amerika oder ein großes Schweden werden soll, wäre ich für das große Schweden«, sagte der Sozialdemokrat Erhard Eppler Anfang der siebziger Jahre und sprach vielen Deutschen aus dem Herzen.

Im Oktober 1972 erschien der *Spiegel* mit einer blau-gelben Fahne auf dem Titel, die Schlagzeile lautete: »Schweden – Modell für Bonn?« In dem Artikel priesen die Redakteure den Wohlfahrtsstaat im Norden hymnisch: »Es ist nicht nur das Land, in dem die Menschen die höchsten Löhne Europas, die meisten Autos, Telefone, Fernsehgeräte, Wochenendhäuser und Motorboote haben«, hieß es da. »Schweden hat die Armut ausgerottet, hat früher als alle anderen Länder die Arbeitslosigkeit überwunden. Es hat die Slums restlos ausgemerzt, die Unwissenheit weitgehend beseitigt und gleiche Bildungschancen für alle geschaffen. Es hat seinen Wohlstand gerechter verteilt als alle anderen Länder.« Zwar enthielt der Artikel auch einige kritische Bemerkungen, aber das Fazit lautete, dass Schweden »ein Modell auch und gerade für die Bundesrepublik« sei.

Verkörpert wurde das Modell Schweden über viele Jahre durch seinen Premier Olof Palme. Er machte sich in der Welt einen Namen, weil er als erster Regierungspolitiker des Westens den Vietnamkrieg der USA kritisierte. Palme unterstützte die Ostpolitik Willy Brandts und engagierte sich in der Sozialistischen Internationale. Er setzte sich für eine stärkere Unterstützung der Dritten Welt ein, leitete eine nach ihm benannte Abrüstungskommission und vermittelte im ersten Golfkrieg zwischen Iran und Irak. Es war ein Schock für Schweden und die Welt, als Palme 1986 auf offener Straße in Stockholm erschossen wurde. Bis heute ist die Tat nicht aufgeklärt, und das Bild vom heilen Schweden hat seither Risse.

Als Ikea in den siebziger Jahren nach Deutschland kam, genoss Schweden aber nicht nur bei der politischen Linken ein hohes Ansehen. Auch viele konservativ denkende Menschen in Deutschland, selbst Kleinbürger, hatten damals ein ausgesprochen positives Bild von Schweden. Für sie war es das Königreich, dessen Monarch Carl XVI. Gustav sich 1972 in die deutsche Olympiahostess Silvia Sommerlath verliebt hatte und sie durch die Heirat 1976 zur Königin machte – eines der ganz großen Themen in der deutschen Regenbogenpresse.

Abba als Soundtrack

Am Tag vor der königlichen Hochzeit in Stockholm spielte die Popgruppe Abba zu Ehren der Braut zum ersten Mal das Lied »Dancing Queen« im schwedischen Fernsehen. Abba waren im April 1974 international populär geworden, als sie mit dem Song »Waterloo« den Eurovision Song Contest gewannen. In den folgenden Jahren landeten Abba einen Hit nach dem anderen und feierten mit ihren Synthesizerstücken und Scheinwerfershows weltweit Erfolge, auch in den USA und in Australien. Das Interesse des Publikums an der Band nahm sogar noch zu, als sich die beiden Ehepaare, aus denen Abba bestand, trennten. Die Platten verkauften sich selbst dann noch bestens, nachdem die Gruppe 1982 auseinander gegangen war. Nun erwies sich, dass es sich bei diesen vier schwedischen Musikern um stilbildende Pioniere der modernen Popmusik handelte.

Abba lieferten sozusagen den Soundtrack der siebziger Jahre und gaben damit auch Ikea Rückenwind. In Deutschland begann der Abba-Erfolg ein halbes Jahr vor der Eröffnung des ersten Ikea-Hauses in München. Die Band stand für ein junges, lebensfrohes Schweden. Das war ein Image, von dem Ikea einerseits profitierte und zu dem es andererseits auch selbst beitrug.

Ein wichtiger kultureller Exportschlager Schwedens waren und sind die Kriminalromane. In den sechziger und siebziger Jahren waren es vor allem die Bücher des Autorenduos Maj Sjöwall und Per Wahlöö, die deutsche Leser fesselten und ihnen einen Blick auf die schwedische Gesellschaft ermöglichten. Später zogen Henning Mankell, Liza Marklund, Åke Edwardson und Håkan Nesser die Leser in ihren Bann. Die schwedischen Autoren erwiesen sich als Meister darin, in ihren Krimis und Thrillern politische und soziale Themen zu behandeln. Sie profitierten aber auch von einer Sehnsucht der Leser nach Stille, Weite und Einsamkeit.

Der schwedische Journalist Thorsten Ehrenmark hat die zahlreichen Vorzüge seines Landes treffend-ironisch auf den Punkt gebracht. »Wir sind zu schüchtern, um es offen zu sagen, aber wir meinen es so: Wir sind in allem die Besten der Welt. Wie könnten wir etwas anderes sein, mit unserer Sozialgesetzgebung, unseren Häusern, Möbeln, unserem Design, unseren hübschen Mädchen, der freien Moral, unseren Autos und unserem technischen Know-how und unserem Smörgåsbord? Welche andere Nation kann schon so viele kleidsame Attribute von sich aufzählen, ohne nur eine Schwachstelle zugeben zu müssen? Wir sind die Musternation und das Weltgewissen in einem, das Land, das seine Bürger von der Wiege bis ins Grab schützt.«

Zu Anfang der neunziger Jahre sah es allerdings eine Zeit lang so aus, als hätte Schweden seine Vorreiterrolle verloren. Eine wuchernde Staatsverschuldung, wachsende Massenarbeitslosigkeit und eine schwache Währung stellten das »Modell Schweden« infrage. Der Wohlfahrtsstaat schien nicht mehr finanzierbar, das Musterland in einer Sackgasse. Durch eine Reihe von Reformen gelang es den schwedischen Sozialdemokraten unter Ingvar Carlsson und später Göran Persson, die Probleme in den Griff zu bekommen. Heute gilt Schweden international wieder als ein Vorbild, als ein Land, das einen Weg gefunden hat, Marktwirtschaft und Sozialstaat so zu kombinieren, dass die Wirtschaft dabei wächst. Schweden ist überdies ein Land, in dem nicht nur die Hälfte aller Parlamentsabgeordneten weiblich ist, sondern auch die Gleichberechtigung weiter fortgeschritten ist als überall sonst auf der Welt.

Schwedisches Disneyland

Ikea sorgt auf vielfältige Weise dafür, dass das Unternehmen von seinen ausländischen Kunden als schwedisch empfunden wird. Den deutschen Markt eroberte Ikea in den Siebzigern im Zeichen des Elches. Mit diesem Maskottchen positionierte sich das Möbelunternehmen als kinderfreundliches, aufgeschlossenes Unternehmen. Der Elch wurde daraufhin in Deutschland zu einem populären Tier, was allerdings dazu führte, dass deutsche Touristen bei ihren Reisen durch Schweden unzählige Elch-Warnschilder abschraubten, um sie sich daheim in den Garten zu stellen. Die Schweden selbst teilen die sentimentale Leidenschaft für Elche übrigens nicht. Für viele Schweden sind die oft 500 Kilogramm schweren Tiere in erster Linie eine tödliche Gefahr im Straßenverkehr und Verursacher großer Waldschäden. Gegen den um sich greifenden Schilderklau setzten sich die Schweden schließlich zur Wehr, indem sie die Elch-Warnschilder als Souvenirs zum Verkauf anboten.

Auch in seinen Restaurants macht Ikea sehr auf schwedisch. »Hungrige Mägen kaufen keine Möbel«, hat Ingvar Kamprad früh erkannt und seinem Möbelhaus in Stockholm Anfang der siebziger Jahre ein Speiselokal angeschlossen. Heute erfüllen die Restaurants mit ihren schwedischen Speisen im globalen Ikea-Reich unter anderem auch die Funktion, dem internationalen Möbelmulti ein nationales Gesicht zu geben. Köttbullar mit Preiselbeeren und Kartoffeln sind ein weltweiter Verkaufsschlager. Im Ikea-Restaurant gibt es auch Pyttipanna, ein Gericht aus gewürfelten Bratkartoffeln mit Geflügel und Rote-Beete-Sauce.

Kräuterlachs bietet Ikea als Örtlax an und man bekommt nicht einfach Apfelkuchen, sondern »schwedischen Apfelkuchen«. Das Stück Mandelkuchen mit Kaffee in beliebiger Menge heißt »Schwedische Kaffeepause« auch dann, wenn es in Chemnitz und Kassel verzehrt wird. Damit auch die Kleinen schon lernen, wes Landes Kind Ikea ist, kocht das Möbelhaus für sie Elchnudeln mit Tomatensauce.

Wenn die Ikea-Restaurants morgens um neun öffnen, sind die Einrichtungshäuser noch eine halbe Stunde zu. Nicht wenige Kunden kommen nur zum Frühstücken ins Möbelhaus, denn bis elf Uhr serviert Ikea das »komplette schwedische Frühstück« für 1,50 Euro. Für das Geld gibt es zwei Brötchen, Käse, Lachs oder Salami und Kaffee, so viel man trinken mag. In manchen deutschen Einrichtungshäusern haben sich Rentnerclubs zusammengefunden, die sich allmorgendlich zum Frühstück treffen. Auch für junge Mütter mit Kindern, die sich mit ihren Freundinnen treffen wollen, sind die Ikea-Restaurants ein beliebter Ort.

Die Ikea-Restaurants operieren zwar mit sehr niedrigen Preisen, sind aber keine Zuschussbetriebe. Sie arbeiten unter der Vorgabe, dass die Kosten wieder hereingeholt werden müssen. Gewinne erwartet der Konzern nicht. Die Gastronomie ist ein stark wachsendes Geschäftsfeld, in dem Ikea im Geschäftsjahr 2004 alleine in Deutschland mehr als 122 Millionen Euro umsetzte, ein Fünftel mehr als im Vorjahr. Unter den Betrieben der Systemgastronomie wie McDonald's und Wienerwald nahm Ikea in Deutschland damit immerhin den 14. Rang ein, keine andere Kette wuchs so schnell. Ikea bietet auch Mahlzeiten an, die aus Bioprodukten hergestellt werden. Derzeit arbeitet die Ikea-Restaurantsparte daran, dass nur noch Erzeugnisse aus ökologischem Landbau verwendet werden.

Auch die so genannten Schwedenshops im Ausgangsbereich der Möbelhäuser sollen den Kunden »einen kulinarischen Ausflug in die Heimat von Ikea« ermöglichen, wie der Konzern wirbt. Dort gibt es die Köttbullar kiloweise zu kaufen, außerdem Knäckebrot vom Siljansee, Preiselbeerkonfitüre und Lachs, Wodka der Marke Absolut sowie eingelegten Hering in Knoblauchsauce unter dem Namen »Abba Vitlöksill«. Für Auslandsschweden in aller Welt ist die Ikea-Lebensmittelabteilung ein Stück Heimat.

Konzernchef Anders Dahlvig stellt sich Ikea am liebsten als eine Art schwedisches Disneyland vor. »Wir haben versucht, Ikea auch zu einem Ausflugsziel zu machen«, sagte er 1999 in einem Interview. Ingvar Kamprad hat schon in den siebziger Jahren erkannt, dass er erfolgreicher sein würde, wenn der Einkauf bei Ikea zu einem Erlebnis für die ganze Familie würde. Damals waren die Restaurants und das Kinderparadies entstanden.

Ikea trägt Schweden in die Welt. Dabei lässt sich allerdings durchaus darüber streiten, wie schwedisch Ikea und sein Design heute wirklich sind. Dazu muss man erst klären, was überhaupt »typisch schwedisch« ist. Ketzer meinen: gar nichts. Schweden habe niemals etwas Eigenes hervorgebracht, sondern immer nur ausländische Trends kopiert und popularisiert, meint etwa der Kulturwissenschaftler Andreas Bernard. Im ästhetischen Sinne sei Schweden gar keine Nation, sondern eher eine Verdichtung der Welt im Ganzen, ein neutrales und im internationalen Rahmen eher passives Land, das gerade aus diesem Grund die besten Voraussetzungen habe, um mit seinen Produkten globale Bedeutung zu erlangen. »Der weiße Fleck Schweden kann Dinge herstellen, die keine nationale Codierung tragen«, so Bernard. »Abba-Songs, Ikea-Möbel und H&M-Kleider sind eine Art ästhetisches Esperanto.«

Tatsächlich bietet Ikea inzwischen heute einen relativ breiten Stilmix an Möbeln und Accessoires an, bei denen weder die Gestaltung noch die Materialien spezifisch skandinavisch sind. Da werden Sessel, Sofas und Wohnschmuck aus Bananenstaudenfasern, Rattan und Palmenblättern hergestellt. Da nutzt man Polyester, Kunststoff und galvanisiertes Metall. Nicht einmal mehr die Fotomodelle im Ikea-Katalog sind noch typisch schwedisch, sondern längst so multikulturell wie die globale Kundschaft des Konzerns.

Gleichwohl nutzt Ikea nahezu jede Möglichkeit, um sich im Ausland als schwedisch zu präsentieren. In den Möbelausstellungen sind sogar die Bücher, die in den Regalen der Musterräume stehen, aus Schweden. Und wenn in einem detailgetreu nachgestellten Jugendzimmer im Hamburg-Moorfleet eine Sporturkunde an der Wand hängt, kann man gewiss sein, dass der Dekorateur einen schwedischen Namen eingetragen hat: Platz 1 für Jan Pettersson.

Wo liegt Klippan?

Alle Ikea-Produkte tragen skandinavische Namen. Diese Bezeichnungen werden einheitlich in allen Ländern, in denen Ikea tätig ist, verwendet. Die Namensvergabe folgt zumindest teilweise einem System.

Sofas, Sessel und Couchtische heißen meist wie schwedische Orte: Klippan, Barkaby oder Krokshult. Für Badezimmerartikel werden die Namen von Flüssen und Seen verwendet wie Vättern oder von Inseln wie Stenskär. Auch Gartenmöbel tragen oft die Namen schwedischer Inseln.

Leuchten haben bei Ikea in der Regel Namen, die aus der Musik, Chemie oder Meteorologie stammen: Orgel, Kvintett und Kalcium. Stoffe und Gardinen bekommen grundsätzlich Mädchennamen wie Britt und Inez. Stühle und Schreibtische heißen wie Jungen: Bror, Alexander, Olle. Für Küchen- und Haushaltsgeräte nimmt Ikea gerne das jeweils passende schwedische Verb, wie Krossa (mahlen) für eine Küchenmühle oder Pressa für ein Bügelbrett. Allerdings sind nicht alle Namen schwedisch. Für Betten und Kleiderschränke halten zum Beispiel oft norwegische Ortsnamen her. Esstische und -stühle tragen finnische Namen. Teppiche heißen wie Dörfer und Städte in Dänemark.

Auf Ikea-Kunden üben diese Namen einen eigentümlichen Reiz aus, bilden fast schon ein Einkaufserlebnis für sich. »Wer sich Leksvik und Rekdal, Trevlig, Snuttig, Droppen oder Flimrick gekauft hat, lacht sich schon mal tot, bevor er die Möbel zusammengebaut hat«, schrieb Peter Pursche einmal im *stern*. Ikea selbst versteht bei den Namen keinen Spaß. Als ein Ikea-Konkurrent in München vor einigen Jahren Ikeas Produktnamen persiflierte und seine Sonnenliegen als »Däk Chärs« verkaufte und einen Gartentisch mit »Anstäckplatten« präsentierte, da reagierte Ikea verschnupft und protestierte wegen angeblich »unlauterer Werbung« und »herabsetzender Verballhornung«.

Die eigenwilligen Namen sind ein wirkungsvolles Instrument der Ikea-Verkaufspsychologie. Indem es seine Produkte so ganz anders bezeichnet, als das sonst in Möbelhäusern üblich ist, zieht das Unternehmen die Kunden in seinen Bann. Stehen die Möbel dann in der Wohnung, sind sie wegen ihrer Namen für manche Kunden eher Mitbewohner als funktionelle Einrichtungsgegenstände.

Als Ikea 1974 nach Deutschland kam, trauten sich die Marketingleute noch nicht, ein Sortiment mit durchweg fremd klingenden Namen zu präsentieren. Damals gab es zwar ein Sofa namens Värmland, den Schrank Lund und das Regal Bosse. Daneben konnten die deutschen Kunden aber auch eine Kombinationssitzgruppe namens »Berlin« (»Berlin kauft man stückweise«) bekommen, das Ecksofa »England« und die Weißlackschrankwand »Kapitol«.

Heute muss sogar Ingvar Kamprads Geburtsort Pjätteryd für ein auf Leinwand gedrucktes Bild herhalten, das 29,95 Euro kostet. Der dänische Badeort Vedbæk, wo Kamprad mit seiner Familie einige Jahre gelebt hat, gibt jetzt einem in Portugal produzierten Sisalteppich seinen Namen. Wenn Kamprads Biograf Torekull den Ikea-Katalog aufschlägt, so begegnet er seinem Vornamen in dem Birkenholzstuhl Bertil. Einen einzigen männlichen Vornamen aber wird man bei Ikea niemals finden: Ingvar.

Geheimnis 4
Der Inbus-Faktor

Ikea versteht sich als No-Service-Händler. 80 Prozent der beim Möbelkauf anfallenden Arbeit erledigt der Kunde selbst. Er misst, wählt aus, nimmt die gewünschte Ware aus dem Regal, transportiert sie zur Kasse und anschließend mit dem eigenen Auto nach Hause. Dort setzt er die Einzelteile zu einem Möbelstück zusammen.

Ikea hat die Mitnahmemöbel zwar nicht erfunden, aber wie keine andere Handelsfirma hat sie deren Entwurf und Verkauf in den Mittelpunkt ihres Geschäfts gestellt. »Sie holen sich das Gewünschte selbst aus dem Regal und laden es auf einen praktischen Rollwagen, den auch ein schwaches Weib schieben kann«, lasen die deutschen Kunden schon in der ersten deutschen Ausgabe des Ikea-Katalogs 1974. Dort findet sich auch die kühne Behauptung: »Wenn Sie lesen können, verstehen Sie auch unsere Montageanleitungen.«

Bei Ikea mussten die Kunden anpacken und aufbauen und wurden so Teil des Produktionsprozesses. »Rationalisierung hieß von Anfang an das Geheimnis«, schreibt der Designexperte Bernd Polster über den Erfolg des Möbelhauses. »Ikea hat es nicht nur in der Produktion, sondern auch im Vertrieb und im Verkauf konsequent angewandt und dabei das Fließband bis ins Wohnzimmer verlängert.«

Es ist nicht wenig, was Ikea seinen Kunden zumutet. Schon ein 80 Zentimeter breites Billy-Regal wiegt verpackt 43 Kilogramm, das Eckregal bringt es sogar auf 50 Kilogramm. Ebenso viel heben muss der Käufer eines Klippan-Sofas. Der dreitürige Kiefernkleiderschrank Leksvik wiegt 73 Kilogramm, und das 2,21 Meter lange Paket mit dem Vitrinenschrank Liatorp ist sogar 85 Kilogramm schwer.

Ein Einkauf bei Ikea erfordert nicht selten Schwerstarbeit. »Warum tun sich die Leute das an und kaufen bei Ikea ein?«, fragt sich stell-

Flach verpackt benötigen Ikea-Möbel nur ein Sechstel des sonst üblichen Transportraumes.

vertretend für viele Habitat-Gründer Terence Conran. »Das Prinzip ist furchtbar. Warum investieren die nicht ein bisschen mehr Geld in den Service?« Ein Einkauf bei Ikea sei umständlich und verschlinge so viel Zeit, meint Conran, dass die ganze Sache für viele Kunden trotz der niedrigen Preise im Grunde unwirtschaftlich sei.

Tatsächlich könnten sich die meisten Ikea-Kunden mehr Service durchaus leisten. Ikea präsentiert sich zwar gern als ein Möbellieferant für die breite Masse, ein Einrichtungshaus für die Unterschicht ist es aber keineswegs. Im Laden hat man sogar den Eindruck, dass das Gros der Kunden aus der gebildeten Mittelschicht stammt. Für Leute mit wenig Geld ist Ikea schon deshalb nicht die richtige Adresse, weil man ein Auto braucht, um hinzukommen und die Bausätze nach Hause zu transportieren.

Viele Ikea-Kunden empfinden dem Unternehmen gegenüber eine Hassliebe. Ikea ist für sie so etwas wie eine Volksschule, und die Lektion, die man dort lernen kann, lautet, dass es im Leben nichts ohne Anstrengung gibt. Wolfram Siebeck, Kochpapst bei der *Zeit*, hat bei Ikea einmal einen kleinen Schreibtisch gekauft und zusammengebaut. Sein Fazit: »Ich habe dazu zwei Tage und eine Nacht gebraucht, verlor dabei zwei Kilo Gewicht, eine Ehefrau und den Respekt meiner Kinder.«

Eine Umfrage unter Ikea-Kunden ergab, dass Männer weniger zufrieden mit der Qualität der Möbel sind als Frauen. Meist sind es die Männer, die die Schränke und Küchen aufbauen. Dabei stellen sie manchmal Verarbeitungsmängel fest, noch öfter aber kommt es vermutlich vor, dass sie sich mit dem Aufbau schwerer als erwartet tun.

Frustrierte Kunden übersetzten Ikea mit »Idioten kaufen einfach alles« und »Ich kriege einen Anfall«. Tatsächlich fällt es vielen Möbelkäufern schwer, die Zeichnungen in den Montageanleitungen zu verstehen und umzusetzen. Obwohl Ikea viel Mühe darauf verwendet, eine hohe Verständlichkeit zu erzielen, haftet dem Unternehmen der Ruf an, dass es seinen Möbeln kryptische Pläne beilege. Als Anfang 2002 der Paragraf 434 des Bürgerlichen Gesetzbuches (BGB) neu gefasst wurde und den Verbrauchern auch für den Fall ein Anspruch auf Schadenersatz eingeräumt wurde, dass nicht das gekaufte Produkt, sondern nur dessen Montageanleitung mangelhaft ist, da dauerte es nicht lange, bis sich unter Juristen ein griffiger Name für diese Bestimmung eingebürgert hatte – Ikea-Klausel.

Auch wenn die Anweisungen mittlerweile recht gut sind, fällt es vielen Kunden nicht leicht, die Möbel aufzubauen. Erschwert wird die Sache vermutlich dadurch, dass die meisten Ikea-Kunden die auf sie zukommende Arbeit unterschätzen. Da sind dann Küchen, die eigentlich an einem Abend aufgebaut werden sollten, nach drei Tagen immer noch nicht fertig. Dann heißt es: »Schraubst du noch oder wohnst du schon?«

Kaum ein Ikea-Kunde verfügt über Routine bei solchen Arbeiten, sodass die Montage einer Kommode mit sechs Schubladen durchaus mehrere Stunden verschlingen kann. Hinzu kommt, dass viele

Ikea-Möbel ohne die Hilfe einer zweiten Person gar nicht aufzubauen sind, ohne dass das Objekt Schaden nimmt.

Montage mit Mühe

Es scheint, als erforderten viele Ikea-Möbel mehr Sorgfalt in der Montage, als Ikea-Kunden sie üblicherweise aufbringen mögen. Selbst Ikea-Mitarbeiter tun sich schwer mit den Selbstbaumöbeln, wie einem Reporter der New York Times bei seinem Besuch in der Ikea-Sortimentszentrale in Älmhult auffiel. Viele Aktenschränke, die John Leland dort in den Großraumbüros sah, hatten schiefe Türen. In einem Konferenzzimmer, in das der Journalist zu einem Interview gebeten worden war, wies jeder der vier dort aneinander gestellten Tische eine etwas andere Höhe auf, und die Verbindungen zwischen ihnen waren wackelig. Leland zog aus seinen Beobachtungen den Schluss, »dass es nicht immer ein Schnäppchen ist, wenn man 80 Prozent der Qualität für 60 Prozent des Preises bekommt«.

Das wichtigste Werkzeug des Ikea-Kunden ist der Inbus-Schlüssel. Es wird vielen Möbel beigegeben und ist so eine Art Ikea-Symbol geworden. Die meisten Menschen sprechen den Namen des Werkzeuges so aus, als schriebe er sich mit einem M. Tatsächlich ist Inbus eine Abkürzung, wobei IN für Innensechskantschraube steht und BUS für Bauer und Schaurte, eine Firma in Neuss, die diese Schraubenart 1936 neu auf den Markt brachte.

Ikea-Kunden müssen nicht nur beim Möbelkauf mitarbeiten. Das Restaurant ist ebenfalls auf Selbstbedienung ausgelegt. In manchen Ländern wie etwa Großbritannien werden die Kunden durch Hinweisschilder ausdrücklich aufgefordert, das schmutzige Geschirr zu Sammelstellen zu bringen, weil sonst die niedrigen Preise nicht gehalten werden könnten. In Deutschland ist man etwas zurückhaltender in der Kundenbelehrung und belässt es bei einem »Danke, dass du uns hilfst«.

Andererseits hilft Ikea auch seinen Kunden auf vielfältige Weise. Wickeltische mit Windeln bereitzustellen ist für das Unternehmen so selbstverständlich wie Stifte und Maßbänder auszulegen. Und die

Wickeltische stehen bei Ikea nicht nur auf der Damentoilette, sondern auch bei den Herren.

Trotz aller Anstrengungen, die den Kunden bei Ikea abverlangt werden, ist der überwiegende Teil der Besucher offenbar zufrieden mit dem, was ihm das Möbelunternehmen bietet. Anders wäre der wachsende Erfolg nicht zu erklären. Sicher sind die Preise die größte Attraktion bei Ikea, jedenfalls aus Sicht des deutschen Publikums. Aber viele Kunden fühlen sich auch durchaus mit dem Service wohl, der ihnen in dem SB-Möbelhaus geboten wird. Sie schätzen die Art und Weise, wie man bei Ikea einkauft.

Bei Ikea ist der Kunde auf sich allein gestellt – und vielen gefällt gerade das. Kein Verkäufer belästigt den Möbelkäufer und versucht, ihm etwas schmackhaft zu machen. »Die Eliminierung des Fachberaters verbilligt die Distribution nicht nur«, hat Harald Jähner in der *Berliner Zeitung* treffend analysiert, »sie vermeidet auch die Begegnung mit einer Autorität, die der moderne Individualist zwischen sich und seinem Heim nur schwer erträgt.«

Allein mit sich und den Möbeln

Vor allem junge Leute schätzen es, dass sie bei Ikea kein Verkäufer mustert und ihre Kaufkraft abschätzt. Sie fühlen sich ungezwungen, weil sich kein Dritter in das Gespräch zwischen Mann und Frau oder zwischen Mutter und Tochter drängt, wenn es darum geht, wie man sich einrichtet und wie viel Geld man ausgeben mag oder kann. Die Kunden können die Möbel so lange anschauen, ausprobieren und vergleichen, wie sie wollen, bei Ikea fühlt der Kunde keinerlei Kaufzwang. Dafür verzichtet er meist gerne auf die Beratung.

Die Menschen bewegen sich durch den Laden und fühlen sich dabei, als seien sie unter lauter Gleichgesinnten. Tatsächlich ist das Ikea-Möbelhaus so etwas wie ein Treffpunkt der Nestbauer, und die Atmosphäre ist familiär. Man kennt den Laden, es ist alles vertraut. Die Mitarbeiter machen einen entspannten Eindruck. »Das Familiengefühl ist auf die Kunden übergesprungen«, hat die Reporterin Regine Sylvester bei Ikea in Berlin-Tempelhof beobachtet. »Sie sprechen

Die SB-Halle: Möbelkauf wie in einem Supermarkt.

über Ikea wie eine Tante, die man regelmäßig besucht, weil sie verlässlich kocht und manchmal etwas Neues anbietet.«

Indem Ikea seine Kunden die Möbel selbst transportieren und aufbauen lässt, erfüllt das Unternehmen Forderungen, die Theoretiker wie Robert Jungk und Ivan Illich in den siebziger Jahren aufgestellt haben. Sie plädierten dafür, die Dienstleistungsgesellschaft nicht mehr auszuweiten. Jede neue Dienstleistung, klagte der Philosoph Illich, mache eine Aktivität zunichte, »mit der die Menschen bislang aus eigener Kraft ihr Leben meisterten«. Ein Heer von Fachkräften nehme den Menschen Arbeiten ab, die sie eigentlich selbst erledigen könnten. Statt für jeden Handgriff einen Fachmann zu verpflichten, sollten die Menschen die Dinge, die sie umgeben, selbst beherrschen. Sonst verlernten sie die Daseinstechniken und würden immer abhängiger von anderen. Der Designtheoretiker Victor Papanek vertrat die Ansicht, dass die Möbelmontage durch den Kunden dazu beitragen könne, »die Entfremdung zwischen Nutzer und Produzenten zu mindern«.

Richtig ist in jedem Fall, dass Ikea Verbraucher in Mitwirkende verwandelt und seinen Kunden damit ein selten gewordenes Erlebnis bietet. »Wir leben im Zeitalter der Indirektheit«, sagt der Kulturwissenschaftler Thomas Düllo, »und da ist es schon sehr faszinierend selbst Hand anzulegen.« Wer bei Ikea einkauft, verschafft sich das angenehme Gefühl nützlich zu sein. Vielen Kunden macht es Freude, die Möbel aus den Regalen zu heben, die Pakete im eigenen Auto nach Hause zu fahren und dann aus Einzelteilen ein Möbelstück zusammenzusetzen – so wie Kinder Spaß an Flugzeugbausätzen haben. Es ist etwas Spielerisches dabei. Eine französische Studentin hat die Formulierung gefunden, Ikea sei wie »Lego für Erwachsene«.

Die britische Markenexpertin Elen Lewis meint, dass es diese Möglichkeit zur Mitwirkung ist, durch die Ikea zu einer stärkeren Marke geworden sei als viele andere. Die Verbraucher würden durch die Selbstmontage der Möbel zu einem Teil der Marke Ikea. Da ist etwas dran. Vielen Ikea-Kunden wachsen ihre Möbel deshalb ans Herz, weil sie sie selbst zusammenbauen. Eine große Bücherwand aus mehreren Billy-Regalen, womöglich noch mit Aufsätzen obendrauf, gibt ein prächtiges Bild ab, jedenfalls für den, der sie in mühevoller Handarbeit aufgebaut hat. Das ist etwas anderes als die Geschirrspülmaschine, die der Monteur anschließt.

Mit seinem Geschäftskonzept ist Ikea in gewissem Sinne Teil einer sehr viel breiteren Do-it-yourself-Kultur. In dieser Kultur übernehmen Amateure Aufgaben, die ansonsten meist von professionellen Kräften erledigt werden. Diese Kultur setzt Eigeninitiative und Improvisation an die Stelle eines passiven Konsums von Vorgefertigtem und wird getragen von Menschen, die nicht nur Zuschauer oder Verbraucher sein wollen, sondern Akteure. Und es scheint, als erlebe diese Bewegung gegenwärtig eine neue Blüte. Dem Do-it-yourself-Motto folgen ja nicht nur Heimwerker und Selbsthilfegruppen, zu dieser kulturellen Strömung zählen im Internetzeitalter auch die so genannten Open-Source-Projekte nichtkommerzieller Software und die von ehrenamtlichen Autoren verfasste Online-Enzyklopädie Wikipedia.

Geheimnis 5
Der Bibel-Faktor

Der Ikea-Katalog ist das wichtigste Marketinginstrument des Konzerns, sein durchschlagendstes Propagandamittel. Seine Verbreitung entspricht der von Harry-Potter-Büchern und der Bibel. Der Ikea-Katalog ist weltweit die Werbepublikation mit der höchsten Auflage überhaupt. Die im August 2005 erschienene Ausgabe wurde in nicht weniger als 160 Millionen Exemplaren gedruckt. Aneinander gelegt, so haben Ikeas PR-Leute bei dieser Gelegenheit errechnet, reicht das für eine Kette um den Äquator.

Der Ikea-Katalog 2006 erschien in 25 Sprachen und 33 Ländern. Allein die deutsche Ausgabe (Titel: »Träumen erlaubt!«) hatte eine Auflage von 32,5 Millionen und lag damit deutlich vor den Katalogen von Quelle (22 Millionen) und Otto (20 Millionen). Auf 376 Seiten wurden 4 000 Produkte aus dem Ikea-Sortiment präsentiert, überwiegend Klassiker des Möbelunternehmens. Manche Möbel waren allerdings in neuen Farben oder Materialien zu sehen, wie Klippan, das es nun auch in rotem Lackleder zu kaufen gibt. 600 Neuheiten enthielt das Sortiment, die Schwerpunkte lagen bei der Einrichtung von Küchen und Schlafzimmern.

Nicht zufällig erscheint der Ikea-Katalog immer im Herbst, also in der Jahreszeit, in der sich das Leben der Menschen wieder stärker auf das Haus oder die Wohnung zu konzentrieren beginnt. Ikeas Werbepsychologen bemühen sich, dieses Einigelgefühl noch zu verstärken. »Regen kann so schön sein – wenn du es warm und trocken hast!«, liest der Kunde deshalb. Oder: »Mit einem gemütlichen Frühstück im Bett wird jeder Tag ein guter Tag.«

Nicht nur der Katalog preist das traute Heim. Zusätzlich lässt Ikea in Deutschland noch eine Reihe von Broschüren unter dem Titel

GEHEIMNIS 5: DER BIBEL-FAKTOR 205

Der deutsche Ikea-Katalog 2006.

verteilen: »Das Leben ist schön mit seinen Ecken und Kanten.« Die Adventsausgabe 2004 zeigte drei junge Leute in Rollkragenpullovern mit Glühweingläsern in der Hand und fragte: »Frostig draußen? Wir empfehlen Küche, Kerze und kichernde Freunde.« Der Rückzug in die eigenen vier Wände, den die Trendforscherin Faith Popcorn in den neunziger Jahren mit dem Begriff des Cocooning belegt hat, ist das Leitmotiv des Ikea-Katalogs.

In schöner Ordnung

Der Ikea-Katalog weckt Lebensträume, die der Kunde im Möbelhaus flach verpackt kaufen kann. Der Katalog verheißt dem Betrachter ein neues, entspanntes, beschauliches Leben. Gezeigt wird eine zwanglose Gemütlichkeit, die selten spießig wirkt. Es ist ein Leben in aufgeräumten Räumen, wo alles an seinem Platz ist und kein Gerümpel den Blick stört. Ordnung ist das ganze Leben. Im Ikea-Katalog sehen selbst Keller- und Abstellräume besser aus als die meisten Wohnzimmer im wahren Leben.

In vielen Haushalten wird der Ikea-Katalog über viele Monate aufbewahrt, nicht zuletzt deshalb, weil die Preise ein Jahr lang gültig bleiben. Die treuen Kunden des Möbelhauses blättern den Katalog immer wieder aufs Neue durch, holen sich Anregungen, studieren Details oder entfliehen mithilfe des Katalogs ihrem eigenen Alltag. Manche Kunden beschäftigen sich mit dem Ikea-Katalog genauso oft wie fromme Christen mit der Bibel. Aus einem anderen Grund wird der Ikea-Katalog manchmal eine Einrichtungsbibel genannt: ein Werk, das dem Leser zwar nicht den Unterschied zwischen gut und böse vor Augen führt, aber den zwischen hässlich und schön. Wie die Bibel will der Ikea-Katalog dem Leser Vorbilder geben und eine Richtung weisen. Und wie die Bibel will er ihm helfen, sich selbst zu finden.

Praktisch betrachtet, erleichtert der Katalog den Kunden den Möbelkauf, weil er ihm eine Vorauswahl zu Hause erlaubt. »Für manche Kunden ist es wie eine Einrichtungsmodenschau im eigenen Haus«, hat Wolfgang Gattermeyer von der Unternehmensberatung Accenture einmal gesagt. Beim Möbelgucken im Katalog tritt ein Effekt der Gewöhnung auf. Je häufiger die Kunden in dem Katalog blättern, desto vertrauter werden ihnen die darin gezeigten Interieurs.

Was unterscheidet den Ikea-Katalog von denen vieler anderer Unternehmen? In erster Linie wohl, dass die Fotos aufwändig inszeniert und voller Details sind. Ikea zeigt keine sterilen Möbelansammlungen, sondern komplette, scheinbar bewohnte Räume, mit Blumen, Büchern und herumliegendem Spielzeug. Da lehnt dann schon mal eine E-Gitarre am Regal, oder es stehen ein paar Turnschuhe unterm Schreibtisch.

Die Arrangements sind stimmig. Im Zimmer des Kunstkenners stehen im Regal Bildbände und Figuren im Giacometti-Stil auf dem Sideboard. Was eine Studentenbude sein soll, das darf auch eine Take-Away-Verpackung vom Asiaten zeigen, die der fiktive Bewohner des Raumes auf einem Stapel von CDs abgestellt und dann offensichtlich vergessen hat. Obwohl so vieles sichtbar inszeniert ist, wirkt der Ikea-Katalog irgendwie – ehrlich.

Von Möbeln und Menschen

Wenn Ikea gedeckte Tische zeigt, dann fehlen nicht wie sonst meist üblich die Speisen, dann sieht man Suppe, Salat oder Sushi. Der Wok ist im Katalog auf einem Gasherd zu sehen, der tatsächlich brennt. In den Dosen mit Deckel ist Müsli drin, unter dem Wiegemesser liegen Kräuter, in der Schüssel sind Weintrauben. Auf einem Schreibtisch steht ein Laptop, der Besitzer ist zwar nicht zu sehen, aber eine sichtbar dampfende Espressotasse signalisiert, dass er nicht weit sein kann.

Der Ikea-Katalog zeigt nicht nur Möbel, sondern auch Menschen. Einzig die arabische Ausgabe muss aus religiösen Gründen ohne auskommen. Die Models, die im Ikea-Katalog zu sehen sind, entsprechen keinem besonderen Schönheitsideal. Da sind auch schon mal junge Familienväter mit fortgeschrittenem Haarausfall zu sehen. Es ist ja nicht wichtig, dass Papa schön ist. Wichtig ist, dass die Familie glücklich ist. Und immer öfter komplettieren Hunde und Katzen das Bild.

Seit einigen Jahren und mit zunehmender Häufigkeit zeigen Ikea-Kataloge multikulturelle Familien. Da hockt dann zum Beispiel ein asiatisches Kind gemeinsam mit einem europäischen Mittvierziger vor dem Fernseher, oder ein Teenager mit eher dunkler Hautfarbe hört im Sessel sitzend Musik über den Kopfhörer.

Ein Junge am Schreibtisch im Nebenraum, den man nur von schräg hinten sieht, hat gewelltes dunkles Haar und sieht aus wie ein Araber oder Südamerikaner. Auf einem anderen Foto ist ein Junge zu sehen, der seine Schularbeiten macht. Er sitzt an einem eigenen kleinen Tisch in dem – laut Bildunterschrift – gemeinsam mit der Mutter genutzten Heimarbeitszimmer. Der Junge ist schwarz. Seine Mutter ist nicht zu sehen. Wer mag sie sein? Eine Afroamerikanerin? Eine Europäerin? Eine Asiatin? Alles ist möglich im Ikea-Kosmos.

Eine andere Aufnahme im Ikea-Katalog 2006 zeigt eine Mutter in ihrer Faktum-Einbauküche. Sie schneidet Gemüse, während ihr Sohn im Hintergrund am Herd hantiert – ein Pubertierender, der fast selig lächelnd beim Kochen hilft. Das Bild ist natürlich keine realistische Darstellung familiären Alltags, sondern ein Beleg dafür, wie gut Ikea es versteht, vor allem den weiblichen Kunden Traumwelten vorzuführen.

Auf der ersten Innenseite des Ikea-Kataloges ist immer der jeweilige Ikea-Landeschef zu sehen, gekleidet in Pulli oder Hemd, nie mit Anzug und Krawatte. Das Bild hat eine ähnliche Funktion wie das Hinweisschild vor Restaurants »Hier kocht der Chef selbst«. Außerdem duzt der Chef bei Ikea auch, und er sieht aus wie ein umgänglicher Sozialkundelehrer.

Im Katalog werden die Kunden durchgängig mit Du angesprochen. »Wähle deine Schränke«, »Schau dir die Varianten an«, »Lass dich inspirieren«, »Hör auf dein Gefühl«, »Worauf wartest du?«. So wird der Kunde zum Kumpel, das Kaufhaus zum Freund. Manchmal ist der Katalogleser aber auch ein unwissendes Kind, dem man sagen muss, wo es langgeht: »Damit hinterher alles passt, misst du am besten vorher zu Hause alles in Ruhe aus.«

Produziert wird der Ikea-Katalog in einem riesigen Fotostudio in Älmhult in Südschweden. Es ist mit 8000 Quadratmetern eines der größten in Europa und bietet genügend Platz, um rund 100 Wohninteriours aufzubauen. Manche Bilder werden aber auch auswärts geschossen, in echten Wohnungen. Mehr als 200 Menschen, darunter etwa 40 Fotografen, sind über mehrere Monate mit dem Werk beschäftigt. Producer, Innenarchitekten, Dekorateure, Stylisten und Beleuchter arrangieren eine Vielzahl von Wohnräumen und Küchen.

Den Dekorateuren steht eine Unmenge an Accessoires zur Verfügung, darunter zum Beispiel Kisten voller Bücher, die nach Farben sortiert sind. Dadurch ist es möglich, die Bücher im Regal farblich abzustimmen mit den Kissen auf dem Sofa oder mit einer dünnen

Decke, die über der Lehne des Lesesessels hängt. Bei den Interieurs achten die Katalogmacher darauf, dass sich die unterschiedlichen Nationen darin wiedererkennen können. Zu diesem Zweck wurden schon Zuckerpackungen aus China und extra breite Fernseher aus den USA nach Älmhult geschafft.

Die Fotografen verwenden besondere Mühe auf die Lichtsetzung. Damit das Licht in den dargestellten Wohnräumen natürlich wirkt, benutzen sie lieber Scheinwerfer als Blitzgeräte. Grafiker und Texter gestalten die einzelnen Seiten des Kataloges und fügen schließlich Preise und Materialinformation hinzu.

Rezensionen in den Feuilletons

Der Ikea-Katalog findet in den Medien eine Beachtung, wie sie keiner zweiten kommerziellen Publikation zuteil wird. Wenn eine neue Ausgabe erscheint, kann man in den Feuilletons jedes Mal eine ganze Reihe lesenswerter Rezensionen finden. »Der aktuelle Ikea-Katalog ist ein soziologisches Meisterwerk«, schrieb etwa Caroline Fetscher 1998 im *Tagesspiegel*: »Er wird kommenden Forschergenerationen mehr Aufschluss über die Alltagskultur unserer Epoche geben als so manches andere Dokument.« Ikea hatte in dem damaligen Katalog Geschichten von Menschen in bestimmten Lebenssituationen erzählt, darunter die von dem kleinen Scheidungsmädchen, das abwechselnd bei Mami und bei Papi lebt.

1994 zeigte Ikea als erstes Unternehmen in TV-Spots ein schwules Paar, und auch der Katalog ist ein Gradmesser sozialen Wandels. »Wer das gesellschaftliche Lebensgefühl in Deutschland bemessen möchte«, schrieb jüngst Susanne Lang in der *taz*, »ist mit einem Blick in den Ikea-Katalog, dem größten und für manche Kreise prototypischen deutschen Wohnzimmer, immer noch am besten beraten.«

Schwedische Zeitungen haben schon nachgezählt, wie viele Nordländer der Ikea-Katalog noch zeigt und wie viele Einwanderer zu sehen waren. In der *Süddeutschen Zeitung* schrieb Ijoma Mangold 2003: »Das schwedische Unternehmen führt in seinem Katalog vor Augen, wie gut sein skandinavisch-helles Design mit etwas dunkleren, aber

Im größten Fotostudio Nordeuropas in Älmhult entstehen die Bilder für die Ikea-Kataloge. Die abgebildeten Personen sind zumeist MitarbeiterInnen von Ikea.

nicht allzu dunklen Hauttönen harmoniert.« Dem Journalisten waren mehrere Mulatten in den gezeigten Möbelwelten aufgefallen. »Soziologisch gesehen pointiert der Ikea-Katalog nur eine Entwicklung, die folgerichtig ist: Der Mulatte ist die Fleisch gewordene Globalisierung.«

Im Internetzeitalter beschäftigen sich auch zahlreiche Blogger mit dem Ikea-Katalog. Nicht selten kommen dabei allerdings Verrisse heraus. »Pünktlich zum 30-jährigen Jubiläum wurde der ganze Stilmuff aus den Schubladen gekramt und ein jämmerliches Sortiment zusammengestellt«, klagte zum Beispiel eine wortgewaltige Geisteswissenschaftlerin mit dem Pseudonym »dienuf« im September 2004. »Weder die Pseudoromantik noch die eichenfurnierbeklebten Möbelstücke sprechen mich an. Ich möchte kein Mahagoniimitat und auch keine schwarzgrau lackierten Regale.« Im Jahr darauf legte dieselbe Kundin noch einmal nach: »Es fehlt dem IKEA-Katalog jeder Esprit. Nicht ein Produkt, welches das kaufbereite Weibchen reizen würde. Nicht mal Bettwäsche. Nur dieser dreckshässliche Landhausstilscheiß.«

GEHEIMNIS 6
Der Hot-Dog-Faktor

Ingvar Kamprad hat eine Vorliebe für heiße Würstchen mit Brot und Senf. Der Unternehmer hat Imbisskost immer schon gerne gegessen und daran änderte sich auch nichts, als aus Ikea ein milliardenschweres Unternehmen wurde. Dennoch sollte es Jahrzehnte dauern, bis Kamprad auf die Idee kam, seine Möbelhäuser um einen Würstchenverkauf zu erweitern.

Der Ikea-Gründer ging bereits auf die siebzig zu, als er das Ikea-Management mit diesem Vorschlag konfrontierte. Dabei ging es Kamprad sowohl um ein neues Angebot als auch um dessen Preis. Ihm schwebte vor, die Würstchen für weniger als die Hälfte dessen zu verkaufen, was dafür normalerweise an Imbissbuden verlangt wurde. Das war der Clou an der Sache: Kamprad wollte den Kunden ein weiteres Mal eindrucksvoll vorführen, wie günstig es war, bei Ikea einzukaufen.

Allerdings kam es für ihn nicht in Frage, den Würstchenverkauf durch den Gewinn aus dem Möbelhandel zu subventionieren. So diskutierte und experimentierte er mit Restaurantfachleuten, wie man Hot Dogs so rationell und personalsparend wie möglich zubereiten und verkaufen konnte. Schnell war klar, dass die Kunden auch hier mitarbeiten mussten. Sie sollten das Würstchen im Brot vom Verkaufspersonal ausgehändigt bekommen und sich dann eigenhändig mit Senf, Ketchup und den Hot-Dog-Zutaten wie Röstzwiebeln und Gurkenscheiben versorgen. Kamprad kalkulierte, dass die Hot Dogs bei einer hohen Nachfrage (300 Stück pro Stunde) kostendeckend verkauft werden könnten, auch wenn Ikea dafür weniger als die Hälfte des üblichen Preises nahm.

1995 begann Ikea mit dem Verkauf der Würstchen. Das Angebot kam wie erwartet gut an. Die Sache wurde weltweit ein Erfolg. Die

Die Hot-Dogs sollen die Kunden für die Einkaufsmühen entschädigen.

Preise waren von Land zu Land unterschiedlich, sie sollten möglichst rund sein und richteten sich daher nach den nationalen Münzen. In Deutschland kosteten die Hot Dogs zunächst 1,50 DM, und die Kunden griffen zu.

Die Bistros hatte Ikea im Bereich hinter den Kassen und vor den Ausgängen eingerichtet. Verkaufspsychologisch dienen sie dem Zweck, den Kunden nach den Anstrengungen seines Einkaufs zu belohnen. Außer Hot Dogs gibt es in den Bistros Kaffee, Softdrinks und Eis für kleines Geld zu kaufen. Die Möbelmanager haben erkannt, dass viele Kunden auf eine Stärkung angewiesen sind, wenn sie die Kassen hinter sich gelassen haben, denn dann haben sie noch die Aufgabe vor sich, die schweren und meist unhandlichen Pakete in ihre Autos zu verstauen.

Der Preis ist heiß

Bei seiner Hot-Dog-Initiative ging es Ingvar Kamprad gleichermaßen um die Wurst wie ums Prinzip. Dieses Prinzip hieß: Bei Ikea muss es immer eine gewisse Zahl von Preisen geben, die den Kunden »den Atem raubten«, wie Kamprad das nannte. Dinge, die so günstig waren, dass die Leute es kaum glaubten. Dieser Effekt ließ sich am besten mit gängigen Waren erreichen, bei Produkten, bei denen auch Normalverbraucher schnell erfassen konnten, dass sie preiswert sind, so wie bei einem Hot Dog.

Mit solchen Signalpreisen hatte Ingvar Kamprad fast von Anfang seiner Karriere an gearbeitet. In den neunziger Jahren formulierte er diese Strategie aus. Und mit der Autorität des Gründers machte er dem Ikea-Management die Vorgabe, zehn weitere Artikel in das Sortiment aufzunehmen, die einen ebenso erkennbar niedrigen Preis hatten wie die Würstchen.

Eines dieser neuen Produkte war ein Becher aus Steingut namens Bang. Eine junge schwedische Designerin entwickelte ihn. Billige Becher gab es längst im Ikea-Sortiment, aber ihr Preis war in Kamprads Augen nicht spektakulär genug. Der neue Becher sollte etwa ein Drittel dessen kosten, was üblicherweise im Handel für einen vergleichbaren Artikel verlangt wurde. Als Bang in Deutschland auf den Markt kam, nahm Ikea eine Mark pro Stück. Die Rechnung mit dem niedrigen Preis ging auf: Der Becher wurde ein internationaler Millionenseller. Ikea konnte davon mehr als 18-mal so viel absetzen wie von dem teureren Vorgängermodell.

Als Ikeas Controller Kamprad vorhielten, es müsse auf die Gewinnmarge geachtet werden, pochte der Gründer auf die Überlegenheit der absoluten Zahlen – und behielt damit Recht. »Hätten wir für diesen Becher zehn und nicht fünf Kronen genommen, hätten wir natürlich an jedem Becher besser ›verdient‹ – vielleicht 1,50 Kronen – und eine bessere ›Bruttogewinnmarge‹ gehabt«, schrieb er. »Aber wir hätten nur eine halbe Million davon verkauft anstatt fast zwölf Millionen, an denen wir nun pro Stück eine Krone verdienen.« Für die Kalkulation weiterer Preisbrecher entwarf der Gründer persönlich eine Formel: 3 + 1 + 1. Das bedeutete: Vom Verkaufspreis der Billigangebote sollten drei Fünftel für die Herstellung aufgewendet werden und ein Fünftel für Steuern. Ein Fünftel sollte für Ikea bleiben.

Das Sortiment soll nicht ausufern

Der Möbelkonzern hat sein Sortiment im Laufe der Jahre erheblich erweitert. So bietet Ikea seit 1981 auch Büromöbel an. Und 1997 nahmen die Strategen eine weitere Zielgruppe ins Visier: die Kinder. Mit der Hilfe von Psychologen brachte der Konzern Spielzeug und Möbel auf den Markt, die die Entwicklung von Kindern fördern sollen. Die Pläne zur Erweiterung des Sortiments in diese Richtung hatte Kamprad drei Jahre zuvor geschrieben. In jüngster Zeit ist Ikea dabei, sein Profil als Anbieter von Betten, Matratzen und Küchen zu schärfen.

Bei der Gestaltung seines Sortiments operiert Ikea mit einer Matrix, die aus vier Basisstilen (skandinavisch, modern, Landhaus und schwedisch-jung) besteht und aus drei Preisstufen (niedrig, mittel, hoch). Auf diese Weise will das Unternehmen sicherstellen, dass es keine Lücken in seinem Angebot lässt, in die Konkurrenten vorstoßen könnten, schreibt die Harvard-Professorin Youngme Moon in einer Fallstudie.

Für jedes Produkt, jeden Stil und jede Preisstufe ermitteln Ikeas Strategen durch Marktbeobachtung, auf welchem Niveau der Durchschnittspreis der Konkurrenten liegt, also wie viel zum Beispiel die billigste Sorte Sofas kostet oder wie teuer ein hochwertiger Kleiderschrank ist. Das ist dann die Benchmark, die es zu unterbieten gilt. Für jedes neue Möbel wird bei Ikea ein Preisziel festgelegt, das um 30 bis 50 Prozent unter dem in der Möbelbranche üblichen Preis liegt. Erst dann beginnen die Designer zu arbeiten.

Häufig kreiert Ikea selbst Billigversionen seiner Bestseller, um Konkurrenten, die sich an den Erfolg anhängen wollen, zuvorzukommen. Die Kommode Malm mit drei Schubladen gibt es in Deutschland für 49,95 Euro zu kaufen, die fast gleich aussehende Kullen-Kommode kostet nur 29,95 Euro. Der Unterschied: Malm ist 8 Zentimeter tiefer, hat Echtholzfurnier und leichtgängige Schubladen, während Kullen aus Spanplatte und Folie besteht. Kullen soll Malm gegen Billigprodukte anderer Hersteller schützen. Aus demselben Grund bekam das populäre Klippan-Sofa 2006 einen kleinen Bruder namens Klobo, und die Bilderrahmen Ribba wurden um die preisgünstigere Sorte Rabbla ergänzt.

Während der Katalog nur eine Auswahl des Sortiments zeigt, bekommen die Besucher im Möbelhaus die ganze Palette zu sehen. Ikea leitet seine Kunden mit großen Pfeilen auf dem Fußboden durch die Einrichtungshäuser. Diese Markierungen weisen nicht den kürzesten Weg vom Eingang bis zur Kasse, sondern den längsten – vorbei an sämtlichen Produktgruppen, die Ikea zu bieten hat. Während man in einem normalen Kaufhaus einzelne Abteilungen aufsuchen kann, heißt es bei Ikea: alles oder nichts.

In der Möbelausstellung wechseln sich »Interieure« und »Kompakte« ab, wie das im Ikea-Jargon heißt. Das eine sind sorgsam gestaltete Wohnräume mit einer Vielzahl verschiedener Ikea-Produkte, das andere sind Zusammenstellungen von Artikeln einer bestimmten Warengruppe. In den »Kompakten«, wo der Kunde beispielsweise Ansammlungen verschiedener Sofas oder Drehstühle findet, lassen sich Qualitäten und Preise direkt vergleichen.

Als vorbildlich gilt die Preisauszeichnung bei Ikea. In kaum einem anderen Geschäft können die Kunden so schnell erfassen, was die Waren kosten. Dasselbe gilt für die Produktbeschreibungen. Sie sind in der Regel umfassend und präzise, wie auch Verbraucherschützer immer wieder anerkennen.

Eine Attraktion ist die Markthalle, in der Gläser, Kissen, Matten und andere kleine Artikel angeboten werden. Dort sollen sich nicht zuletzt die Kunden bedienen, die unter den ausgestellten Möbeln nichts Passendes gefunden haben. »Ein Besuch bei Ikea ist immer Verheißung und Enttäuschung«, sagt der Kulturwissenschaftler Thomas Düllo, der an den Kassen häufig enttäuschte Kunden beobachtet hat. Leute, die sich ein Bett oder einen Schrank kaufen wollten, dann aber doch nur mit einem Beutel Teelichter nach Hause gehen. In Deutschland macht Ikea 70 Prozent seines Umsatzes mit Möbeln und bereits 30 Prozent mit Accessoires (die Ikea-intern als »Satelliten« bezeichnet werden).

Viele Möbelhausbesucher kaufen ausschließlich in der Markthalle. »Die Leute können sich nicht alle fünf Jahre einen neuen Kleiderschrank oder ein neues Sofa leisten«, sagt Ikea-Manager Werner Weber. »Aber ein neues Kissen, eine neue Decke, das geht.« So kommt es, dass der Durchschnittskunde bei seinem Ikea-Einkauf nur rund 80 Euro ausgibt. Manche Leute kommen allerdings neunmal im Jahr, während es im Durchschnitt 3,5-mal sind.

Eine Besonderheit des Ikea-Sortiments ist, dass sich darin immer wieder Dinge finden, von denen man nicht weiß, dass man sie brauchen kann, bevor man sie das erste Mal sieht. Ein Beispiel ist der Handtuchhalter Alamein. Das ist ein Gummiring mit einem Clip zum Preis von 1,50 Euro für drei Stück. Nach Auskunft der Erfinderin Maria Vinka soll das kleine Ding nicht nur dazu dienen, Handtücher ohne Aufhänger aufzuhängen. Mit Alamein lassen sich im Badezimmer auch Zeitschriften an einen Haken hängen.

Mittlerweile achtet Ikea sorgfältig darauf, dass das Angebot nicht ausufert. Jeder neuer Artikel, der in das Sortiment aufgenommen wird, macht die Logistik komplizierter und erhöht damit die Kosten. Und nicht jede Novität trägt auch dazu bei, den Umsatz zu erhöhen. Aus diesem Grund hat Ikea 2002 die Breite seines Sortiments deutlich verringert und die Zahl der Artikel von 17 000 auf knapp 10 000 gesenkt. Inzwischen ist die Zahl weiter gesunken und beträgt aktuell 9 500.

Weltweit bietet Ikea dasselbe Sortiment an. Anders ließen sich die hohen Stückzahlen nicht erreichen, die der Möbelkonzern braucht, um seine Einkaufspreise niedrig zu halten. Nur in Ausnahmefällen nahmen Ikeas Designer in der Vergangenheit auf nationale Vorlieben Rücksicht, etwa darauf, dass die Niederländer überlange Betten schätzen und die Italiener besonders hohe Kleiderschränke. Als deutsche Besonderheit gilt die Beliebtheit von Schuhschränken.

Wenn ein neuer Ikea-Katalog erschienen ist, ist es in den Einrichtungshäusern besonders voll. Im Oktober und November flaut der Besucherstrom dann ab, bevor er auf Weihnachten hin wieder anschwillt. Um die ruhigen Zeiten zu beleben, ist Ikea mittlerweile dazu übergegangen, einen Teil der neuen Produkte versetzt im Laufe des Jahres herauszubringen.

GEHEIMNIS 7
Der Elmtaryd-Faktor

Das E in Ikea steht für Elmtaryd, den Gutshof im dunklen Wald von Småland, auf dem Ingvar Kamprad aufgewachsen ist. Damals haben auf dem abgeschiedenen Hof alle Bewohner mitgearbeitet, von der Großmutter bis hin zum Enkelsohn. Als Ingvar Kamprad anfing, dort erste Handelsgeschäfte zu machen, halfen die Eltern dem Jugendlichen beim Packen der Pakete und Rechnungen schreiben. Später wohnte auch der erste Ikea-Angestellte, ein Buchhalter, auf dem Hof.

Als Kamprad in den neunziger Jahren an seinen Lebenserinnerungen arbeitete, erinnerte er sich mit Wehmut besonders an diese Jahre zurück. »Die Anfangszeit zu Hause auf dem Hof, als Ikea wirklich noch eine Familie war – dies ist und bleibt die beste Erinnerung«, schrieb er. Noch heute sieht der Gründer Ikea als Familie an, als seine Familie. In all den Jahren, die er an der Spitze des Unternehmens stand, hat sich daran nichts geändert, und Kamprad hat sich auf vielfältige Weise bemüht, den Geist von Elmtaryd wach zu halten: Sparsamkeit, Gemeinschaftssinn, Hilfsbereitschaft, Anspruchslosigkeit, Einfachheit.

In Ingvar Kamprads Augen ist ein Unternehmen nicht in erster Linie eine ökonomische Zweckorganisation, sondern eine Lebens- und Wertegemeinschaft. Sein Modell der Unternehmensführung ist ein paternalistisches. In dieser Hinsicht ist er völlig unmodern und sogar ideologisch.

Wenn Ingvar Kamprad im globalen Ikea-Reich unterwegs ist, vergeht kein Tag, an dem er nicht mindestens einen seiner Mitarbeiter umarmt. Je älter er wurde, desto mehr liebte es der Unternehmensgründer, zu fremden Menschen körperliche Nähe herzustellen. Mit seinen Umarmungen möchte er ein Gefühl der Gemeinschaft herstellen. Aber er gibt auch unumwunden zu, dass er dabei eigene Bedürfnisse befriedigt: »Es ist gut für mein Selbstbewusstsein.« Mehr als die meisten Unternehmer will der Ikea-Gründer geliebt werden, und das ist auch ein Grund, weshalb er sich seinen Mitarbeitern so häufig zuwendet.

Kamprad gefällt sich in der Rolle des zärtlichen Unternehmensvaters, aber er scheut sich auch nicht zu tadeln. In der Zentrale in Älmhult kritisiert er einen jungen Designer, dessen neuer Stuhl in allerhand poppigen Polsterfarben produziert werden soll, nur nicht in beige. »Wenn ihr wenig verkaufen wollt, sind die Farben gut«, ätzt der Alte. Aber bevor er fortgeht, nimmt er den Designer in den Arm und drückt ihn fest. Wenn er das Ikea-Bürohaus in Älmhult verlässt, streichelt der Alte auch schon mal der Empfangsdame über die Wange.

Kamprads enge Mitarbeiter haben seinen Führungsstil als eine besonders gelungene Melange aus Autorität und Anpassungsfähigkeit beschrieben. Dem Unternehmer ist es immer wieder gelungen, seiner Truppe entschieden den Weg zu weisen und ihr gleichzeitig das Gefühl zu geben, dass sie ihn selbst findet. Was Menschenführung angeht, ist Kamprad von seiner Zeit als Soldat in den vierziger Jahren geprägt worden. Damals hat er das einzige Managementtraining genossen, das er je hatte – auf der Offiziersschule in Karlsberg.

Die Briefe, die der Patriarch den Seinen hin und wieder schreibt, beginnen mit »Liebe Ikea-Familie ...«. Durch solche Anreden und durch seine Auftritte im Unternehmen versucht Kamprad die Illusion zu erzeugen, als hätte er eine persönliche Beziehung zu jedem einzelnen Ikea-Mitarbeiter. Das ist natürlich schon lange nicht mehr der Fall, denn die »Familie« ist vor allem in den vergangenen Jahren rasant gewachsen.

Zu Beginn des Geschäftsjahres 2006 beschäftigte der Konzern weltweit 90 000 Menschen. In weniger als acht Jahren hat sich die Zahl der Mitarbeiter mehr als verdoppelt, aber das Unternehmen arbeitet sehr daran, dass der Ikea-Geist durch die vielen Neuzugänge nicht verloren geht.

Drei Viertel alle Ikeaner arbeiten heute in den Einrichtungshäusern, weitere 13 000 sind in den 35 konzerneigenen Möbelfabriken der Swedwood-Gruppe tätig. Einen Wasserkopf hat der Konzern nicht. Mit rund 8 000 arbeiten nicht einmal 10 Prozent aller Ikea-Beschäftigten in den übergeordneten Bereichen Design/Sortimentsentwicklung, Einkauf, Logistik und Informationstechnologie.

Der Gründer wird im Unternehmen heute wie ein Guru verehrt. Als Ikea Deutschland 2004 das 30-jährige Jubiläum feierte, reiste der damals 78-jährige Kamprad zu einem Fest nach München-Eching. Er ließ es sich nicht nehmen, jeden einzelnen der dort anwesenden 1 000 Mitarbeiter zu umarmen. Den meisten dürfte es dabei so ergangen sein wie Tanya Roberts, der für den Einkauf von Material und Dienstreisen zuständigen Managerin, die in Kamprads Armen eine »Gänsehaut« bekam.

»Positive Fanatiker«

Kamprad sieht sich selbst als einen industriellen Wohltäter, der das Wohnen breiter Bevölkerungsschichten weltweit verbessert hat und auf diesem Weg fortschreiten muss. Er ist ein Missionar und er ist davon überzeugt, dass auch die meisten Mitarbeiter ähnlich motiviert sind. »Untersuchungen zeigen, dass Leute, die bei uns arbeiten, der Ansicht sind, wirklich etwas für eine bessere Gesellschaft zu tun, und dass es ihnen deshalb bei uns gefällt.«

In den siebziger Jahren hatte Kamprad sein »Testament eines Möbelhändlers« mit der bezeichnenden Aufforderung beendet: »Lasst uns auch in Zukunft eine Gruppe von positiven Fanatikern bleiben, die sich mit unerschütterlicher Hartnäckigkeit weigern, das Unmögliche, das Negative zu akzeptieren. Was wir wollen, können wir, und das werden wir auch tun – gemeinsam. Wunderbare Zukunft.«

Auf Außenstehende wirkt die Ikea-Unternehmensfamilie manchmal wie eine Sekte. In seinem Dokumentarfilm über die Eröffnung der ersten Ikea-Filiale vor den Toren Moskaus im Jahr 2000 zeigt Michael Chauvistré einige Mitarbeiter, die abends in einer Wohnung zur Gitarre ein Lied singen, dessen Refrain lautet »We are Ikea«. Es ist eine Szene voller Inbrunst, die mehr an das Zusammengehörigkeitsgefühl in einem Pfadfinderlager erinnert als an eine private Gesellschaft von Arbeitskollegen.

Ikeas Topmanager treten bisweilen wie Missionare auf, und ihre Wortwahl ist eher ungewöhnlich. Als der damalige Deutschlandchef Werner Weber im November 2004 auf der alljährlichen Ikea-Pressekonferenz in Frankfurt die Umsatzzahlen des Unternehmens mitteilte, da trat er wie üblich nicht in Anzug und Schlips auf, sondern in schwarzen Jeans und einem schwarzen Rollkragenpullover. Seinen Vortrag begann Weber mit den Worten: »Ich bin wahnsinnig glücklich über dieses Geschäftsjahr.« Ikea habe nicht nur mehrere neue Einrichtungshäuser eröffnet, sondern auch die Einnahmen in den alten Möbelmärkten um 7 Prozent gesteigert und er sei »ziemlich glücklich speziell über diese Zahl«. Dass dann auch noch die Zahl der Besucher in den Ikea-Läden um nicht weniger als 17 Prozent größer als im Vorjahr gewesen sei, das, ja das machte Kamprads Statthalter in Deutschland »wirklich sehr glücklich«.

Dass die Firma etwas Sektenhaftes an sich hat, räumen auch Mitarbeiter ein. Aber es ist wohl eine Sekte von der Art der Amish People und nicht von der Art Gehirn waschender Scientologen. Suchte man für Ikea ein Äquivalent bei den Religionsgemeinschaften, dann liegt wohl der Vergleich mit den Shakergemeinden in den USA des 19. Jahrhunderts am nächsten. Diese Leute waren überaus arbeitsam und sparsam und wirtschaftlich sehr erfolgreich. Sie stellten schlichte, schnörkellose Möbel her, die durch ihr Design später einmal zu Klassikern werden sollten.

Ohne Zweifel ist Ikea ein Unternehmen mit einer besonders starken Firmenkultur. In nicht geringer Zahl sind Ikea-Mitarbeiter Menschen, die nicht nur mitarbeiten, sondern die sich verschworen haben – einer Idee und deren Verkünder. In den siebziger Jahren hat Kamprad in einem Fernsehinterview erklärt, dass er von seinen leitenden Mitarbeitern erwarte, dass sie sich ganz auf ihre Aufgabe bei Ikea konzentrierten und keine Hobbys pflegten. In dieser Hinsicht denkt der Schwede genauso wie Alfred Krupp, der Stahlkönig aus dem 19. Jahrhundert, der seinen Arbeitern und Angestellten jede private Liebhaberei oder häusliche Nebentätigkeit verbot. »Wenn wir darin Ausnahmen zulassen«, hatte Krupp gesagt, »so werden wir die

Zeit erleben, wo man zur Fabrik geht sich auszuruhen und zuhause arbeitet.«

Bei der Auswahl seiner Führungskräfte achtet der Möbelkonzern darauf, dass nicht nur Hochschulabsolventen zum Zuge kommen. Auch Quereinsteiger ohne akademische Ausbildung haben eine Chance. Wichtiger als gute Noten im Abschluss sind bei Ikea Persönlichkeit und Potenzial der Bewerber, »denn außer an Ausbildung und Zeugnisse glauben wir an eine weitaus stärkere Kraft: den Willen«, wie es in einer Bewerberbroschüre heißt.

Ohne Schlips und Kragen

Bei Ikea tragen auch die Topmanager keine Businessanzüge und keine Krawatten. Es gilt ein informeller Dresscode, der sich schon vor Jahrzehnten eingebürgert hat. Das Unternehmen hat flache Hierarchien und pflegt eine Kultur der Gleichheit. »Führungskräfte haben bei Ikea keine Sonderparkplätze vor der Tür. Keine Sondertische in der Kantine«, steht in der Informationsschrift der Ikea-Personalabteilung. »Führungskräfte sind bei Ikea ein Teil des Teams. So bleiben die Wege kurz und die Kommunikation einfach und natürlich.«

Bei Ikea duzen sich alle Mitarbeiter und nennen sich beim Vornamen. Gründer Kamprad ist »der Ingvar«, und so lässt sich der Multimilliardär bei Interviews auch von Journalisten ansprechen. Das Duzen hilft dem Konzern, die egalitäre schwedische Konsenskultur in andere Länder zu exportieren. »Für uns ist Duzen eine Möglichkeit, Werte wie Offenheit, Toleranz und Zusammengehörigkeit mit Leben zu erfüllen«, heißt es in einer Ikea-Information für Bewerber.

Von der Duzregel wird keine Ausnahme gemacht. Als ein Betriebsrat in Deutschland nach langen Auseinandersetzungen mit der Geschäftsleitung darauf bestand, künftig gesiezt zu werden, erhielt er die Antwort: »Lieber Lu, wenn Du wünschst, dass ich Sie zu Dir sage, geht das nur, wenn Du Ikea verlässt.«

Das Verhältnis zwischen Management und Mitarbeitern ist allerdings auch bei Ikea nicht spannungsfrei. In Deutschland drehten sich die Konflikte zwischen Geschäftsleitung und Betriebsrat meist um Überstunden, Öffnungszeiten und Wochenendarbeit. Bei einer betriebsinternen Umfrage bezeichneten 2003 nicht weniger als 61 Prozent der Mitarbeiter ihr Verhältnis zum nächsten Vorgesetzten als »schlecht« oder »sehr schlecht«. Allerdings hatten nur 1 500 von 9 400 Mitarbeitern an der Umfrage teilgenommen, und die Geschäftsleitung hegte die nicht unbegründete Hoffnung, dass es vor allem die Unzufriedenen waren. Viele Ikea-Mitarbeiter bestätigen, dass in dem Unternehmen eine recht familiäre Atmosphäre herrsche.

»Ikea ist ein Arbeitgeber wie jeder andere auch, der auf Gewinnmaximierung aus ist«, hält Klaus Grawunder dagegen, Einzelhandelsexperte bei der Gewerkschaft Verdi in Frankfurt. Was der Gewerkschafter dabei allerdings ausblendet, ist die Tatsache, dass Ikea im Gegensatz zu den meisten Unternehmen dieser Größe Tausende neuer Arbeitsplätze in Deutschland schafft, seine Profite also offenkundig durch Wachstum maximiert und nicht durch Personalabbau.

Viele wollen einen Job bei Ikea. Vor der Eröffnung des Einrichtungshauses in Berlin-Tempelhof 2003 gingen in der Personalabteilung 4 736 Bewerbungen ein, obwohl das Unternehmen kein einziges Inserat geschaltet hatte. Unterhalb der Managementebene zahlt Ikea Tariflöhne, aber auch nicht mehr. Mitarbeiter essen kostenlos in der Kantine und bekommen 15 Prozent Rabatt im Möbelhaus.

Eine mäßige Bezahlung und geringe Sozialleistungen hatten vor allem bei Ikea in den USA für eine hohe Fluktuation unter den Mitarbeitern gesorgt. Von 100 Beschäftigten, die am Anfang des Jahres 2000 als Verkäufer bei Ikea arbeiteten, hatten 76 am Jahresende das Unternehmen schon wieder verlassen. Dann aber führte die Geschäftsleitung eine Reihe neuer Sozialleistungen ein, wie Mutterschaftsurlaub, Essensgeld und Beiträge zur Altersvorsorge, und die Lage besserte sich kontinuierlich. Mit der neuen Politik schaffte es Ikea 2005 sogar auf die Liste der 100 arbeitnehmerfreundlichsten US-Unternehmen, die das Magazin *Fortune* regelmäßig erstellt.

Ein besonderer Tag in der Ikea-Geschichte war der 9. Oktober 1999. Ingvar Kamprad hatte zuvor angekündigt, dass der gesamte Umsatz dieses Tages den Mitarbeitern geschenkt werden würde. Der Erlös sollte brüderlich geteilt werden. Das hieß, dass jeder der damals rund 53 000 Ikea-Mitarbeiter weltweit das Gleiche bekommen sollte, unabhängig davon, wie hoch sein Gehalt war. Allerdings hatten die Personalverantwortlichen eine Obergrenze eingezogen. Kein Mitarbeiter sollte mehr als drei Monatsgehälter bekommen. Ikea-Chef Dahlvig fürchtete, dass es die Moral der Mitarbeiter in China und anderen Billiglohnländern untergraben könnte, wenn sie auf einen Schlag ein Jahresgehalt oder mehr ausgezahlt bekämen.

In Deutschland öffneten die Einrichtungshäuser an diesem Tag frühmorgens um sechs Uhr. In Schweden waren die Läden sogar 24 Stunden geöffnet. Am Ende wurden rund 85 Millionen Euro verteilt, rund 1 600 Euro je Mitarbeiter und für die meisten mehr als ein Monatsgehalt. »Das ist unsere Art, das Jahrhundert abzuschließen«, kommentierte Konzernchef Dahlvig. »Wir wollen uns bei allen bedanken, die zum großen Erfolg beigetragen haben.«

Ikeas provinzielle Heimat

Während Elmtaryd für Ikea keine Rolle mehr spielt, außer dass hin und wieder ein Bus mit Möbelhausmanagern dort vorbeifährt, ist Älmhult, der Ort des ersten Ikea-Möbelhauses, immer noch von großer Bedeutung für das Imperium. Auch wenn die Ikea-Dachgesellschaften ihren Sitz schon längst im steuergünstigen Ausland haben, ist diese südschwedische Kleinstadt die Heimat von Ikea geblieben.

In Älmhult werden noch heute die Möbel und Accessoires entworfen, die Ikea verkauft. Der Konzern ersetzt jedes Jahr rund 20 Prozent seiner Produkte, und die Neuheiten haben ihren Ursprung nach wie vor in Schweden. »Es ist Älmhult, das unser gesamtes Sortiment bestimmt und unsere Kultur verbreitet«, sagt Ingvar Kamprad.

In Älmhult arbeiten knapp 3 000 Ikea-Mitarbeiter, und der größte Teil von ihnen ist in der Produktentwicklung tätig. Das Sortiment ist in elf Bereiche unterteilt, von Betten über Küchen bis hin zu den Polstermöbeln. Die Manager dieser Geschäftsbereiche haben die wohl härtesten Jobs im Konzern, denn sie müssen ansprechende Qualitätsmöbel zu Niedrigpreisen konzipieren.

Die Entwürfe der Designer, von denen die meisten als Freelancer arbeiten, durchlaufen ein aufwändiges Prüfverfahren, währenddessen untersucht wird, ob die Produkte in Preiswürdigkeit und Design überzeugend sind, ob sie umweltverträglich hergestellt werden können und ob sie für das Ikea-Distributionssystem geeignet sind. Ein Produkt, das nicht kostengünstig gelagert und transportiert werden kann, hat keine Chance, in das Ikea-Sortiment aufgenommen zu werden. Für Ikea gilt nämlich nicht das Designcredo »form follows function«, sondern die Transportmaxime »form follows logistics«.

Älmhult hat rund 8000 Einwohner. Das Städtchen ist provinziell, und man tut ihm nicht unrecht, wenn man ihm jeden besonderen Charme abspricht. Touristen finden nur in geringer Zahl hierher. Die größte Attraktion, die die Gegend Besuchern zu bieten hat, ist das Geburtshaus des schwedischen Naturforschers Carl von Linné, der im 18. Jahrhundert die Pflanzen klassifizierte. Ein Denkmal Linnés, dessen Selbstbeschreibung (»tat alles prompt, konnte langsame Leute nicht leiden, war sensibel, ward schnell gerührt, arbeitete kontinuierlich und konnte sich nicht schonen«) manche Gemeinsamkeit mit Kamprad erkennen lässt, steht auf dem Marktplatz von Älmhult.

Älmhult ist abgelegen, in der näheren Umgebung gibt es keine Großstadt. Wenigstens liegt das Städtchen an der Bahnstrecke von Malmö nach Stockholm, wenn auch nicht alle Züge anhalten. Kommt man mit dem Auto auf der Landstraße nach Älmhult, so passiert man, bevor man den Ort erreicht, eine Vielzahl hochaufgeschichteter Holzstapel. Die Gegend ist nach wie vor sehr waldreich, allerdings haben schwere Stürme im Januar 2005 große Schneisen in den Wald geschlagen.

Am Ortsrand ist das erste Gebäude, das der Ankommende sieht, das von Ikea of Sweden. Anders als die Ikea-Einrichtungshäuser weltweit ist es nicht blau und gelb, sondern weiß und rot, denn das sind die traditionellen Farben von Ikea in Schweden. Weiß und rot steht in Schweden für billig.

Ikeas Design- und Sortimentszentrale ist ein flacher zweckdienlicher Bürobau mit einem großen Parkplatz davor. An der Einfahrt des Parkplatzes stehen Blumenkübel aus Waschbeton, die dem Besucher jede Illusion nehmen, dass die Gestalter einer international erfolgreichen Lifestylefirma architektonisch anspruchsvolle Arbeitsplätze haben könnten.

Im Inneren des Gebäudes überwiegen Großraumbüros mit niedrigen Decken. Da gibt es Räume, in denen unzählige Vorhangstoffe hängen, und andere, die voller Gartenstühle stehen. Über der Empfangstheke hängen Uhren mit den wichtigen Weltzeiten. Im Erdgeschoss gibt es eine kleine Cafeteria, in der internationale Designzeitschriften ausliegen – und natürlich *Älmhultsbladet*, das hektografierte Schwarz-Weiß-Blättchen für die ortsansässige Mitarbeiterschar.

Nicht weit von der Sortimentszentrale liegt das Älmhulter Ikea-Einrichtungshaus, das erste überhaupt. Es ist mit 20 000 Quadratmetern eher klein und weniger anstrengend zu durchlaufen als die üblichen Riesenhallen. Im Gewerbegebiet am Stadtrand von Älmhult steht das riesige Ikea-Zentrallager für Nordeuropa, die Regale dort sind 14 Stockwerke hoch.

Nach Älmhult kommen die Produktchefs der Möbelhäuser jedes Jahr, um ihre Bestellungen aufzugeben. Hier werden junge Ikea-Manager aus aller Welt mit dem Geist des Unternehmens vertraut gemacht. Hier lehren Firmenveteranen die Neulinge den »Ikea-Way«. Das Ganze findet meist im konzerneigenen Hotel (»Värdshuset«) statt. Es steht gegenüber dem Ikea-Möbelhaus auf einem Grundstück, wo früher einmal der Dorfladen war, den Kamprads Großvater mütterlicherseits betrieben hatte. Im Keller des Hotels hat man ein kleines Ikea-Museum eingerichtet.

Älmhult hat wenig gemein mit jenem Schweden, das man aus den Bilderbüchern und Fotobänden kennt. Auf der Hauptstraße der Kleinstadt sieht man mehr Beton als Holz. Auch rund um den Ort findet man kaum ein Schwedenheim, das dem Klischee entspricht. Ein städtisches Leben gibt es in Älmhult so gut wie nicht. Abends ist kein Menschen auf der Straße zu sehen. Die Gastronomie besteht aus einer Pizzeria und einem Bistro für die Jugend. Wer an einem lauen Sommerabend in Älmhult essen gehen will, der fährt am besten zum Campingplatz Sjöstugan am Möckelnsee. Dessen Restaurant hat immerhin eine Terrasse, auf der man den Sonnenuntergang genießen kann.

Zu den gesellschaftlichen Höhepunkten in Älmhult zählt die alljährliche Ikea-Weihnachtsfeier am Tag vor Heiligabend, bei der Ingvar Kamprad den Mitarbeitern dankt und kleine Geschenke verteilt. Die Party steigt allerdings in einem unbeheizten Möbellager.

Die Menschen in Älmhult leben mit den üblichen Beschränkungen, die es in Schweden gibt. Wenn ein Ikea-Designer oder Katalogproducer mal ein paar Flaschen Bier, Wein oder Hochprozentiges einkaufen will, muss er in einen Laden auf der Hauptstraße gehen, in dem es so aussieht wie in einer Apotheke. Es ist die Filiale von Systembolaget, der staatlichen Monopolgesellschaft für den Verkauf von Alkoholika. Selbstbedienung ist dort nicht vorgesehen. Man muss sich am Tresen anstellen und strengen Frauen mittleren Alters offenbaren, was man kaufen möchte.

Älmhult und das Bild, das die Menschen weltweit von Ikea haben, haben nichts miteinander gemein. Aber so unspektakulär, durchschnittlich und langweilig das Städtchen in Südschweden ansonsten auch sein mag, in einer Beziehung ist Älmhult einzigartig. Nirgendwo anders auf der Welt gibt es eine solche Konzentration an Möbel-Know-how.

Geheimnis 8
Der Ingvar-Faktor

Es gibt wohl kaum ein zweites Unternehmen dieser Größe auf der Welt, dessen Kultur so sehr durch die Persönlichkeit des Gründers geprägt ist wie Ikea. Ingvar Kamprad ist Ikea, und Ikea ist Kamprad. Seit mehr als 60 Jahren führt und dirigiert der Gründer das Unternehmen. Heute ist Kamprad das Musterbeispiel einer lebenden Legende. Aber er ist auch bis in die Gegenwart ein Motor der Expansion des Unternehmens.

Der erste Chef des Stockholmer Ikea-Flaggschiff-Möbelhauses Hans Ax hat Kamprad einmal als einen Mann beschrieben, der niemals zufrieden sei. Ingvar Kamprad selbst sagt über sich: »Meine Träume waren immer groß.« Zum Erfolg von Ikea trugen aber wohl andere Eigenschaften Kamprads noch mehr bei – seine Bodenständigkeit und seine Vorliebe für Einfachheit.

»Einfachheit ist eine Tugend«, hat Kamprad ein Kapitel in seinem »Testament eines Möbelhändlers« überschrieben. Ganz ohne Regularien komme zwar kein Unternehmen aus, aber diese müssten einfach sein. »Je komplizierter diese Regeln sind, umso schwerer sind sie zu befolgen. Komplizierte Regeln lähmen!« Während Unternehmensberater und Professoren der Betriebswirtschaftslehre meist auf den Wert einer soliden Planung pochen, glaubt der Ikea-Gründer, »dass übertriebene Planung die häufigste Todesursache von Unternehmen ist«.

Nach Kamprads Ansicht raubt ein Übermaß an Planung den Managern und Mitarbeitern die Freiheit, ihre Handlungen immer wieder den Umständen anzupassen. Planung bringe zwangsläufig Bürokratie mit sich. Und je mehr Zeit in einem Unternehmen für Planung verwandt werde, desto weniger bleibe für die Ausführung. Seit jeher predigt Kamprad daher seinen Mitarbeitern: »Lass Einfachheit und Vernunft walten, wenn Du etwas planst.«

Zur Kultur der Einfachheit gehört bei Ikea, dass auf allen Positionen im Konzern der Praxisbezug in den Vordergrund gestellt wurde. Kamprad ist bis heute skeptisch eingestellt gegen »alle Mitarbeiter-Schreibtische, die weit von der Wirklichkeit, das heißt, von unseren Möbelhäusern und unseren Kunden, entfernt stehen«. Und er war auch immer skeptisch gegen »Märchen«, das sind für ihn Berichte und Statistiken, die er nicht persönlich überprüfen kann.

Ethos der Einfachheit

Kamprad wuchs in einer Umgebung auf, in der Sparsamkeit eine aus der Not geborene Tugend war. Die Småländer gelten als die Schotten Schwedens. In Småland war Wohlstand immer mit äußerster Sparsamkeit verbunden. »Es ist nicht wichtig, was einer einnimmt und verdient«, sagte man dort. »Die Hauptsache ist, was einer ausgibt. Du kannst reich werden, obwohl du arm bist, du darfst bloß nichts unnötig ausgeben.« Von dieser an Geiz grenzenden Sparsamkeit war auch die aus Småland stammende Schriftstellerin Astrid Lindgren geprägt, die ihren Reisauflauf immer wieder neu aufwärmte und keinen Brotkanten wegwerfen konnte, als sie schon eine vielfache Millionärin war.

Als junger Unternehmer liebte Kamprad es, seinen Mitarbeitern Lektionen in Sparsamkeit und Vorsicht zu erteilen. In den fünfziger Jahren entdeckte er einmal abends in Älmhult, dass die Kassiererin eine Rolle Briefmarken auf dem Tisch hatte liegen lassen statt sie wegzuschließen. Kamprad steckte die Briefmarken ein und legte den Gegenwert in Münzen an deren Stelle. Stets legte er großen Wert darauf, dass seine Mitarbeiter wussten, was die Dinge, mit denen sie arbeiteten, wert waren. Er verfügte daher, dass auf Werbebroschüren und Unternehmensinformationen die Kosten ihrer Herstellung gedruckt wurden, um zu verhindern, dass sie allzu sorglos verteilt oder gar weggeworfen werden würden. Und so findet sich auch heute auf der Mitarbeiterzeitung *Readme* der Hinweis »Production cost per copy: SEK 15«.

Um das Bewusstsein der Mitarbeiter zu sensibilisieren, ruft die Ikea-Geschäftsleitung auch schon mal Stromsparwettbewerbe aus: Die Filiale oder Abteilung, die am meisten Energie einspart, indem nicht gebrauchte Lampen oder Geräte ausgeschaltet werden, erhält einen Preis.

Keine andere Passage in Kamprads »Testament« gibt mehr Aufschluss über den Charakter des Gründers als sein Appell zur Sparsamkeit: »Mittelverschwendung ist eine der größten Krankheiten der Menschheit. Viele moderne Bauwerke sind eher Denkmäler für die menschliche Dummheit als rationelle Lösungen eines effektiven Bedarfs. Aber viel mehr kostet uns die Verschwendung, wenn es um kleine alltägliche Fragen geht: Papiere einzuordnen, die man sowieso nie mehr braucht. Zeit aufzuwenden für den Beweis, dass man selbst trotzdem Recht hatte; die Lösung eines Problems bis zur nächsten Sitzung aufzuschieben, weil man selbst die Verantwortung jetzt nicht übernehmen will. Zu telefonieren, wenn man ebenso gut einen Zettel oder ein Telex schreiben könnte. Die Aufzählung könnte man endlos weiterführen.« Das sind Lebensregeln wie aus einem *Simplify Your Life*-Buch.

Einfachheit und Sparsamkeit sind für Kamprad Kardinaltugenden, die miteinander in einer engen Verbindung stehen. »Nicht nur aus Kostengründen vermeiden wir Luxushotels. Wir können auf Luxusschlitten, auf hochgestochene Titel, auf maßgeschneiderte Bekleidung oder ähnliche Statussymbole verzichten«, schreibt er. Solche Dinge liefen dem Geist des Unternehmens entgegen, welches auf Einfachheit gegründet sei. »Es gehört zur Ikea-Kultur, dass man nicht aufschneidet«, bestätigt Konzernchef Anders Dahlvig. Damit die Manager an der Spitze nicht die Bodenhaftung verlieren, müssen sie regelmäßig an die Verkaufsfront. Dahlvig selbst hat 2004 mehrere Tage im Stockholmer Einrichtungshaus mit angepackt. Der Konzernchef hat dort Betten verkauft, im Selbstbedienungslager geholfen und Lieferungen entgegengenommen.

Ikea-Manager dürfen nur Economy fliegen und sie müssen sich in der Bahn mit der 2. Klasse begnügen. Sie dürfen nur in preiswerten Hotels absteigen. Das gilt bis hinauf in die Konzernspitze und auch für den Gründer selbst. »Wie soll ich denn die Leute, die für mich arbeiten, dazu bringen billig zu reisen, wenn ich mich selbst im Luxus fortbewege?«, sagt Kamprad. »Das ist ein Frage des Leaderships.«

Kamprad selbst fährt einen alten Volvo. Bevor er eine Flugreise antritt, surft er so lange im Internet, bis er die billigste Airline gefunden hat. Zu einer Pressekonferenz in Stockholm kam Kamprad vor Jahren mit der U-Bahn. Stolz präsentierte er den Journalisten das Ticket. Die stellten belustigt fest, dass der Multimilliardär sogar die Ermäßigung für Senioren in Anspruch genommen hatte.

Der langjährige Deutschlandchef Werner Weber hatte in dieser Position immerhin einen Dienstwagen, allerdings kein Oberklassemodell, sondern einen VW Passat. Auf eine eigene Sekretärin verzichtete der Manager, der die Verantwortung für rund 11 000 Mitarbeiter trug, ebenso wie auf ein eigenes Büro. Wie andere auch versah er seinen Dienst in der Deutschlandzentrale im hessischen Hofheim-Wallau in einem Großraumbüro.

Auch Ingvar Kamprad hatte bei Ikea kein eigenes Büro. Nach seinem Umzug in die Schweiz nutzte der Ikea-Gründer eine Arbeitsecke in der Verwaltungsetage des Möbelhauses in Aubonne. Dort hatte Kamprad nicht mehr als einen Schreibtisch, einen Stuhl und ein Bücherregal – Billy.

Kamprad-Fotos aus den sechziger Jahren zeigen noch einen geschniegelten Unternehmer in Schlips und Kragen. Dann aber brach der Ikea-Chef mit solchen Kleidungskonventionen. Heute läuft der Milliardär nicht selten mit abgelaufenen Schuhen herum, und seine Kleidung erinnert an das, was seine deutschen Discountkollegen Karl und Theo Albrecht in ihren Läden (Aldi) verkaufen.

»Wäre Ingvar im eigenen Unternehmen sein bester Kunde, Ikea wäre längst pleite«, notierte der Reporter der *Financial Times Deutschland* Anton Notz 2002 nach einer Begegnung mit Kamprad, den er so beschrieb: »Kumpelhaft, liebenswürdig, ein wenig verschroben. Und natürlich in hellblauer Baumwollhose, mit Schmierfleck auf der Gesäßtasche und eng gestreiftem Hemd, an dem der Kragen verrät, dass es eindeutig noch im letzten Jahrhundert hergestellt wurde. Fehlt nur noch ein zerknautschter Pepita-Hut.«

Zahllose Legenden sind über Kamprad im Umlauf. Dass er die Minibar durch Einkäufe im Supermarkt wieder auffülle, bevor er auscheckt, ist die einzige, die er je dementiert hat. Bei der Gelegenheit hat er dann allerdings preisgegeben, dass er Einweggeschirr auswasche und wiederverwende. Der Milliardär ist durch und durch ein Schnäppchenjäger geblieben, der noch heute am liebsten auf Flohmärkten herumstöbert. Kamprads Sparsamkeit geht so weit, dass er sich einen Personalrabatt geben lässt, wenn er bei Ikea einen Beutel Teelichter kauft.

Charakterliche Eigenschaften, die Ingvar Kamprad nach eigener Aussage für besonders erstrebenswert hält und die er an seinen Mitarbeitern schätzt, sind Gemeinschaftsgeist, Engagement und Willensstärke. Er fügte hinzu: »Am meisten aber schätze ich wohl Demut.« Er hat das in dem Gespräch mit seinem Biografen Torekull nicht näher erläutert, aber es ist nicht anzunehmen, dass Kamprad den Begriff in seiner religiösen Bedeutung meint, also als die Eigenschaft eines Menschen, der sich Gott unterwirft. Er dürfte den Begriff der Demut weiter fassen – als Einsicht in die Tatsache, dass es etwas Höheres und Größeres gibt als man selbst. In Kamprads Fall ist das Ikea.

Kamprad kultiviert das Image eines Geizhalses mit Bedacht. Als störend empfindet er Zeitungsberichte, die ihn zum reichsten Mann der Welt erklären. Er ist in ständiger Sorge, dass die Ikea-Unternehmenskultur unter solchen Meldungen leiden könnte. Daher sandte er nach Erscheinen eines solchen Artikels eine E-Mail an die Mitarbeiter. Dem Brief vorangestellt hatte er die rhetorische Frage »Wie fühlt es sich an, wenn man so reich ist, Ingvar?« In seiner Antwort wies er augenzwinkernd darauf hin, dass seine Familie und er ja nicht gerade in dem Ruf stünden, »Konsumoholiker« zu sein. Dann folgte der Satz: »Die größten Reichtümer, die ich besitze, sind meine Gesundheit, meine Familie und meine Mitarbeiter bei Ikea.«

Ikea pflegt eine Kultur der Bescheidenheit, die der Gründer dem Unternehmer eingepflanzt hat und die inzwischen tief verwurzelt ist. Allerdings ist es auch Kamprad bisher nicht gelungen, den neuen Menschen zu schaffen, wie das Beispiel seines Schülers Anders Moberg zeigt. Moberg, der von 1986 bis 1999 an der Spitze des Möbelkonzerns stand, mochte sich irgendwann nicht mehr die Vorteile entgehen lassen, die er für sich persönlich herausholen konnte.

Schon als der Manager 1999 von Ikea zur US-Baumarktkette

Home Depot wechselte, dürften finanzielle Gründe eine ausschlaggebende Rolle gespielt haben. Vier Jahre später wurde Moberg die Führung des angeschlagenen niederländischen Handelsriesen Ahold angeboten, der wegen Bilanzmanipulationen in Verruf geraten war. Bevor er den Job annahm, ließ sich Moberg ein Gehaltspaket schnüren, das je nach Börsenkurs auf bis zu 10 Millionen Euro im Jahr hinauslaufen konnte. Auf öffentliche Kritik reagierte der Mann, der sich noch in seiner Zeit als Ikea-Chef damit gerühmt hatte, niemals Business-Class zu fliegen, mit der Bemerkung: »Ich habe die letzten Jahre in den USA gelebt. Dort verdient man noch mehr.« Moberg hat allerdings an der Spitze von Ahold rasch bewiesen, dass er das viele Geld tatsächlich wert ist. Es gelang dem Kamprad-Schüler unerwartet schnell, den viertgrößten Handelskonzern der Welt zu sanieren.

Kaum etwas trifft Ingvar Kamprad persönlich mehr, als wenn er erkennen muss, dass die Werteordnung in seinem Firmenkosmos verletzt wird. Im Sommer 2005 nahm die Staatsanwaltschaft Frankfurt Ermittlungen gegen zwei deutsche Ikea-Bauleiter auf, die im Verdacht standen, Bestechungsgelder angenommen zu haben. Als Gegenleistung sollen sie Baufirmen Aufträge beim Bau und Umbau von Möbelhäusern zugeschanzt haben. In einem Fall hatte ein Ikea-Baumanager vermutlich rund 750 000 Euro kassiert. Dutzende Fahnder durchsuchten die Firmenzentrale und etwa 20 weitere Objekte. Die Staatsanwaltschaft ließ auch mehrere Mitarbeiter von Baufirmen verhaften. Sie gestanden, dass sie Bestechungsgelder an Ikea-Mitarbeiter gezahlt hatten.

Die Affäre zeigte, dass auch ein Unternehmen mit einem so starken Ethos wie Ikea gegen Korruption nicht gefeit ist. Mindestens einer der straffällig Gewordenen scheint nach der Entdeckung seiner Taten und der Festnahme dann allerdings auch in einen unlösbaren inneren Konflikt geraten zu sein. War es die Angst vor den Folgen oder war es Scham, die den 56-jährigen Ex-Chef der Ikea-Bauabteilung so belastete, dass er nur noch einen Ausweg sah? Im September 2005 erhängte sich der Hauptbeschuldigte mit einem Hosengürtel in der Zelle der Untersuchungshaftanstalt Frankfurt-Höchst.

Ein Geizhals am Genfer See

Ingvar Kamprad selbst hat in seinem Leben fast allen zahllosen materiellen Verlockungen widerstanden, die es für einen vielfachen Milliardär gibt. Er käme niemals auf die Idee, sich ein Schloss zu bauen, sich eine Hochseejacht oder einen Fußballclub zu kaufen. Neben einem Porsche, den er in den sechziger Jahren fuhr, war vermutlich die kostspieligste Anschaffung, die Ingvar Kamprad in seinem Leben tätigte, der Kauf eines Weingutes in Frankreich. Seine Frau hatte sich immer schon ein Ferienhaus im Süden gewünscht und Kamprad wollte ihn ihr erfüllen, nachdem er mit einer privaten Aktienspekulation Glück gehabt hatte. Er erwarb die Domaine de la Navicelle, ein Weingut am Rande des Städtchen Le Pradet unweit der Hafenstadt Toulon am Mittelmeer.

Im Kauf des 17 Hektar großen Gutes spiegelte sich Kamprads bäuerliche Herkunft. Um der Anschaffung den Charakter eines privaten Lustkaufes zu nehmen, sorgte der neue Besitzer dafür, dass das Weingut kein Zuschussbetrieb wurde. Heute werden die Weine in einem Laden auf dem Gut sowie im Ikea-Hotel in Älmhult verkauft. Außerdem ließ Kamprad eine Reihe von Ferienhäusern einrichten, um sie an Touristen zu vermieten. Die Anlage umfasst sieben unterschiedlich große Wohnungen für zwei bis zehn Besucher. Die Möblierung der Ferienquartiere, die im Internet unter www.domainedelanavicelle.com besichtigt und gebucht werden können, sieht allerdings so aus, als bestünde sie ausschließlich aus Ikea-Restposten. Immerhin gehören zur Anlage ein Pool und ein Tennisplatz.

Auch in seinem schweizerischen Heimatort Epalinges, wo er seit 1978 lebt, gilt Kamprad als Geizhals. In dem einstigen Bauerndorf bei Lausanne bewohnt er mit seiner Frau einen schlichten Bungalow, der von Wiesen umgeben nahe am Wald steht. In einer Einliegerwohnung leben ein pensionierter Polizist und seine Frau. Der größte Luxus, den die Kamprads dort haben, ist ein spektakulärer Blick auf den Genfer See. An klaren Tagen sehen sie auch die Alpen.

Am Leben der Society nimmt Kamprad nicht teil. In der größten Tageszeitung von Lausanne, *24 heures,* ist bislang nicht ein einziges Foto gedruckt worden, das Kamprad auf einer Party oder Premiere zeigt. Die Einheimischen sehen die Eheleute Kamprad dafür regelmäßig im Einkaufszentrum von Epalinges Besorgungen machen. Von den Kaufleuten im Ort werden die Kamprads als höfliche und freundliche Menschen beschrieben. Im Supermarkt hat der Ikea-Gründer sogar einmal einer Mitarbeiterin geholfen, ein Regal mit Waren zu bestücken. Auf den Wochenmarkt geht der alte Schwede immer erst kurz vor Schluss, wenn die Frischwaren im Preis herabgesetzt worden sind.

Der Bürgermeister der Gemeinde ist schlecht auf Kamprad zu sprechen. Yvan Tardy, der »Syndic d'Epalinges«, beklagte sich bei dem Journalisten Carel Brendel von der niederländischen Tageszeitung *Algemeen Dagblad* bitter über den Milliardär: »Kamprad muss nur sehr wenig Steuern zahlen. Unglücklicherweise hat er niemals etwas für unseren Ort getan. Nicht eine einzige Spende an Einrichtungen der Armenhilfe, Altenfürsorge und Jugendhilfe. Er lässt sich nicht überreden, einen Sportverein zu sponsern. Wenn Vereine einen Jahrmarkt oder eine Tombola veranstalten, brauchen sie bei ihm gar nicht erst zu fragen.«

Der Gemeindepräsident empfahl dem Möbelmilliardär, er solle sich ein Beispiel an dem deutschen Rennfahrer Michael Schumacher nehmen, der in einer Nachbargemeinde lebt. Der sei viel großzügiger. Schumacher habe einen Spielplatz gestiftet und unterstütze regelmäßig die örtlichen Sportvereine. Nur ein einziges Mal vor vielen Jahren habe Kamprad die Trikots einer Basketballmannschaft bezahlt, in der einer seiner Söhne spielte.

Heute mag Kamprad seiner Heimatgemeinde nicht einmal mit Möbeln helfen. Als die Mitarbeiter einer Tagesbetreuungsstätte Stühle anschaffen mussten und bei Kamprad nach einem Rabatt im nahe gelegenen Ikea-Einrichtungshaus gefragt hätten, seien sie abgewiesen worden, berichtete der Bürgermeister. Für Epalinges sei der Zuzug des Unternehmers kein großer Gewinn gewesen. »Er erledigt seine Einkäufe im Ort, aber davon abgesehen gibt er kein Geld in unserer Gemeinde aus. Nicht einmal im Restaurant, denn er isst niemals auswärts. Es tut mir leid, aber ich kann ihn nicht anders nennen als einen Geizhals.«

Für genussfreudige Unternehmerkollegen wie den Habitat-Gründer Terence Conran ist Kamprad ein Rätsel. »Ingvar ist der ungewöhnlichste Mensch, den ich kenne«, gab Conran im April 2004 zu Protokoll. »Er ist zugleich einer der reichsten Männer der Welt und einer der kleinlichsten. Er würde niemals den Bus nehmen, wenn er laufen kann, und nicht einmal davon träumen, ein Taxi zu nehmen, in London übernachtet er in den billigsten Hotels in der Cromwell Road. Wenn man das Selbstgeißelung nennen will, so praktiziert er es in mönchischem Ausmaß. Er schickt mir tatsächlich Weihnachtskarten, die vom vergangenen Jahr wiederaufgearbeitet sind, aufgeklebt auf billigstes Papier. Das ist kein Witz.«

Aus Kamprads Sicht ist der Geiz eine Tugend. »Ich versuche, einen einfachen Lebensstil beizubehalten«, sagte er in einem *Forbes*-Interview und erläuterte den Grund: »Ich sehe meine Aufgabe darin, der Mehrheit der Menschen zu dienen. Die Frage ist: Wie findet man heraus, was sie wollen, um ihnen am besten zu helfen? Mein Antwort ist es, nahe bei den normalen Leuten zu bleiben, denn in meinem Inneren bin ich einer von ihnen.«

Mit ziemlicher Sicherheit wäre Ikea nicht zu dem herangewachsen, was es heute ist, wenn Ingvar Kamprad in jungen Jahren ein Inte-resse für Hochseejachten, Luxusimmobilien oder Privatflugzeuge entwickelt hätte. Er hat sein Unternehmen von Anfang an auf ein extremes Kostenbewusstsein gegründet – und stets mit hohen Sicherheitsmargen gearbeitet. Die Ikea-Gruppe verfügt über eine hohe Liquiditätsreserve für unvorhergesehene Fälle. Es gilt ein Verbot für wechselseitige Garantien zwischen den einzelnen Konzerngesellschaften und die Regel, dass betriebsnotwendige Immobilien möglichst im Eigenbesitz sein sollten. Auf diese Weise wollte Kamprad erreichen, dass Ikea in schlechten Zeiten die Möglichkeit hätte, den Handelsbetrieb durch Mietreduzierungen zu stützen.

Absage an die Börse

Für den Ikea-Gründer war es immer eine Schreckensvorstellung, von Banken oder anonymen Kapitalgebern abhängig zu sein. Ein Börsengang Ikeas kam für ihn nicht infrage. Nicht nur in dieser Hinsicht denkt Kamprad wie der legendäre Alfred Krupp, der 1873 geschrieben hatte, er wolle »für Jahrhunderte ein solides Werk begründen« und das vertrage sich nun einmal nicht mit einer Börsennotierung. »Wir müssen unseren eigenen großen Maßstab haben für unser Vorgehen.«

Ikea will aus eigener Kraft wachsen, um wie bisher eine besonders langfristig angelegte Wachstumsstrategie verfolgen zu können. »Als börsennotiertes Unternehmen hätte das Russlandabenteuer nie stattgefunden«, gab Konzernchef Dahlvig 1999 in einem Interview mit dem deutschen *Handelsblatt* zu bedenken. »Die Aktionäre wollen die Rendite morgen sehen und nicht erst in fünf oder zehn Jahren.«

Wenn Ikea heute in die Ukraine expandiert, kalkuliert das Unternehmen mit jahrelangen Verlusten. Andererseits fällt aber die Investition in das Grundstück geringer aus. »Man erhält einen guten Standort für einen vernünftigen Preis, zudem ist der internationale Wettbewerb nicht so stark«, so Dahlvig. Bei Ikea gilt die Faustregel, dass die eine Hälfte der Investitionsmittel dazu verwandt wird, die bestehende Unternehmensstruktur zu verbessern, während die andere für neue Läden und Märkte aufgewendet wird.

Kamprads Vorliebe für finanzielle Unabhängigkeit hat ihre Wurzeln möglicherweise auch in der Familiengeschichte – hatte sich doch sein Großvater einst wegen finanzieller Probleme das Leben genommen. Der Unternehmer selbst glaubt, dass sein ausgeprägtes Sicherheitsbedürfnis eine Folge dieser Unsicherheit und inneren Zerrissenheit ist.

Kamprad beschreibt sich selbst als einen Menschen, der sowohl buchstäblich als auch im übertragenen Sinne an Höhenangst leidet. Mit 71 Jahren verfasste er einen mit »Selbstprüfung« überschriebenen Text, der bezeichnenderweise mit den Worten begann: »Woher kommt eigentlich mein Mangel an Selbstsicherheit, und was bedeutet er für meine Arbeit und für mich als Menschen?« Vielleicht sei dieses Merkmal seiner Persönlichkeit ja erblich bedingt. »Warum habe ich solche Angst, aus dem Haus zu gehen, ohne Geld dabei zu haben? Warum kontrolliere ich zwei-, dreimal, ob ich den Pass, die Fahrkarte und Geld bei mir habe? Ich kenne diese Situation, habe sie schon tausendmal erlebt. Warum werde ich nervös, wenn ich eine

Rede halten soll oder einen Behördenvertreter treffen muss? Warum habe ich Höhenangst? Warum bin ich ein organisatorischer Chaot, warum so entscheidungsunlustig, warum unfähig, ein Protokoll zu schreiben, warum kann ich mich so schwer konzentrieren? Warum kann ich mich nicht auf einen Gedanken konzentrieren? Warum sitze ich manchmal tagelang an einem einfachen Schreiben? Ich schreibe es, zerreiße es und schreibe es wieder neu.«

Der Multimilliardär, der sich längst allen Alltagssorgen enthoben fühlen könnte, mag es noch heute nicht riskieren, erst kurz vor dem Abflug am Flughafen einzutreffen. Sein Sicherheitsbedürfnis zwingt ihn, mindestens eineinhalb Stunden früher da zu sein. Kommt er zu einem Termin oder einer Verabredung mit Verspätung, so empfindet der Unternehmer das als ein persönliches Versagen.

Geheimnis 9
Der Rattan-Faktor

Wer glaubt, dass die bei Ikea angebotenen Möbel und Haushaltswaren überwiegend aus Schweden stammen, liegt falsch. Aus Ikeas Heimatland kamen 2005 nur 9 Prozent aller Artikel, die in den Einrichtungshäusern verkauft wurden.

Längst kauft der Möbelkonzern seine Waren weltweit ein. Die Lack-Tische kommen aus Polen, der Sisalteppich aus Portugal, und das Glas vom Typ Pokal stammt aus Russland. Die Steingutteller werden überwiegend in Rumänien hergestellt, wo auch die Holzbilderrahmen Ribba produziert werden. Die stählerne Leselampe Format, die im Inneren ein gusseisernes Gegengewicht hat, wird in Vietnam hergestellt. Die Edelstahlkanne Refug kommt aus China, ebenso der Sonnenschirm Karlsö. Die Rahmen von Klippan werden sowohl in Europa und den USA und als auch in China produziert. Andererseits wird ein Großteil der Billy-Regale, die in Deutschland verkauft werden, auch hierzulande hergestellt.

Ikea ist ein perfekt globalisiertes Unternehmen. In wachsendem Maße macht sich der Konzern die internationalen Lohnunterschiede zunutze, verkauft in Hochlohnländern und kauft in Billiglohnländern. Mit 97 Prozent hat Ikea 2005 fast seinen gesamten Umsatz in Europa und Nordamerika gemacht. Ein Drittel der Waren hat der Konzern in den ärmeren Ländern Asiens eingekauft. Ein bedeutender Lieferant sind ferner die Staaten des frühen Ostblocks mit ihren immer noch geringen Arbeitskosten. Inzwischen stammt mehr als jeder zweite Artikel, den es bei Ikea zu kaufen gibt, aus einem Niedriglohnland.

Heute ist der wichtigste Lieferant für Ikea China. Ein knappes Fünftel dessen, was der Handelsgigant bei Möbelfabriken und anderen Herstellern einkauft, stammt von dort. Das Land erlebt seit einigen Jahren einen eindrucksvollen Aufschwung seiner Wirtschaft, der auf andere Länder ausstrahlt. Seit der Jahrtausendwende hat es zum Wachstum der Weltwirtschaft mehr als doppelt so viel beigetragen wie die drei anderen großen Aufsteiger Indien, Russland und Brasilien zusammen. China verfügt nicht nur über ein gewaltiges Reservoir an billigen Arbeitskräften, das Land hat seine Wirtschaft auch in einem ungewöhnlichen Maße gegenüber dem Rest der Welt geöffnet. Einer der transnationalen Konzerne, die davon profitieren, ist Ikea.

Das zweitwichtigste Lieferland Polen (12 Prozent aller Einkäufe) ist seit mehr als 45 Jahren Ikeas Billigproduzent. Inzwischen sind die Löhne zwar auch in Polen gestiegen, aber seit dem Untergang des Kommunismus verfügt Ikea dort über eine Vielzahl eigener Herstellungsbetriebe. Diese arbeiten unter dem Dach der Konzerntochter Swedwood, die allein in Polen rund 6000 Menschen beschäftigt.

Ikeas industrieller Arm reicht auch nach Rumänien, der Slowakei, Ungarn, Litauen, der Ukraine und Russland. Swedwood hat insgesamt 35 eigene Fabriken, in denen rund 13000 Menschen arbeiten. Gleichwohl produziert diese Industriegruppe nicht mehr als 10 Prozent dessen, was in den Einrichtungshäusern verkauft wird.

Korbmöbel zum Beispiel bezieht Ikea größtenteils aus China und aus Vietnam. In der Rattanfabrik Rapexco im vietnamesischen Nha Trang arbeiten mehr als 6000 Menschen für den Möbelriesen. Zu einem Tageslohn von 2 Euro flechten Frauen dort in Handarbeit aus Peddigrohr die Korbstühle vom Typ Agen, die in Deutschland für 17 Euro verkauft werden. Mit Rapexco arbeitet der Möbelkonzern schon seit 1993 zusammen. Neben einigen anderen Artikeln hat Ikea dort mehr als 3,5 Millionen Stühle produzieren lassen.

In keinem anderen Bereich profitiert Ikea so sehr von seiner Größe wie im Einkauf. Ikea arbeitet derzeit mit mehr als 1300 Lieferanten in 55 Ländern der Erde zusammen. Der Konzern unterhält 46 Einkaufsbüros in 32 Ländern. Deren Mitarbeiter stehen in einem engen Kontakt mit den Stammlieferanten und sind ständig auf der Suche nach neuen günstigen Bezugsquellen. Außerdem handeln sie auch die Preise aus. Das geht meist recht schnell, glaubt man einem thailändischen Unternehmer, der in den neunziger Jahren berichtete, wie die Geschäfte mit den Schweden typischerweise ablaufen. »Preisverhandlungen mit Ikea sind einfach. Ikea sagt, was sie zahlen wollen, und wir schlucken das und sagen ja.«

Im Einkauf profitiert Ikea von einem internationalen Lohngefälle, das allen Aufholtendenzen zum Trotz immer noch sehr stark ist. In den elf für die Weltwirtschaft wichtigsten Schwellenländern, zu denen neben China und Malaysia auch die früheren Ostblockstaaten gehören, kostete die Arbeitsstunde in der Industrie 2003 im Durchschnitt 1,75 Euro. In Deutschland und Schweden waren es rund 25 Euro.

Im Zuge der Globalisierung hat sich die Herkunft der Ikea-Waren deutlich verschoben. Noch Mitte der neunziger Jahre bezog Ikea 32 Prozent seiner Einkäufe aus den nordischen Ländern und 30 Prozent aus Westeuropa. Auf die billige osteuropäische Produktion entfielen damals nur 13 Prozent des Einkaufsvolumens. Und noch im Jahr 2000 war Schweden mit knapp 17 Prozent des Einkaufsvolumen der wichtigste einzelne Beschaffungsmarkt. Danach folgten damals China und Polen mit jeweils 9 Prozent sowie Deutschland und Italien mit jeweils 7 Prozent.

Während Ikea in den Hochlohnländern vermutlich mehr Maschinen als Menschen im Einsatz hat, kauft es aus den ärmeren Länder vor allem personalintensiv produzierte Waren. In Indien knüpften Ende der neunziger Jahren mehr als 200 000 Menschen Teppiche für Ikea, heute dürften es noch erheblich mehr sein.

Es ist bemerkenswert, dass der Anteil der in Deutschland hergestellten Ikea-Möbel bis heute fast gleich geblieben ist. Hierzulande lässt Ikea zum Beispiel die Schlafzimmermöbelserie Malm und die mit Echtholzfurnier ausgestatteten Varianten des Klassikers Billy produzieren. Schon seit den späten siebziger Jahren werden die Bücherregale in Meyenburg in der Prignitz gefertigt. Bis zur Wiedervereinigung geschah das in einem Volkseigenen Betrieb (VEB) der DDR, seither heißt die Firma Meyenburger Möbel GmbH.

Der Möbelkonzern ist ständig bemüht, seine Einkaufspreise weiter zu senken. Die US-Journalistin Lisa Margonelli hat es »eine der für Ikea charakteristischen Strategien« genannt, dass der Handelsriese nach immer billigerer Arbeitskraft in immer billigeren Ländern sucht. Nach Margonellis Recherchen hat der Konzern in den Jahren zwischen 1997 und 2002 sein Einkaufsvolumen aus Schwellenländern von 32 auf 48 Prozent gesteigert.

Profit durch Genügsamkeit

Man kann nicht sagen, dass Ikea die Herkunft seiner Waren verheimlicht. Viele Artikel tragen sogar entsprechende Hinweise. Die Konzernleitung ist sich aber bewusst, dass es sich um eine heikle Angelegenheit handelt und sie ist in ständiger Sorge, in das Visier der Globalisierungskritiker zu geraten. Ohne Zweifel profitieren Ikea und seine Kunden besonders von der Genügsamkeit der Arbeitskräfte in Ländern wie Indien, China und Vietnam. Aber sie geben dort auch Menschen Arbeit, die sonst vielleicht keine hätten. Auf die Frage, ob es Ausbeutung sei, dass Ikea Menschen in Niedriglohnländern beschäftige, um deren Erzeugnisse dann preiswert an die Bürger der reicheren Länder zu geben, hat Konzernchef Anders Dahlvig einmal geantwortet, »dass die Menschen in armen Ländern ebenfalls ein Recht auf Arbeit und einen besseren Lebensstandard haben«.

Ikea strebt langfristige Beziehungen zu seinen Lieferanten an und ist bereit, mit ihnen Mehrjahresverträge abzuschließen. Der Konzern unterstützt seine Lieferanten mit technischem Know-how und bietet Hilfe bei der Suche nach qualitativ hochwertigem und preisgünstigem Rohmaterial. Zahlreiche Produkte des Ikea-Sortiments werden von mehreren Herstellern in unterschiedlichen Ländern produziert. Bei Ikea ist es durchaus möglich, dass die Komponenten eines Möbels aus verschiedenen Teilen der Welt kommen.

Jahrzehntelang hat sich Ikea kaum darum gekümmert, wie es bei den Lieferanten zuging. Im Frühjahr 1998 geriet der Konzern in die Kritik, weil die Beschäftigten in rumänischen Möbelfabriken unter kaum erträglichen Bedingungen arbeiten mussten. Vertreter schwedischer Gewerkschaften, denen Ikea mit seinem hohen Anteil an Billiglohnprodukten ein Dorn im Auge war, brachten das Thema in die Öffentlichkeit. Derart unter Druck gesetzt erklärte sich Ikea bereit, die Verantwortung dafür zu übernehmen, dass die Lieferanten die von der Internationalen Arbeitsorganisation (ILO) in Genf festgelegten Standards einhalten.

Damals wurde der Konzernführung klar, dass Ikea seinen Lieferanten in ärmeren Ländern ein klares und festgeschriebenes Regelwerk geben musste, wenn sich solche Fälle nicht wiederholen sollten. Daher ließ Konzernchef Dahlvig einen umfassenden Verhaltenskodex für die damals noch rund 2000 Ikea-Lieferanten formulieren: »The Ikea Way on Purchasing Home Furnishing Products«, kurz IWAY. Darin wurden soziale und ökologische Mindestanforderungen aufgestellt, die die Produzenten erfüllen mussten, wenn sie im Geschäft bleiben wollten. Der Katalog reichte von Mindestlöhnen und Überstundenausgleich bis hin zum Recht der Arbeiter auf gewerkschaftliche Vertretung. Geregelt wurden auch die Arbeitsbedingungen in den Fabriken, angefangen von der Belüftung bis hin zur Ausstattung der Umkleide- und der Duschräume. Den Lieferanten wurde außerdem vorgeschrieben, wie sie mit Abfällen und Chemikalien zu verfahren hatten.

Ikea nimmt nicht nur die Lieferanten in die Pflicht, Mindeststandards einzuhalten, sondern auch deren Zulieferer. Der Konzern macht die Lieferanten für ihre Sublieferanten verantwortlich, mögliche Missstände in deren Fabriken und Manufakturen müssen sie sich zurechnen lassen. So soll verhindert werden, dass die Regeln unterlaufen werden.

Bei diesem Kodex handelt es sich um ein privates Rechtssystem, das nicht von einem Parlament oder einer Behörde in Kraft gesetzt wurde, sondern von einem transnationalen Konzern. Ikea scheint das Vorurteil vieler Menschen zu bestätigen, wonach sich Multis ihre eigenen Regeln schaffen. Konzernchef Anders Dahlvig war aber der Ansicht, dass es für Ikea nicht genügt, wenn sich das Unternehmen lediglich an die jeweiligen nationalen Gesetze hält, denn es muss vor den Augen einer kritischen globalen Öffentlichkeit bestehen.

Beim Umweltschutz und den Arbeitsbedingungen wendet Ikea strengere Regeln an, als sie in Ländern wie Vietnam, den Philippinen oder Indien gesetzlich vorgeschrieben sind. Der Konzern will sein Ansehen im Westen nicht aufs Spiel setzen. Nach westeuropäischen

Maßstäben ist der Pflichtenkatalog allerdings nicht in allen Punkten streng. So heißt es zum Beispiel beim Thema Arbeitszeit: »Lieferanten sollen von ihren Beschäftigten nicht verlangen, dass sie mehr als 60 Wochenstunden in geregelter Arbeitszeit und Überstunden arbeiten.« Regelmäßig überprüfen Kontrolleure die Ikea-Lieferanten, ob die Vorschriften eingehalten werden. Dabei werden immer wieder Verstöße entdeckt.

Geheimnis 10
Der Paradies-Faktor

Im April 2004 ging die Meldung durch die Weltpresse, dass Ingvar Kamprad der reichste Mann der Welt sei. Der Ikea-Gründer sei umgerechnet mehr als 53 Milliarden US-Dollar schwer. Wegen des US-Dollarverfalls habe er den Microsoft-Gründer Bill Gates überholt, dessen Vermögen auf 47 Milliarden US-Dollar taxiert wurde.

Urheber der Geschichte war die Redaktion des schwedischen Wirtschaftsmagazins *Veckans Affärer*. Da Ikea nicht an der Börse notiert ist, hatten die Stockholmer Journalisten den Wert des Unternehmens berechnet, indem sie den Jahresgewinn von geschätzt mehr als 2 Milliarden US-Dollar mit 25 multipliziert hatten. Demnach war die Möbelhauskette über 50 Milliarden US-Dollar wert.

Eine Sprecherin des Möbelkonzerns bestritt energisch den Wahrheitsgehalt des Artikels. »Das ist völlig falsch. Ein Fehler, der immer wieder gemacht wird«, sagte Marianne Barner. »Man schätzt den Wert des Unternehmens mit allen Einrichtungshäusern und sagt, dass alles Ingvar gehört. Völlig falsch. Ingvar Kamprad besitzt Ikea nicht.« Seit 1982 gehöre das Unternehmen einer Stiftung. Deren Vermögen dürfe dem Gründer nicht zugerechnet werden, meinte Barner. Nach dem Dementi verteidigte der Autor des Artikels Bo Petterssen seine Darstellung mit dem Hinweis, dass Kamprad die Stiftung kontrolliere und damit faktisch auch die Herrschaft über Ikea ausübe.

Tatsächlich sind die Eigentumsverhältnisse bei Ikea ausgesprochen kompliziert. Ingvar Kamprad hat sein Reich im Laufe der Jahre so verschachtelt, dass dagegen »Liechtensteins Briefkasten-Imperien geradezu transparent« seien, wie das Schweizer Wirtschaftsmagazin *Bilanz* einmal schrieb. Und das deutsche *Capital* nannte Ikea in den neunziger Jahren ein »undurchsichtiges Geflecht aus Firmen und Beteiligungen, deren Spur sich in diversen Stiftungen verliert«. Selbst Firmenbiograf Torekull kam nach langem Studium der Konstruktion zu dem Schluss: »In den Details ist sie juristisch so verzwickt, dass kein Außenstehender sie wirklich verstehen wird.«

Über Jahrzehnte hat sich Kamprad geweigert, mehr von Ikea aufzudecken als gesetzlich vorgeschrieben war. Bekannt waren daher über lange Zeit nur die groben Umrisse des globalen Ikea-Gebildes. Erst Ende der neunziger Jahre gab Kamprad im Gespräch mit Torekull einen etwas tieferen Einblick in die Eigentumsverhältnisse.

Die Stiftung in den Niederlanden

An der Spitze des Ganzen steht die Stiftung Stichting INGKA Foundation mit Ingvar Kamprad als Chairman. Sie ist Eigentümerin der INGKA Holding B.V. mit Sitz im niederländischen Leiden. Das Kürzel B.V. steht für Besloten Vennootschap, eine Rechtsform, die der deutschen Gesellschaft mit beschränkter Haftung entspricht.

Diese Holding ist die Muttergesellschaft aller Unternehmen des weltumspannenden Ikea-Konzerns, deren Zahl auf rund 200 geschätzt wird. Zum Konzern gehören vor allem die nationalen Verkaufsgesellschaften, die in den verschiedenen Ländern die Einrichtungshäuser betreiben. Der INGKA Holding gehören außerdem die Produktionsfirmen der Swedwood-Gruppe.

Ikea ist allerdings mehr als eine Ansammlung von Möbelhäusern mit Parkplätzen drumherum. Das Unternehmen besteht nicht nur aus Büros, Betrieben und Grundstücken. In erster Linie ist Ikea eine Idee. Ein Konzept, wie man Möbel verkaufen kann.

Merkwürdigerweise gehört dieses Konzept aber weder der niederländischen Stiftung noch der Konzernholding. Es befindet sich im Besitz einer Firma, die Inter IKEA Systems B.V. heißt und ihren Sitz in Delft hat, einer Industriestadt in Südholland, deren prachtvoller historischer Kern von ihrer früheren Bedeutung als Handelsstadt zeugt. Kurioserweise liegt die Zentrale von Inter IKEA Systems in einer Straße, die den Namen des schwedischen Ministerpräsidenten trägt, während dessen Amtszeit Ingvar Kamprad seine Steuerflucht antrat: Olof Palme.

Inter IKEA Systems B.V. betreibt selbst kein einziges Möbelhaus, sondern bewirtschaftet nur die Ikea-Idee. Die Firma verkauft die Nutzungsrechte des Kampradschen Konzepts. Wer irgendwo auf der Welt Ikea-Produkte vertreiben will, braucht eine Lizenz. Und diese Lizenzen gibt es bei Inter IKEA Systems.

Ikea tritt weltweit mit dem gleichen Erscheinungsbild und dem gleichen Angebot auf. Die Ikea-Möbelhäuser müssen für das Konzept 3 Prozent ihres Umsatzes an die niederländische Firma überweisen. Das ist die Faustregel; im Einzelfall kann es aber auch mehr sein. Für wie wertvoll Kamprad seine Geschäftsidee einschätzt, zeigt ein Vergleich mit den Umsatzrenditen im europäischen Einzelhandel. Die Gewinnmarge liegt in England bei unter 4 Prozent, in Frankreich bei 2,5 und in Deutschland, wo der Wettbewerb besonders groß ist, bei weniger als 1 Prozent des Umsatzes.

Ikea funktioniert nach einem Franchisesystem. Allerdings kaufen keine selbstständigen Kleinunternehmer die Konzessionen, wie das etwa bei Aral oder Pizza Hut der Fall ist, sondern Ikea-Möbelhäuser und Landesgesellschaften. Nur eine Minderheit der Ikea-Franchisenehmer sind selbst keine Ikea-Gesellschaften, sondern Partner, die von außen kommen. Derzeit werden 24 Häuser in 15 Ländern von Unternehmen betrieben, die nicht zum Ikea-Konzern gehören, darunter vier Einrichtungshäuser in Hongkong, jeweils zwei in Saudi-Arabien und den Vereinigten Arabischen Emiraten und eines in Israel. Ikea zeigt sich durchaus offen für weitere Partner. Prinzipiell kann sich jeder Geschäftsmann, der ein Einrichtungshaus aufmachen will, in Delft bewerben. Chancen auf eine Lizenz hat er aber nur, wenn er »einen starken finanziellen Hintergrund und eine ausgewiesene Einzelhandelserfahrung« hat. Wer eine Lizenz bekommen hat, der darf die Ikea-Produkte allerdings nur in einem Einrichtungshaus verkaufen, dessen Ausgestaltung bis ins Detail vorgeschrieben ist – vom Kinderspielparadies über die Markthalle und die Umtauschtheken bis hin zum Firmenlogo, denn auch das blaugelbe Warenzeichen gehört Inter IKEA Systems.

Die Funktion von Inter IKEA Systems im globalen Möbelreich erläutert Firmenbiograf Torekull so: »Das Unternehmen hat die gleiche Funktion wie der Vatikan für den Katholizismus. Es wacht streng darüber, dass in den Konsumtempeln des Marktes, manchmal, so mag es scheinen, bis hinunter zum Rosenkranz, der rechte Glauben herrscht.« Will ein Möbelhaus in irgendeinem Punkte von dem Ikea-Konzept abweichen, indem es zum Beispiel den Kindergarten in ein Nebengebäude verlegt, so braucht es dafür die Genehmigung von der Konzeptinhaberfirma. Käme ein Franchiseunternehmer auf die Idee, ein von ihm betriebenes Ikea-Möbelhaus nach eigenem Geschmack völlig neu auszurichten, würde Inter IKEA Systems umgehend dafür sorgen, dass das Firmenschild abgeschraubt wird.

Obwohl der offizielle Firmensitz das niederländische Delft ist, wird Inter IKEA Systems tatsächlich aus Belgien gesteuert, und zwar aus der südlich von Brüssel gelegenen Gemeinde Waterloo. Dort arbeitet Per Ludvigsson, der engste Vertraute der Familie Kamprad. Seine Hauptaufgabe besteht darin, das Geld zu verwalten, das durch die Lizenzen, also den Verkauf des Ikea-Konzepts, eingespielt wird.

Bis heute ist nicht bekannt geworden, wem eigentlich Inter IKEA Systems gehört. Man könnte vermuten, dass sich die Firma anders als die Möbelhäuser weiterhin in Ingvar Kamprads Privatbesitz befindet. Das allerdings hat der Ikea-Gründer 1992 in einem Gespräch mit zwei Reportern der *WirtschaftsWoche* explizit bestritten. Als Reinhard Kowalewsky und Lothar Schnitzler nachfragten: »Wem gehört es denn dann?«, wurde Kamprad patzig: »Das brauche ich Ihnen nicht zu sagen.«

Firmenbiograf Torekull behauptete einige Jahre später, Kamprad habe für diese Firma eine weitere Stiftungskonstruktion errichten lassen. Den Namen und den Sitz dieser Stiftung nannte er allerdings nicht. Auch Ikea weist nirgendwo eine weitere Stiftung aus. Die Grafik, die Torekull seinem Buch angefügt hat, nennt als »Eigentümerin« des Ikea-Konzepts eine nicht näher bezeichnete »Holdinggesellschaft in Luxemburg«.

Auch auf Nachfrage mag Ikea das Geheimnis nicht lüften. Die Konzernzentrale teilt lediglich mit, dass sich auch die Konzeptfirma nicht im Eigentum der Familie Kamprad befinde. Das Unternehmen dementiert, dass die Kamprad-Söhne im Aufsichtsrat der Luxemburger Holding sitzen, wie in den Medien zu lesen war. Merkwürdig ist, dass die Söhne selbst 1998 zu Protokoll gegeben haben: »Wir sitzen heute im Aufsichtsrat von Habitat, IKANO und Inter IKEA Systems und sind als Beisitzer/Zuhörer auch in den anderen Aufsichtsräten von Gewicht dabei, um zu lernen.«

Dass die Ikea-Möbelhäuser und der Konzern, der das operative Geschäft betreibt, einer Stiftung gehören, hat wenig mit Wohltätigkeit zu tun. Stiftungen können gemeinnützig sein, sie müssen es aber nicht. Auch die Stichting INGKA Foundation ist nicht gemeinnützig. Ihr Zweck ist lediglich, ein Vermögen zu verwahren und für Unternehmenszwecke einzusetzen. Das unterscheidet die Ikea-Stiftung beispielsweise von der Bertelsmann-Stiftung und der Krupp-Stiftung in Deutschland. In diesen beiden Stiftungen liegen große Unternehmensvermögen, deren Erträge für Wissenschaft, Kultur und andere gemeinnützige Zwecke ausgegeben werden.

Die Ikea-Stiftung ist eher mit einer Familienstiftung zu vergleichen, wie sie beispielsweise auch die Aldi-Brüder Karl und Theo Albrecht gegründet haben. Bei Ikea allerdings ist die Sache noch etwas komplizierter. Denn angedockt an Stichting INGKA Foundation gibt es noch eine weitere, allerdings erheblich kleinere Stiftung, die Geld für gemeinnützige Zwecke verteilt. Laut einer Mitteilung aus dem Jahr 2003 floss das Geld ausschließlich an das Lund Institute for Technology in Südschweden, an dem Industriedesigner ausgebildet werden. Dort gibt es seit 2002 auch ein Ingvar Kamprad Design Centre. Bis heute hat die Universität umgerechnet 27 Millionen Euro von der Stiftung erhalten.

Vollends unübersichtlich wird das Bild dadurch, dass die deutschen Ikea-Gesellschaften Anfang der achtziger Jahre eine weitere gemeinnützige Stiftung gegründet haben. Sie heißt Ikea-Stiftung und sitzt in Hofheim-Wallau. Mit 5 Millionen Euro ist das Vermögen dieser Stiftung vergleichsweise klein. Diese Stiftung fördert Projekte für Kinder, aber auch Modellvorhaben aus dem Bereich der Wohnkultur. 1986 hat sie dem Freiburger Öko-Institut einen mit umgerechnet 20 000 Euro dotierten »Verbraucherpreis« verliehen, 2004 spendete sie 70 000 Euro für Waisenkinder im Irak. In der Schriftenreihe der Stiftung erschienen auch schon mal Studien wie die des Kölner Soziologen Alphons Silbermann über das *Wohnerlebnis in Ostdeutschland* 1993.

Die Stiftungskonstruktionen bei Ikea haben dazu geführt, dass manche Kunden glauben, bei dem Möbelunternehmen handele es sich im Grunde um eine Wohltätigkeitsveranstaltung. »It's all for charity!«, schreibt zum Beispiel in einem Internetforum ein begeisterter US-Student, der das Unternehmen einer ansonsten nicht unkritischen Bewertung unterzogen hat. Selbst das US-Magazin *Businessweek* saß jüngst dieser Legende auf.

Aber Ingvar Kamprad ist kein Philanthrop vom Schlage des Microsoft-Gründers Bill Gates. Dessen »Bill and Melinda Gates Foundation« verfügt über mehr als 29 Milliarden US-Dollar, ein wahrhaft gewaltiges Vermögen. Gates' Stiftung setzt die Erträge dieses Kapitals dazu ein, die gesundheitlichen und hygienischen Bedingungen von Menschen in armen Ländern zu verbessern. Dabei steht der Kampf gegen Aids, Malaria und Hepatitis B an erster Stelle.

Kamprad hatte bei seiner Stiftung andere Dinge im Sinn. Er wollte sicherstellen, dass Ikea auch nach seinem Tod nicht durch finanzkräftige Investoren übernommen und zerschlagen oder von den Erben aufgeteilt werden konnte. »Ikea mag montierbare Möbel verkaufen«, schreibt Torekull, »das Unternehmen selbst kann aber nicht auseinander montiert werden.«

Weltmeister im Steuernsparen

Das zweite Motiv hinter der außerordentlich komplizierten Firmen- und Eigentumsstruktur war Kamprads Bestreben, dass Ikea weltweit so wenig Steuern bezahlen sollte, wie man es auf legale Weise überhaupt erreichen konnte. »Für mein Einkommen spielt es keine Rolle, ob ich in der Schweiz 40 Prozent, in Dänemark 70 Prozent oder in Schweden noch mehr bezahle«, hat der Ikea-Gründer einmal gesagt: »Für meine Firma ist das anders.«

Kamprads Schachzug, die Rechte an der Ikea-Idee einem Unternehmen zu übertragen, das von den Möbelhäusern unabhängig ist, bringt dem ganzen Gebilde erhebliche steuerliche Vorteile. Weil die Ikea-Häuser für die Nutzung der Ikea-Verkaufsmethode Lizenzgebühren an Inter IKEA Systems zahlen müssen, lassen sich die Gewinne, die in dem globalen Firmengeflecht entstehen, auf vergleichsweise einfache Weise beeinflussen. Will die oberste Ikea-Führung den Gewinn in einem Land drücken, muss sie nur die von der örtlichen Verkaufsgesellschaft abzuführenden Lizenzgebühren heraufsetzen. Bleibt nach Abführung in den örtlichen Einrichtungshäusern kein Gewinn übrig, fallen auch keine Steuern an.

Zwischen der Selbstdarstellung des Konzerns und seiner Wirklichkeit besteht eine Diskrepanz. »IKEA wurde in einer Zeit gegründet, als Schweden zu einem Paradebeispiel eines sozialen Wohlfahrtsstaates wurde, in dem man sich um Wohlhabende und Ärmere gleichermaßen sorgte«, ist zum Beispiel auf Ikeas deutscher Internetseite zu lesen. »Auch das passt zu unserer IKEA Vision«, rühmt man sich dort. Dass aber der Gründervater dem schwedischen Sozialparadies die Solidarität aufgekündigt und sich samt Hauptverwaltung ins steuergünstigere Ausland abgesetzt hat, erfährt man an dieser Stelle nicht.

Beobachter kritisieren schon seit langem, dass Ikea sich um seine gesellschaftlichen Verpflichtungen drücke. »Kamprads soziales Gewissen setzt genau an dem Punkte aus, wo es um Steuern an den schwedischen und deutschen Sozialstaat geht«, schrieb Wolfgang Zank 1996 in der *ZEIT*. Der Ikea-Gründer selbst hatte zehn Jahre zuvor zu Protokoll gegeben: »Wir können mit Geld viel besser umgehen als irgendein Staat.« Ikea präsentiert sich gerne als ein offenes, unkonventionelles Unternehmen, beim Thema Gewinn und Steuern sind die Verantwortlichen schweigsam. Anders als börsennotierte Konzerne wie DaimlerChrysler oder die Deutsche Bank gibt es für Ikea keine gesetzliche Verpflichtung, die Höhe der Gewinne und auch der Steuerzahlungen zu veröffentlichen. Der *stern*, der sich 2003 in einer Titelgeschichte mit Ikea beschäftigte, erhielt immerhin die Auskunft, dass das Unternehmen zuletzt etwa 30 Millionen Euro Steuern in Deutschland gezahlt hätte. Als Rechercheure des TV-Magazins *Monitor* zwei Jahre später bei Ikea nach den Steuern fragten, wurde ihnen die Antwort verweigert.

Dabei gäbe es vieles zu erzählen. Dass die Konzeptinhaberfirma Inter IKEA Systems, obwohl in den Niederlanden ansässig, von Belgien aus gelenkt wird, hat ausschließlich steuerliche Gründe. Das so genannte Belgische Coordination Center ist eine Finanzgesellschaft, wie sie auch andere multinationale Konzerne zum Steuernsparen nutzen. Solche in Belgien ansässigen Tochterfirmen erbringen innerhalb großer Konzerne Finanz- und Marketingdienstleistungen. Ihre Gewinne unterliegen allerdings nur zu einem Bruchteil der belgischen Körperschaftsteuer.

In der Praxis funktioniert das zum Beispiel so: Das belgische Koordinierungszentrum eines Konzerns verkauft die Nutzung eines Markennamens an eine deutsche Tochterfirma desselben Konzerns – und zwar so teuer, wie es sich eben noch rechtfertigen lässt. Diese bezahlt dafür, allerdings nicht in bar, sondern nimmt einen Kredit auf – bei demselben belgischen Koordinierungszentrum.

Auf diese Weise kann der deutsche Fiskus problemlos übergangen werden. Denn die deutsche Tochterfirma des Konzerns steht vor dem deutschen Finanzamt ganz arm da, nachdem sie viel Geld für die Markenrechte und den Kredit ausgegeben hat. Sie zahlt also kaum Steuern. Die belgische Firma hat an dem Geschäft gut verdient, zahlt aber ebenfalls kaum Steuern. Denn der belgische Fiskus begnügt sich bei diesem Firmentyp mit einer Ministeuer. Das kann sich der belgische Staat leisten, denn es sind ja Einnahmen, die er ohne diese Konstruktion niemals gehabt hätte.

Auch im Steuernsparen ist Ikea weltweit führend. Der Wiesbadener Steuerrechtler Lorenz Jarass hat die deutschen Ikea-Bilanzen genauer untersucht und dabei festgestellt, dass die Tochtergesellschaft mit nur 0,2 Prozent Eigenkapital arbeitet. Die restlichen 99,8 Prozent sind geliehen. Allerdings kommen die Kredite nicht von außen, sondern von Finanziers innerhalb des weit verzweigten Kamprad-Reichs. Zwar ist es durchaus üblich, dass Unternehmen Investitionen mit geliehenem Geld bestreiten, das Ausmaß, in dem das gegenwärtig bei Ikea geschieht, war aber auch für den Steuerprofessor überraschend. »So ein Unternehmen habe ich bei meinen Untersuchungen noch nie gesehen.« Das Ergebnis dieses und anderer Steuertricks errechnet Jarass für das TV-Magazin *Monitor*: »Ikea verringert durch legale steuerliche Konstruktionen seine steuerliche Belastung von knapp 40 Prozent auf rund 15 Prozent.«

Steuerlich motiviert ist auch die Ansiedlung der Inter IKEA Holding S.A. im Großherzogtum Luxemburg. Diese Holding fungiert als Muttergesellschaft der Inter-IKEA-Firmengruppe. Damit rangiert sie sowohl über der Delfter Lizenzeigentümerin als auch über dem Koordinierungszentrum bei Brüssel. Außerdem hat die Luxemburger Dachfirma eine Tochtergesellschaft, die in Curaçao auf den Niederländischen Antillen domiziliert, eine Gegend, die nicht für Holzreichtum bekannt ist, sondern für besonders günstige steuerliche Bedingungen. »Da die beiden Inter-Ikea-Holdings ihren Sitz in Steueroasen haben«, so der schwedische Journalist Stellan Björk 1998 in einem Buch über Ikea, »fließt das Geld nahezu unversteuert zurück in den Möbelkonzern.«

Ingvar Kamprad schämt sich solcher Konstruktionen nicht. »Jede Krone, die gespart werden kann, wird gespart. Das gilt auch für die Steuern«, hat er die Kritiker einmal beschieden. Kamprad vertritt sogar die Ansicht, dass kein Land der Welt einen legitimen Anspruch auf die Erträge des Ikea-Geschäftskonzepts erheben könne. »Dieses Geld gehört zu keinem speziellen Land, deshalb tun wir alles, um die Steuern zu minimieren«, sagt er über die Lizenzeinnahmen von Inter IKEA.

Im Großherzogtum Luxemburg mit den vielen Banken arbeitet auch die Inter IKEA Finance S.A. Ihr Feld ist die Kapitalanlage. Weil die Ikea-Lizenzgeberfirma im Laufe der Jahre sehr vermögend geworden ist, lohnt es sich, das Kapital professionell zu managen. Mehrere Milliarden Euro sind in den vergangenen zwei Jahrzehnten in Aktien und andere Wertpapiere investiert worden. Manche Transaktionen machten Schlagzeilen, etwa als Inter IKEA 1998 10 Prozent des größten schwedischen Bauunternehmens Skanska übernahm.

Die Firma Inter IKEA Finance S.A. ist sozusagen die Bank des globalen Ikea-Gebildes. In Kamprads Worten von 1998: »Die Inter-Gruppe dient mit ihrem akkumulierten Vermögen keineswegs als Sparkasse der Familie, sondern als eine sichere und im Moment wachsende Reserve für den Fall, dass der Ikea-Betrieb einmal so schlecht laufen sollte, dass er frisches Kapital braucht. Aus dieser Perspektive betrachten wir es als unsere Pflicht, alle Kosten niedrig zu halten – auch wenn diese Steuern heißen, und nicht zuletzt die Steuer, die unser internationales Kapital berührt.«

Selbst Ikeas Topmanager müssen umziehen, wenn sich dadurch

Steuern sparen lassen. Seit den siebziger Jahren wurde der Ikea-Konzern operativ aus Humlebæk in Dänemark gesteuert. 2001 wurde die Zentrale erneut verlagert. Konzernchef Anders Dahlvig ging nun mit der Führungscrew nach Leiden in den Niederlanden. Weitere für das internationale Geschäft zuständige Mitarbeiter bezogen ein Bürohaus im schwedischen Helsingborg. Derzeit arbeiten in Leiden 33 Mitarbeiter, die sich vornehmlich um die Konzernfinanzen kümmern. In Helsingborg liegt die Zahl der Mitarbeiter bei 1 200. Dort sitzen neben der Verkaufsleitung und der Swedwood-Führung auch die Abteilungen für PR und Informationstechnologie.

In seinen obersten Aufsichtsgremien ist Ikea immer noch ein durch und durch schwedisches Unternehmen. Im Aufsichtsrat der niederländischen Dachgesellschaft, dem wichtigsten Kontrollrat bei Ikea, sitzen derzeit sieben Männer und eine Frau. Den Vorsitz führt Hans-Göran Stennert, der nicht zufällig den Geburtsnamen von Margaretha Kamprad trägt. Ingvar Kamprad hat vor einigen Jahren den Bruder seiner Frau auf diesen Thron gesetzt. Er selbst begnügt sich heute aus Altersgründen mit dem Posten eines einfachen Aufsichtsratsmitgliedes und dem Titel »Senior Adviser«. Aus der Familie ist ferner Kamprads ältester Sohn Peter dabei, der 2004 seinen 40. Geburtstag feierte. Die fünf restlichen Aufsichtsratsmitglieder gehören nicht zum Kamprad-Clan, stammen aber allesamt aus dem Topmanagement der schwedischen Industrie.

Geheimnis 11
Der Teflon-Faktor

Ikea gilt als »Teflon-Company«, als ein Unternehmen, an dem nichts Negatives hängen bleibt. Nach Ereignissen und Berichten, die den Konzern in einem schlechten Licht erscheinen ließen, ist es Ikea immer wieder überraschend schnell gelungen, den Makel abzustreifen.

Anfang der neunziger Jahre handelte sich das Möbelunternehmen großen Ärger mit einem seiner erfolgreichsten Produkte ein – mit Billy. Das Bücherregal, das Kamprads Weggefährte Gillis Lundgren in den siebziger Jahren entworfen hatte, war in den achtziger Jahren allein in Deutschland viele Millionen Mal verkauft worden. Billy war ein echtes Volksmöbel geworden. Sogar Altbundeskanzler Helmut Schmidt bewahrte die Bücher in seinem Hamburger Reihenhaus in solchen Regalen auf.

Anfang 1992 fanden Ikea-Kunden die Billy-Pakete im Möbelhaus nicht mehr. Auf Nachfrage wurden sie vom Personal vertröstet. Wegen der großen Nachfrage gebe es Lieferschwierigkeiten, hieß es, aber bald werde Billy wieder da sein. Doch dann teilte Ikea offiziell mit, dass die Produktion des Regalklassikers eingestellt worden sei. Anstelle von Billy gebe es künftig Kavaljer. Das Nachfolgemodell war etwas teurer, dafür allerdings auch 7 Zentimeter tiefer. Und es sah anders aus als der Klassiker, war nicht so schlicht. Viele Kunden verlangten daher weiterhin nach Billy, doch bei Ikea zeigte man sich ungerührt. »Dass Kunden wegen des nicht mehr lieferbaren Billy-Regals unzufrieden sind, müssen wir in Kauf nehmen«, erklärte eine Sprecherin von Ikea Deutschland im April 1992.

Es war ein merkwürdiger Vorgang, dass ein Unternehmen einen seiner bestverkauften Artikel trotz anhaltender Nachfrage nicht mehr anbot. Das passte nicht zu Ikea, einem Unternehmen, dessen selbst erklärtes Ziel es ja war, preiswerte Möbel für die Massen zu verkaufen. Wie war es dazu gekommen?

Tatsächlich war Billy der deutschen Einheit zum Opfer gefallen. Das Regal war in der DDR hergestellt worden. Nach der Wiedervereinigung, die mit einer Währungsunion einherging, konnte Ikea Billy nicht mehr so günstig einkaufen wie bisher – und strich es deshalb kurzerhand aus dem Programm. Dabei hatte auch die Tatsache eine Rolle gespielt, dass Billy seit jeher mit einem konstruktiven Problem behaftet war. Die 90 Zentimeter breite Ausführung brauchte eine besondere Verstärkung, deren Herstellung sehr aufwändig war. Seit auf dem Gebiet der früheren DDR zu Westlöhnen produziert wurde, war Billy, das je nach Größe zwischen 98 und 145 Mark gekostet hatte, für Ikea nicht mehr rentabel.

Die hohe Nachfrage verlangte große Stückzahlen. Aber gerade Billy war für eine industrielle Massenproduktion schlecht geeignet. So kam es zu der Entscheidung, Billy durch Kavaljer zu ersetzen. Das neue Regal war nur 80 Zentimeter breit und brauchte keine Verstärkung. Weil manche Kunden in der Vergangenheit geklagt hatten, Billy sei nicht tief genug, hatten die Designer bei Kavaljer einige Zentimeter zugegeben.

Womit man bei Ikea nicht gerechnet hatte, war, dass Billys Tod zu einem Medienthema werden könnte. Doch dann schrieb der *stern*: »Das meistverkaufte Regal Deutschlands wird nicht mehr hergestellt.« Das Magazin behauptete: »Alle suchen Billy.« Tatsächlich trieb der Mangel seltene Blüten. Gebrauchte Billy-Regale wurden für das Doppelte dessen gehandelt, was neue zuvor gekostet hatten.

Ikea erkannte, dass es die Wünsche der Kunden falsch eingeschätzt hatte. Man hatte Billy beerdigen wollen wie so viele Ikea-Produkte zuvor, aber die Lebenszeit des Regals war noch nicht abgelaufen. Also nahm Ikea das Regal leicht verändert wieder ins Sortiment auf. Statt 90 Zentimeter in der breiten Ausführung war Billy nun auch nur noch maximal 80 Zentimeter breit. Im August 1992 verkündete Ikea Billys Rückkehr und löste damit einen Ansturm auf die Einrichtungshäuser aus. Binnen weniger Wochen wurden 200 000 Stück verkauft.

Die Billy-Krise

Die allgemeine Freude währte nicht lange. Im Oktober 1992 erschien abermals im *stern* ein Artikel über Billy, nur lautete dieses Mal die Überschrift »Krank durch ›Billy‹«. Der Deutschen liebstes Bücherregal sei »übermäßig mit dem giftigen Gas Formaldehyd belastet«, stand da. Angeregt durch Hinweise von Verbrauchern, bei denen neu angeschaffte Billy-Regale allergische Reaktionen ausgelöst hatten, hatte die *stern*-Redaktion 18 Billy-Regalbretter von verschiedenen Labors untersuchen lassen. Ergebnis: Bei acht Brettern lag die Belastung mit Formaldehyd über den zulässigen Grenzwerten, in einem Fall sogar um 400 Prozent. Während die Kiefernausführung in Ordnung war, gasten von den untersuchten weißen Regalen drei Viertel übermäßig aus. Das deutete darauf hin, dass es an der Beschichtung lag.

Die Magazingeschichte schreckte die Gemeinde der Ikea-Fans auf. Zwar war in dem Artikel auch zu lesen, dass der Verkauf solchermaßen belasteter Regale gesetzlich durchaus zulässig sei, weil die Regale in der Ex-DDR produziert wurden, an deren Holzindustrie damals noch nicht so strenge Anforderungen gestellt wurden wie an westdeutsche Betriebe. Stärker als die beschwichtigenden Informationen dürfte den Durchschnittsleser des Artikels aber wohl das Zitat eines an der Untersuchung beteiligten Ingenieurs beeindruckt haben: »Billy-Kaufen ist russisches Roulette.«

Der Chef von Ikea Deutschland Uwe Kettering reagierte auf die Testergebnisse »erschrocken«, wie er sagte. Alle Herstellerbetriebe seien verpflichtet, dafür zu sorgen, dass die Regale die Grenzwerte einhielten, erklärte er. Das Unternehmen kündigte an, es werde umgehend Konsequenzen aus den Prüfergebnissen ziehen. Den Kunden bot Ikea an, die Regale zurückzunehmen. Das Unternehmen beauftragte Testlabors mit weiteren Untersuchungen und unternahm auch eigene Messungen. Dabei wurden nicht so hohe Belastungen gefunden wie in den vom *stern* initiierten Tests, aber einzelne Regale gasten tatsächlich mehr Formaldehyd als zulässig aus.

Die deutsche Öffentlichkeit erfuhr bei der Gelegenheit, dass der Ikea-Konzern die Billy-Regale von 15 verschiedenen Herstellern in neun Ländern produzieren ließ. Die Formaldehyd-Möbel stammten aber allesamt von einem Betrieb in Ostdeutschland. Ikea reagierte umgehend. Alle belasteten Regale, die noch in Ikea-Lagern waren, wurden aussortiert, die Produktion in dem betreffenden Werk gestoppt und anschließend so umgestellt, dass die Grenzwerte eingehalten wurden. Schon zwei Wochen nach Erscheinen des *stern*-Artikels konnte Ikea den Verkauf von Billy-Regalen wieder aufnehmen.

Durch schnelles Handeln hatte Ikea die Billy-Krise rasch überwinden können und verhindert, dass das Unternehmen einen nachhaltigen Ansehensverlust erlitt. Das Unternehmen vermied es, seine Kritiker zu attackieren. Es unterließ es, sich darauf zu berufen, dass die Formaldehyd-Belastung im Rahmen des gesetzlich Zulässigen lag. Statt nach Rechtfertigungen suchte Ikea nach den Ursachen des Problems.

Die Billy-Krise hatte Ikea nicht unvorbereitet getroffen. Bereits in den achtziger Jahren war das Unternehmen in Dänemark mit dem gleichen Problem konfrontiert worden und hatte sich ein eigenes Labor eingerichtet. Bei den damaligen Recherchen hatte Ikea herausgefunden, dass die zu hohen Formaldehyd-Emissionen häufig ihre Ursache in Klebstoffen hatten.

»Wir sind echte Umweltverbrecher«

In den späten achtziger Jahren wurde dem Ikea-Topmanagement klar, dass sich das Unternehmen stärker als bisher um Umweltfragen kümmern musste. Immer wieder wurde Ikea wegen des in hoher Auflage gedruckten Kataloges als Papierverschwender angegriffen. Auch die Verwendung von PVC wurde kritisiert.

Niemand an der Konzernspitze hatte eine Vorstellung davon, wie sich das Unternehmen zu diesen Herausforderungen stellen sollte. Daher beauftragte Anders Moberg 1989 den Leiter der Qualitätssicherung Russel Johnson, herauszufinden und im Detail aufzulisten, mit welchen Umweltfragen Ikea sich als verantwortlich handelndes Unternehmen auseinander setzen musste.

Ikea richtete eine Abteilung für Umweltfragen ein, und im April

1992 versammelten sich die Topmanager erstmals zu einem Umweltseminar. »Dort trugen wir vor, dass wir bei Ikea echte Umweltverbrecher seien«, berichtete Karl-Olof Nilsson, der der neuen Task Force angehörte, »dass wir Ressourcen in Müll verwandeln.« Der Konzern legte ein Umweltprogramm auf, zu dem ein Training möglichst vieler Mitarbeiter gehörte. Von Anfang an kooperierte Ikea mit der Umweltschutzorganisation Natural Step, die der Stockholmer Krebsarzt Karl-Henrik Robèrt 1989 gegründet hat.

Ikea begann damit, sein Geschäft schrittweise nach ökologischen Gesichtspunkten umzustellen. Das betraf das Sortiment ebenso wie die Zusammenarbeit mit den unabhängigen Lieferanten, und es galt auch für den Transport, wo Ikea sich gemeinsam mit den Spediteuren darum bemühte, Umweltbelastungen zu reduzieren. Wo immer möglich, begann das Unternehmen den Schienenverkehr zu nutzen. 2001 gründete der Konzern sogar eine eigene Eisenbahntochter, Ikea Rail, die heute die Lieferantenwerke und Hauptlager in Deutschland, Belgien, den Niederlanden und Schweden verbindet.

Zu den heiklen Punkten der globalisierten Ikea-Produktion zählt die Herkunft des Holzes. Drei Viertel des bei Ikea für Produkte, Verpackungen und Werbung verwendeten Materials ist Holz. Um Kritikern von vornherein den Wind aus den Segeln zu nehmen, hat sich Ikea verpflichtet, nur Holz zu verarbeiten und verarbeiten zu lassen, das nicht aus Regionen stammt, in denen der Wald zerstört wird. Holz aus so genannten intakten Naturwäldern akzeptiert Ikea grundsätzlich nicht.

Elch im Tropenwald

Mit den Waldschützern hat sich Ikea gut gestellt. Der Umweltschutzorganisation Global Forest Watch half der Konzern finanziell, die Naturwälder der Welt zu kartieren und in Länderatlanten darzustellen. Aus diesen Gebieten bezieht Ikea grundsätzlich kein Holz, wenn es nicht durch ein Zertifikat für unbedenklich erklärt worden ist. Ein Kahlschlagimage wäre fatal für den Konzern.

Ikea gehört zu den Gründungsmitgliedern des Forest Stewardship

Councils (FSC), einer Organisation, die Zertifikate über eine umweltverträgliche Forstwirtschaft ausstellt. Gegenwärtig stammt zwar nur ein Teil des Ikea-Holzes aus zertifizierten Wäldern, darunter die hochwertigen Tropenholzarten. Chris Elliott vom World Wide Fund for Nature (WWF) hat Ikea aufgefordert, mehr Holz mit FSC-Siegel zu verwenden. Gleichwohl sagt der Forstexperte, der seit Jahren mit Ikea zusammenarbeitet: »Das Engagement von Ikea bei Forstwirtschaftsthemen ist ernsthaft und langfristig orientiert.«

Das Möbelhaus steht unter strenger Beobachtung der Umweltschützer. Im Sommer 1999 kletterten Aktivisten von Robin Wood auf die Dächer von Ikea-Einrichtungshäusern in Hamburg und Berlin und entrollten Transparente: »Achtung! Elch im Tropenwald!« Ikea machte geltend, dass es sich bei den Gartenmöbeln um Produkte aus Holz von nachhaltig bewirtschafteten Plantagen in Java/Indonesien handle, konnte das aber nicht durch Zertifikate belegen. In den folgenden Wochen reiste eine Ikea-Delegation, die aus einer Umweltmanagerin, einem Forstexperten und einem Marketingmann bestand, wiederholt nach Hamburg zu Robin Wood, um die Bedenken der Umweltschützer auszuräumen. Schließlich beschloss der Ikea-Vorstand wie von den Umweltschützern verlangt, künftig nur noch Teak und andere edle Tropenholzsorten zu verwenden, die das Öko-Gütesiegel des FSC tragen.

Kamprads braune Vergangenheit

Eine andere Affäre belastete Ikea in den neunziger Jahren weltweit. Sie betraf die Person des Gründers und seine politische Vergangenheit. Das Thema erwies sich als hochgefährlich für Ikea, denn Ingvar Kamprads moralische Integrität wurde infrage gestellt.

Ins Rollen kam die Sache 1994 durch ein Buch des Journalisten Joakim Berglund über die Geschichte Südschwedens während des Nationalsozialismus. Eher beiläufig erwähnte Berglund darin, dass auch Ikea-Gründer Ingvar Kamprad in seiner Jugend mit dem Nationalsozialismus sympathisiert hatte. Bald darauf nahmen Journalisten der auflagenstarken schwedischen Tageszeitung *Expressen* die

Fährte auf. Sie fanden im schwedischen Reichsarchiv Papiere, die belegten, dass Ingvar Kamprad über viele Jahre in Kontakt mit dem schwedischen Faschistenführer Per Engdahl gestanden hatte.

Engdahl, der während der NS-Zeit Vorsitzender der Neuschwedischen Bewegung gewesen war, hatte auch nach dem Krieg eine wichtige Rolle in der internationalen Szene von Altnazis und Faschisten gespielt. In der Bundesrepublik hatte er deshalb Einreiseverbot. Im Frühjahr 1994 war Engdahl gestorben.

Im Oktober des gleichen Jahres fragte *Expressen*-Redakteur Pelle Tagesson bei Ikea wegen eines Interviews mit Ingvar Kamprad an. Nachdem der Journalist das Stichwort »Engdahl« nannte, arrangierte das Unternehmen ein Gespräch mit dem Gründer. Es fand in einem Besprechungszimmer des Ikea-Möbelhauses in Aubonne bei Lausanne statt. Bei dem Treffen bestätigte Kamprad dem Journalisten seine Mitgliedschaft in der Neuschwedischen Bewegung Engdahls. Er räumte ein, dass er den Rechtsideologen als Jugendlicher und auch noch als junger Mann sehr bewundert habe. Er sprach ausführlich über seine Herkunft, den deutschstämmigen Vater und die aus dem Sudetenland stammende Großmutter. Bei der ganzen Sache handle es sich aber um nicht viel mehr als um eine Jugendsünde, die man ihm nachsehen möge.

Der Journalist legte dem Unternehmer ein Papier aus dem Jahre 1958 vor. Es handelte sich um eine Liste im Zusammenhang mit einem internationalen Faschistenkongress in Malmö, auf der auch Kamprads Name stand.

Nun ging es nicht mehr um Kamprads Jugend. Als das Treffen in Malmö stattfand, war Kamprad 32 Jahre alt gewesen und hatte schon einige Jahre erfolgreich als Versandhändler gearbeitet. Es war das Jahr, in dem Ikea in Älmhult sein erstes Möbelhaus eröffnete.

Als Kamprad die Liste sah, schoss ihm das Blut ins Gesicht. Zornig schlug der Ikea-Patriarch auf die Tischplatte und begann laut zu schimpfen. An einem solchen Treffen habe er niemals teilgenommen, brüllte er. Die Liste sei gefälscht. Das Interview endete in einer gespannten Atmosphäre.

Am 7. November 1994 erschien *Expressen* mit einem vierseitigen Artikel über die politische Vergangenheit des Ikea-Gründers. Der

Tenor der Geschichte war eindeutig: Ingvar Kamprad, der Sohn eines deutschstämmigen Großgrundbesitzers, war über viele Jahre ein Nazi gewesen.

Rund um den Globus beschäftigten sich die Medien intensiv mit der Enthüllung. Ikea, dieses demokratische, alternative, so unkonventionell wie freundlich wirkende Unternehmen, diese Musterfirma sollte die Gründung eines finsteren Rechtsextremisten sein? Das war ja unglaublich.

In Deutschland allerdings fand die Nachricht weniger Beachtung als in anderen Ländern. »Herr Ikea war eine braune Socke« lautete die in unaufgeregtem Ton formulierte Überschrift in der *taz*. Dass bekannte Männer der Wirtschaft früher einmal Mitläufer oder sogar Mittäter des NS-Regimes gewesen waren, das war für das deutsche Publikum nichts Besonderes. Solche Geschichten hörte und las man im Land der Krupps, Flicks und Quandts seit Jahrzehnten.

Reputation durch Reue

Anfangs war Kamprads Verteidigung ungeschickt. Intern sträubte sich der Ikea-Gründer dagegen, die Vergangenheit aufzuarbeiten. »Ich, der ich so viel für die Zukunft zu tun habe – ich soll Zeit aufwenden müssen, um darüber zu reden, was ich als junger Spund gedacht und empfunden habe?«, fragte er trotzig. Aber die PR-Spezialisten von Ikea machten ihm klar, dass sich die Affäre für das Ansehen und das Geschäft von Ikea überaus nachteilig auswirken konnte. Das Unternehmen musste reagieren, um den Imageschaden klein zu halten. In kleinem Kreis wurde eine Strategie entworfen, wie Ikea und sein Gründer mit den Enthüllungen und Vorwürfen umgehen sollten.

Als erstes schrieb Ingvar Kamprad einen Brief an die Mitarbeiter, in dem er sie einzeln und persönlich ansprach. »Du bist selbst einmal jung gewesen, und vielleicht findest du etwas in deiner Jugend, was du jetzt, lange danach, für albern und dumm hältst. In diesem Fall verstehst du mich besser ...«, warb er um Verständnis. Er gab seine Zugehörigkeit zur rechtsradikalen Bewegung Engdahls zu und bezeichnete sie ungelenk als »meine größte Niederlage«.

In Wahrheit handelte es sich nicht um eine Niederlage, sondern um einen politischen Irrtum des jungen Kamprad. Ein Irrtum, der sich gut mit dem Milieu erklären ließ, in dem der Ikea-Gründer aufgewachsen war. In seinem Brief an die Mitarbeiter bekannte sich Kamprad dazu und bat um Entschuldigung. »Dies ist ein Teil meines Lebens, den ich bereue«, schrieb er. Der Brief kam im Unternehmen gut an. Ein milliardenschwerer Konzernherr, der die Mitarbeiter zerknirscht um Verzeihung für einen lange zurückliegenden Fehler bat, das war ein mehr als ungewöhnliches Ereignis. In Älmhult sammelten Ikea-Mitarbeiter sogleich Unterschriften für eine Solidaritätsadresse. Per Fax erreichte diese Liste kurz darauf ihren Adressaten in der Schweiz. Über den vielen Namen stand: »Ingvar, wir sind da, wann immer du uns brauchst.« Als er das las, heulte Ingvar Kamprad vor Rührung. Handschriftlich schrieb er eine Dankesantwort, wie üblich in Großbuchstaben. Die Überschrift lautete: »Den Tränen war kein Einhalt zu gebieten.«

Hatte der Patriarch befürchten müssen, durch die Aufdeckung seiner politischen Jugendsünden an Ansehen im Unternehmen zu verlieren, so trat nun das Gegenteil ein. Durch seine Reaktion auf die Enthüllung gelang es Ingvar Kamprad, sein Ansehen bei den Mitarbeitern noch zu steigern. Der große Gründer, der im Laufe der Jahre zu einem bewunderten und verehrten Übervater aufgestiegen war, hatte sich als fehlbar erwiesen – und er stand auch noch dazu.

Was die Medien betraf, ließ Ikea die Dinge nicht einfach auf sich zukommen. Pressechef Leif Sjöö, ein Firmenveteran, fuhr nach Stockholm und sah im Reichsarchiv Engdahls Akten auf Hinweise über Ingvar Kamprad durch. Bei seinen Recherchen fand Sjöö die Liste, die angeblich Kamprads Teilnahme an einem Faschistenkongress im Jahr 1958 belegte. Tatsächlich handelte es sich aber nicht um eine Teilnehmerliste, sondern um eine Aufstellung von Leuten, die Geld für ein Geschenk zum 50. Geburtstag von Per Engdahl spenden sollten. Kamprad war dort aufgeführt, aber anders als hinter anderen Namen stand hinter seinem kein Betrag.

Nach *Expressen* beschäftigten sich auch andere schwedische Blätter mit Kamprads Vergangenheit. Eine Zeitung behauptete, Kamprad habe das Startkapital für Ikea von Rechtsextremisten bekommen.

Das war eine Behauptung, die der Ikea-Gründer als besonders ehrabschneidend empfand. Von niemandem hatte er sich Geld geliehen. Er hatte sich alles selbst erarbeitet, was er besaß.

Angst vor Boykotten

Die Affäre schlug international hohe Wellen. Eine Zeit lang musste Ikea fürchten, dass jüdische Organisationen zu einem Boykott gegen die Möbelhäuser aufrufen könnten. Abraham Cooper vom Simon Wiesenthal Centre in Los Angeles hatte den Unternehmer öffentlich aufgefordert, umfassend Rechenschaft abzulegen und ihn kritisiert: »Es ist mehr als bedauerlich, dass Kamprad nicht selbst die Initiative zu einem Aufräumen mit seiner Vergangenheit ergriffen hat, sondern erst auf Presseenthüllungen reagierte.« Cooper warf auch die Frage auf, ob der Ikea-Gründer ein Antisemit sei. Ihm war aufgefallen, dass Ikea in Israel kein Möbelhaus betrieb, während es solche in arabischen Ländern sehr wohl gab.

Ikea reagierte, indem es den Chef der US-Verkaufsgesellschaft zu dem Rabbiner schickte. Der Manager konnte Cooper überzeugen, dass Kamprad kein Altnazi war. Außerdem konnte Ikea dem Rabbiner etliche Firmen in Israel benennen, bei denen der Konzern einkaufte. Es sei nur eine Frage der Zeit, bis Ikea auch in Israel ein Einrichtungshaus eröffnen werde. Das geschah dann 2001 in Netanja, allerdings durch einen Franchisenehmer.

Es dauerte nach den Enthüllungen einige Wochen, bis das Mediengewitter abklang, und noch etwas länger, bis in Schweden Stimmen zu hören war, die um Verständnis für Kamprad warben. Der Ikea-Chef werde zum Sündenbock gemacht, obwohl die ganze schwedische Nation während der NS-Zeit Schuld auf sich geladen habe, war nun zu lesen. »Die Art, in der mit Kamprad umgegangen wird, ist ein typisches Beispiel der Empörungshysterie, die schwedische Medien sofort erfasst, wenn auf den Faschismus in Schweden gestern oder heute die Rede kommt«, schrieb Per Landin 1995 in *Dagens Nyheter*. »Trotz allen Geredes über die schwedische Vergangenheitsbewältigung sieht es so aus, als gehörten all die braunen Flecken auf der

Seele des Volksheimes nicht uns, sondern einigen betagten Außerirdischen von einem anderen Planeten, vorzugsweise mit deutschem Tonfall.«

Ausgestanden war die Sache für Ikea aber noch nicht. Zu den Merkwürdigkeiten der Affäre zählt, dass Ingvar Kamprad nach den ersten Enthüllungen über seine Verbindung mit den Neuschweden nicht die ganze Wahrheit über die politischen Verirrungen seiner Jugend offenbart hatte. Einen nicht ganz unwichtigen Teil verschwieg er 1994: die Tatsache, dass er als Jugendlicher, noch bevor er Anschluss an die Engdahl-Partei fand, so etwas wie ein schwedischer Hitlerjunge gewesen war.

Es sollte vier Jahre dauern, bis auch das noch zutage kam. Im Frühjahr 1998 enthüllte *Expressen,* dass Kamprad Anfang der vierziger Jahre an einer Veranstaltung teilgenommen hatte, auf der der schwedische Naziführer Sven Olov Lindholm als Hauptredner gesprochen hatte. Ein sonderlich belastender Vorgang war das nicht, berücksichtigt man die Tatsache, dass Kamprad 1941 15 Jahre alt gewesen war. Aus einer jugendlichen Schwärmerei für die »Lindholmer« konnte man Kamprad fast 60 Jahre später schwerlich einen Vorwurf machen. Schwerer wog in den Augen der schwedischen Öffentlichkeit, dass Kamprad diese Phase seines Lebens verschwiegen hatte, als er 1994 erstmals mit seinen politischen Jugendsünden konfrontiert worden war. Damals hatte er so getan, als wolle er nichts verbergen.

Im Gespräch mit seinem Biografen Torekull erklärte Kamprad dieses Versäumnis so: »Dass mir diese Periode in meinem Gedächtnis so kurz und so unwichtig erscheinen sollte, hing damit zusammen, dass ich fand, später zu etwas viel Besserem gewechselt zu haben, zur Engdahl-Bewegung. Lindholm war ja ein echter Nazi, der raubeinige Führer Schwedens mit großem und kleinem Gruß, Koppel und dem ganzen Kram. Schätzte man ihn, war man Nazi, und ich schämte mich hinterher, zuzugeben, auch einer gewesen zu sein.«

Der Ikea-Gründer litt stark unter der Affäre und durchlebte schwere Monate. Er war bereit, in Sack und Asche zu gehen, nicht zuletzt deshalb, weil er wusste, dass er auf diese Weise Ikea am besten schützte. Wenn die Menschen mit Ikea künftig auch die Nazivergangenheit des Gründers assoziierten, dann sollten sie wenigstens an einen reuigen Ex-Nazi denken, hoffte der Gründer.

In seinem Inneren war Kamprad tief verletzt. Er fühlte sich von den Medien ungerecht behandelt. In seinen Erinnerungen schrieb er 1998: »In den Nächten, in denen ich wach lag und über diese unerfreuliche Affäre grübelte, fragte ich mich: Wann können einem alten Mann seine Jugendsünden vergeben werden? ... Ist es ein Verbrechen, dass ich von einer deutschen Großmutter und einem deutschen Vater erzogen wurde?«

Kamprad musste einige weitere Tiefschläge hinnehmen. Ein Journalist der britischen *Financial Times* hielt es für angebracht, den Ikea-Gründer indirekt mit Hitler zu vergleichen: »Für Ikea ist die Vergangenheit peinlicher als für VW, weil VW heute nur den Namen trägt, den Hitler dem Unternehmen gegeben hat, während Kamprad, wie ein erstauntes Schweden 1994 entdeckte, mehr als ein Jahrzehnt lang sozusagen ein praktizierender Nazi war.«

In Schweden entdeckten manche Beobachter nach den Enthüllungen über Kamprads Vergangenheit sogar Parallelen zwischen dem skandinavischen Wohnideal und der Politik der Nationalsozialisten. »Nachdem Ikea-Kamprads braune Vergangenheit ans Licht gezogen wurde, stellte man die Frage, ob das unmögliche Möbelhaus nicht auch perfekt die normierten Musterheime eines siegreichen Nazideutschlands hätte möblieren können«, berichtete der Skandinavien-Korrespondent der *taz* Reinhard Wolff. »Das Konzept schöner und preisgünstiger Heimeinrichtung für alle, Einfachheit und Standardisierung wurde in Schweden in den Zwanziger- und Dreißigerjahren als Weg propagiert, über solcherart ›Ästhetikerziehung‹ der Utopie des neuen ›Volksheimmenschen‹ näher zu kommen. Wenn auch mit anderen Intentionen, entspricht dies verblüffend den Bemühungen des ›Dritten Reichs‹ um eine ›Idealeinrichtung‹.«

Kamprads idealistische Schriften, seine Gemeinschaftspoesie las mancher Außenstehende jetzt mit anderen Augen. »Kamprads angeborene Anständigkeit wird heute von Tausenden seiner Mitarbeiter bezeugt«, befand Jonathan Margolis 2000 in der *Financial Times*. »Gleichwohl bleiben einige alarmierende Punkte der Übereinstimmung zwischen Kamprads vollkommen gütiger und ansprechender

Ikea-Philosophie und den, um es ganz offen zu sagen, aufgeputzten Teilen des Nazismus: die Verehrung von erdbetonten, bäuerlichen Werten zum Beispiel, nicht unähnlich Hitlers ›Mein Kampf‹, durchzieht das ›Testament eines Möbelhändlers‹ und andere Schriften Kamprads.«

In seinen Memoiren hat Ingvar Kamprad dann auch selbst eingeräumt, dass es möglicherweise eine Verbindung zwischen seiner politischen Einstellung als Jugendlicher und dem Unternehmen Ikea gibt. Engdahl habe ihm einmal seine »Anerkennung« darüber ausgedrückt, »wie ich IKEA führte«, erinnerte sich Kamprad. Der Rechtsextremist habe ihn dafür gelobt, »dass ich als Unternehmer die neuschwedischen Gedanken von Klassenlosigkeit verwirkliche«, schrieb Kamprad in seinen Memoiren.

Dass Kamprad überhaupt Lebenserinnerungen veröffentlichte, das war wohl auch eine Folge der Naziaffäre. Wenn solche Wünsche vorher von Autoren oder Verlagen an ihn herangetragen worden waren, hatte er eine Mitwirkung stets abgelehnt. Dabei war der Ikea-Gründer entgegen vieler anderslautender Beschreibungen nie sonderlich öffentlichkeitsscheu gewesen. Schon in frühen Jahren hatte er die Medien genutzt, um sich und sein Unternehmen in Schweden populär zu machen. Zeitungen, Zeitschriften und Fernsehsender hatten damals häufig über den Bauernsohn aus Småland berichtet, der mit einfachen und billigen Möbeln Millionen machte. Das war eine Aufsteigergeschichte, wie Journalisten sie lieben.

Nicht nur in den Anfangsjahren halfen die Medien Kamprad dabei, seinem multinationalen Konzern ein freundliches Gesicht zu geben. Firmenbiograf Torekull brachte das treffend auf den Punkt: »Das Talent des Gründers, die Unternehmensdevise von Einfachheit und Ehrlichkeit zu verkörpern, den Kautabak hinter der Lippe, seine einfachen Essgewohnheiten, sein notorischer Hang, auch als Milliardär in der Touristenklasse zu reisen, haben Jahr um Jahr dazu beigetragen, ihm eine Aura aus Legende und Erfolg, aber auch Anspruchslosigkeit und Menschlichkeit zu schaffen.« Mit all seinen Macken und Makeln wurde Kamprad im Laufe der Jahre zu einer wandelnden Werbung für Ikea.

Auch Torekull strickte in seinem 1998 erschienenen Buch an dieser

Legende mit und fügte ihr noch manche Facette hinzu. Der schwedische Wirtschaftsjournalist war von Ikea ausgewählt worden, die Geschichte des Unternehmens und das Leben seines Gründers aufzuschreiben. Kamprad hatte sich zunächst gesträubt, aber seine engsten Mitarbeiter hatten die Meinung vertreten, dass mit oder ohne Zutun über Ikea geschrieben werden würde. Kamprad erkannte: »Ich würde der Sache mehr nutzen, wenn ich selbst daran mitwirkte.«

Kinderarbeit für Ikea-Teppiche

Ikeas Markenimage ist eine der großen Stärken des Unternehmens, ein bedeutender Vorteil im Wettbewerb mit anderen Handelsfirmen. Es ist zugleich die verwundbarste Stelle. Die Möbelkette gilt als ehrlich, offen, als verantwortungsvoll und kinderfreundlich. Bei manchen Kunden steht Ikea heute sogar in dem Ruf, ein geradezu antikapitalistisches Unternehmen zu sein.

Umso größer war die Empörung 1994, als die Schweden im Fernsehen eine Dokumentation sahen, die pakistanische Kinder dabei zeigte, wie sie für Ikea Teppiche knüpften. Kleine Arbeitssklaven, von denen manche angeblich nicht älter als vier Jahre waren, waren an Webstühle gekettet worden.

Bis zu dem TV-Bericht hatte Ikea sich wenig darum gekümmert, wie es bei den Lieferanten zuging, solange die Preise stimmten. Nun reagierte der Konzern umgehend. Der Vertrag mit dem pakistanischen Lieferanten wurde gekündigt. In die Verträge mit anderen Zulieferern in Asien wurden Klauseln aufgenommen, wonach Kinderarbeit verboten war. Zu kontrollieren war das allerdings kaum. Allein in Indien wurden Ikea-Teppiche an 15 000 Produktionsstätten hergestellt, die Webstühle standen oft in kleinen Dörfern.

Ikea wandte sich auch an die internationale Kinderhilfsorganisation Save The Children. Deren Mitarbeiter Christopher Davis erinnert sich: »Die Beschuldigungen, dass in der Produktion Kinderarbeit genutzt würde, trafen Ikea sehr hart, da dies in starkem Widerspruch zu dem Bild des kinder- und familienfreundlichen Unternehmens stand.« Die Möbelmanager diskutierten mit den Vertretern der Hilfsorganisation darüber, wie sie mit dem Problem umgehen sollten. Sie holten sich Rat, wie ein umfassender Verhaltenskodex aussehen musste, den Ikea seinen Lieferanten auferlegen wollte.

1995 lief in *stern TV* ein Bericht über Kinderarbeit für Ikea in Indien. Nach dessen Ausstrahlung kündigte der Konzern sogleich der gezeigten Teppichmanufaktur. Doch dann kam heraus, dass die in dem TV-Beitrag gezeigten Kinder nur für die Kamera an den Webstühlen posiert hatten. Der Film war eine Fälschung, und sein deutscher Macher wurde im Jahr darauf wegen dieses und anderer Beiträge zu einer Freiheitsstrafe verurteilt.

Aber es gab auch danach immer wieder glaubwürdige Berichte über Kinder, die bei Zulieferern in Asien für Ikea arbeiteten. Das Problem der Kinderarbeit war nicht mit einem Federstrich aus der Welt zu schaffen. 1999 suchte Ikea die Kooperation mit Unicef, dem Kinderhilfswerk der Vereinten Nationen. Von dessen Experten erfuhren die Möbelmanager, dass es im Kampf gegen Kinderarbeit darauf ankommt, deren Wurzeln zu bekämpfen, nämlich die Armut und den Mangel an Schulbildung.

Der Möbelkonzern begann, ein Unicef-Projekt im indischen Teilstaat Uttar Pradesh zu unterstützen, durch das Kinder in das staatliche Schulsystem eingebunden werden sollen. Schätzungsweise 24 000 Kinder, die vorher nicht zur Schule gingen, besuchen nun entweder eine Grundschule oder ein alternatives Lernzentrum, das sie auf einen Schulbesuch vorbereitet.

Als Ikea erstmals in den Verdacht geriet, von Kinderarbeit zu profitieren, war Marianne Barner die für den Einkauf von Teppichen zuständige Managerin. Durch ihr umsichtiges Handeln bei der Bewältigung der Krise katapultierte sie sich auf einen neuen Job. Heute ist Barner die Kommunikationschefin des Konzerns – und zugleich dessen Kinderbeauftragte.

Nach den Verträgen, die Ikea mit seinen Lieferanten abschließt, ist die Beschäftigung von unter 15-Jährigen nicht zulässig. Bei Kontrollen werden allerdings auch heute immer wieder Kinder an Webstühlen angetroffen, auf denen Ikea-Teppiche hergestellt werden, wie das Unternehmen einräumt. Hatte Ikea auf solche Verstöße zunächst regelmäßig mit der Kündigung des Liefervertrages reagiert, ist man inzwischen dazu übergegangen, die Lieferanten in die Pflicht zu nehmen. Will der Unternehmer im Geschäft bleiben, so muss er dafür sorgen, dass das betreffende Kind künftig eine Schule besucht. Auf diese Weise soll verhindert werden, dass solche Kinder weiterbeschäftigt oder an andere Arbeitgeber weitergegeben werden.

Ikeas Engagement wird von Experten anerkannt. »Wir sehen, dass Ikea im gesamten Konzern mit großer Ernsthaftigkeit an dem Thema Kinderarbeit und den Rechten der Kinder arbeitet«, bescheinigt Christopher Davis von der internationalen Hilfsorganisation Save the Children dem Möbelhaus. »Ikea hat mehr erreicht als viele andere große Unternehmen.«

Die Unicef-Mitarbeiterin Susan Bissell, die sich um Kinder in Südasien kümmert, preist den Möbelkonzern in höchsten Tönen: »Das Risiko, in Verruf zu geraten und Opfer eines Konsumentenboykotts zu werden, hat dazu geführt, dass viele Unternehmen ihre Produktion aus Südasien in andere Gebiete verlagert haben, die leichter zu kontrollieren sind. Firmen, die geblieben sind, tun alles, um ihre dortige Anwesenheit geheim zu halten. Ich würde mir wünschen, dass mehr Unternehmen den Mut hätten, dem Beispiel von Ikea zu folgen: vor Ort zu bleiben, das Problem aktiv anzugehen und soziale Verantwortung zu übernehmen.«

Dass Ikea sich so verhält, ist nicht zuletzt dem Gründer zu verdanken. Nach den ersten Fernsehberichten über Kinderarbeit für Ikea waren bei Ingvar Kamprad zahlreiche Briefe von Menschen eingegangen, die darum baten, dass sich Ikea nicht aus Ländern wie Vietnam, Indien oder den Philippinen zurückziehen sollte. »Ich gestehe, dass diese Briefe eine starke Wirkung auf mich ausgeübt haben«, sagte Kamprad.

Ikeas Bemühungen werden weithin anerkannt. Doch Ikea-Chef Dahlvig möchte keine Garantie dafür abgeben, dass alle Ikea-Produkte umweltgerecht und sozial verantwortlich hergestellt werden. Das Risiko, einer Lüge überführt zu werden, ist ihm zu groß, auch wenn nur noch selten Kritik an dem Unternehmen geübt wird. Die einflussreiche Globalisierungskritikerin Naomi Klein streift Ikea in ihrem Weltbestseller *No Logo!* nur ganz am Rand. Und der *Spiegel* stellte 2003 fest: »Anders als etwa Coca-Cola oder McDonald's wur-

den die Schweden nie zur Zielscheibe der Globalisierungsgegner.«
Den Grund dafür sah das Magazin nicht zuletzt in der Persönlichkeit
Kamprads. »Mit seiner Melange aus Heimlichtuerei und entwaffnender Offenheit verpasste der Schwede dem Konzern ein Charme-Image, an dem jede Kritik scheinbar wirkungslos abprallt.«

In Wahrheit ist es allerdings so, dass Ikea Kritik nicht einfach abprallen lässt, sondern sich mit Vorwürfen von außen tatsächlich auseinander setzt. Es geht dem Unternehmen nicht nur darum, ein Problem möglichst ohne Aufwand vom Tisch zu bekommen und einmal bekannt gewordene Missstände einfach in Vergessenheit geraten zu lassen. Es geht um mehr als um ein gutes Krisenmanagement. Das Unternehmen passt seine Strategie laufend dem Markt an, und das gilt auch in moralischer Hinsicht. Wenn etwas bekannt wird, das Ikea in Verruf bringen könnte, reagiert der Möbelmulti in aller Regel schnell und durchgreifend. Dabei ist er auch bereit, seinen Kurs zu ändern. »Ikeas Teflonschicht ist weniger ein Ergebnis von Glück und Schwedischsein«, urteilte das US-Magazin *Newsweek* 2001, »sondern von harter Arbeit.«

Diese Strategie zahlt sich aus. Obwohl Ikea ein multinationaler Konzern im klassischen Sinn ist, eines jener oft verteufelten grenzüberschreitenden Riesengebilde, die nicht zu Unrecht in dem Verdacht stehen, mehr Macht als Nationalstaaten zu haben und ihr Geschäft nach eigenen Regeln zu betreiben, obwohl der Möbelriese von der Globalisierung profitiert wie kaum ein anderes Unternehmen, genießt Ikea heute den Ruf, ein fortschrittlicher, ein »guter« Konzern zu sein.

Ausblick

Ikea ist ein Welterfolg. 410 Millionen Menschen waren vergangenes Jahr in einem der mehr als 220 Groß-Möbelhäuser einkaufen. Inzwischen gibt es Ikea auf vier Kontinenten, allein Afrika fehlt noch.

Die Gründe dieses Erfolges lassen sich knapp zusammenfassen in einem überlegenen Design, einem weltweiten Einkauf und einem perfekten Waren- und Materialfluss. Dank hoher Stückzahlen kann Ikea auch bei kleinen Preisen und geringen Margen große Gewinne erzielen. Aber das ist nur die betriebswirtschaftliche Betrachtung.

Daneben gibt es die weichen Faktoren des Ikea-Erfolges. Das Unternehmen hat eine ungewöhnlich starke, lebendige Kultur. Und es wird getragen von einer klar formulierten Idee, nämlich möglichst vielen Menschen eine formschöne, funktionsgerechte Einrichtung zu ermöglichen.

Ikea ist eines der wenigen Unternehmen, die ihren Markt durch ein neuartiges Geschäftsmodell revolutioniert haben. Eine Firma, die sich nicht darauf beschränken mochte, mit Möbel zu handeln, sondern die anfing, Möbel zu entwerfen, die Produktion mitzugestalten und die Kunden mitarbeiten zu lassen. Auf diese Weise schaffte es der Konzern, ein zuvor nicht für möglich gehaltenes niedriges Preisniveau mit befriedigender Qualität zu verbinden. Unternehmen wie H&M und Zara sind Ingvar Kamprad auf diesem Weg gefolgt. Lange bevor Swatch Armbanduhren als modische Accessoires anbot, hat Ikea Kommoden und Sofas zur Verbrauchsgütern umgewidmet.

Ikea ist kein normales Wirtschaftsunternehmen, es ist zugleich so etwas wie eine Welt-Stil-Company. Der Möbelkonzern gehört zu den wenigen Unternehmen, die für sich in Anspruch nehmen können, den globalen Geschmack zu prägen. Das britische Designmagazin *Icon* hat Kamprad jüngst sogar zum einflussreichsten Geschmacksproduzenten der Welt ausgerufen.

Für Ikea scheint es weder geografische noch kulturelle Grenzen zu geben, der Erfolg ist universell. Manche Kritiker sprechen schon von einem neuartigen Kolonialismus, der sich hinter der Ikea-Idee verberge: der »Kolonialismus der Großserienmöbel«. In jedem Fall repräsentiert Ikea inzwischen nicht nur eine ökonomische, sondern auch eine kulturelle Weltmacht.

Der wirtschaftliche Erfolg der Ikea-Idee ist herausragend. Während Gründer Kamprad nach wie vor den genügsamen Geizhals gibt, wächst das von ihm kontrollierte Vermögen immer weiter an. In der Liste der reichsten Menschen der Welt, die das US-Magazin *Forbes* alljährlich zusammenstellt, belegte Kamprad 2005 mit einem geschätzten Vermögen von 23 Milliarden US-Dollar den sechsten Platz. Gegenüber dem Vorjahr war der Ikea-Gründer noch einmal deutlich hochgestuft worden. Nach Einschätzung von *Forbes* ist Kamprad mittlerweile der reichste Europäer.

Allein die Marke Ikea ist nach Meinung der Experten in der Unternehmensberatung Interbrand heute 8 Milliarden US-Dollar wert. Sie ist damit wertvoller als die von Siemens, Philips oder Adidas, wertvoller auch als so stark beworbene Luxuslabels wie L'Oreal oder Gucci.

Die Geschichte dieses Unternehmens ist zugleich die Geschichte eines Mannes, der vom Waldbauernbub zum Weltmöbelhändler aufstieg und der mit seinem Wirken Maßstäbe gesetzt hat. Die Redaktion der *Financial Times* nahm Kamprad in eine Liste von 25 Milliardären auf, »die die Welt am meisten formen«. Dem Ikea-Gründer bescheinigte die britische Wirtschaftszeitung: »Seine Firma hat einen universalen, egalitären Reiz, wie ihn wohl kein anderes Unternehmen für sich beanspruchen kann.«

Was seine persönlichen Verdienste anbelangt, denkt der Ikea-Gründer ähnlich wie der US-Eisenbahnunternehmer Cornelius Vanderbilt, der einst auf seinen Grabstein schreiben ließ, dass hier ein Mann liege, »der es verstanden hat, bessere Leute in seinen Dienst zu nehmen, als er es war«. Aber es steht längst außerhalb jeden Zweifels, dass Ingvar Kamprad einer der größten Unternehmer des 20. Jahrhunderts ist.

Dieser Kamprad ist ein außergewöhnlicher, widersprüchlicher, ja zerrissener Charakter. Er ist großzügig und geizig zugleich, fast maßlos in seinem unternehmerischen Anspruch und bescheiden in seinem persönlichen. Ein detailversessener Kontrollmensch, der aber auch delegieren kann. Ein kühl kalkulierender Stratege, dessen Herz voller Leidenschaft, ja Sentimentalität ist. Ein Stifter, der sein Vermögen den Erben größtenteils vorenthalten will und der doch glücklich darüber ist, dass seine Söhne sich heute in diesem Unternehmen engagieren.

Kamprad ist ein Kapitalist mit egalitären, sozialdemokratischen Idealen, ein Mann, der sich den kleinen Leuten verpflichtet fühlt und die Gemeinschaft preist, der aber dem schwedischen Sozial- und Steuerstaat entflohen ist und dem Reiz internationaler Steueroasen erlag. Der Ikea-Gründer ist ein Mensch, der über kaum etwas ausführlicher Auskunft gegeben hat als über seine zahlreichen Schwächen, Irrtümer und Niederlagen – und der doch auf ganzer Linie erfolgreich war.

»An dem Tag, an dem Ikea ihn loslässt, wird das Leben für ihn nicht mehr lebenswert sein«, hat Bertil Torekull über Ingvar Kamprad geschrieben. Nicht nur im Unternehmen fragen sich viele, was aus Ikea werden wird, wenn Kamprad einmal nicht mehr ist.

Bis in die Gegenwart führt der Gründer das Unternehmen aus dem Hintergrund. Kamprad ist nach wie vor präsent. Noch heute kommt es vor, dass er unangekündigt bei Verkäuferschulungen auftaucht. Die Manager, die heute an der Spitze der globalen Ikea-Organisation stehen, sind fast durchweg durch Kamprad und seine Art zu denken und Geschäfte zu machen geprägt worden. Eine der großen Fragen die Zukunft Ikeas betreffend ist daher die, wie sich das Unternehmen entwickeln wird, wenn Kamprads Einfluss einmal schwindet. Kann es die Kultur bewahren, die der Gründer dem Unternehmen eingepflanzt hat.

Eine andere Frage ist die nach den Grenzen des Wachstums des Ikea-Geschäftsmodells. Das Unternehmen hat sein Wachstumstempo in den vergangenen Jahren noch einmal deutlich erhöht. Es macht den Eindruck, als wolle der Gründer noch zu Lebzeiten dafür sorgen, dass Ikeas Vorsprung als international aufgestelltes

Einrichtungshaus uneinholbar wird. Jedes Jahr sollen deshalb bis zu 20 neue Möbelhäuser eröffnet werden. Derzeit sind die Schweden dabei, Japan zu erobern. Anschließend ist Südkorea dran. Entdecke die Möglichkeiten.

In den USA will der Konzern die Zahl seiner Einrichtungshäuser in den kommenden fünf Jahren verdoppeln. Auch in Russland und China will Ikea sein Wachstums beschleunigen und die dort schnell wachsenden Mittelschichten mit Möbeln und Lebensstil versorgen.

Das Potenzial ist riesig. In der meisten Ländern, in denen Ikea heute aktiv ist, liegt der Marktanteil noch unter 10 Prozent. Selbst in Deutschland ist Ikea bislang über diese Marke nicht hinausgekommen. Gleichwohl gilt die Möbelkette den Verbrauchern hierzulande neben Aldi als die Erfolgsfirma schlechthin, wie eine von dem Unternehmermagazin *impulse* im Herbst 2005 veröffentlichte Umfrage ergab. Ikea hat ein glänzendes Image, was dazu führt, dass die Möbelkette in gewisser Hinsicht überschätzt wird.

Im Fall Ikea übertrifft der Bekanntheitsgrad der Marke die Größe des Unternehmens deutlich. Das Ikea-Geschäft wächst zwar kräftig, gleichwohl beträgt der Weltumsatz der Möbelkette nur etwa ein Zehntel der Einnahmen eines Industrieriesen wie DaimlerChrysler. Der Metro-Konzern mit all seinen Tochtergesellschaften (Kaufhof, Saturn, Praktiker und andere) ist am Umsatz gemessen gut dreimal so groß wie der Möbelhändler. Andererseits ist Ikea aber auch kein Großkonzern auf breiter Aktienbasis, sondern im Kern immer noch ein Familienunternehmen.

Ikea unternimmt zahlreiche Anstrengungen, sein Geschäft zu vertiefen und zu erweitern. Die Restaurants und Lebensmittelabteilungen in den Möbelhäusern sind Beispiele dafür. Ein anderes ist die Konzentration auf höherwertige Einrichtungen wie voll ausgestattete Küchen.

Ein weiteres Beispiel ist BoKlok, ein Unternehmen, das Ikea seit 1997 gemeinsam mit dem schwedischen Baukonzern Skanska betreibt. Der Name der Firma bedeutet »clever wohnen«. BoKlok produziert Fertighäuser und Apartmentanlagen im Ikea-Stil und zu Ikea-Preisen. Die Wohnungen haben hohe Decken, große Fenster und offene Küchen, sie sind lichtdurchflutet und bis ins Detail durchdacht. In den skandinavischen Ländern hat BoKlok inzwischen mehr als 2 500 Wohnungen und Häuser verkauft. Eine 75-Quadratmeterwohnung am Stadtrand von Kopenhagen kostete weniger als 40 000 Euro. Die Nachfrage nach den Wohnungen war teilweise so hoch, dass die Käufer ausgelost werden mussten.

Im Frühjahr 2006 errichtet BoKlok die erste Siedlung in Großbritannien, und eine Vielzahl weiterer Projekte sind dort in Planung. Chancen für das Konzept preisgünstiger Normwohnungen für Familien mit kleinen Einkommen sieht Ikea ferner in Frankreich, Polen, den Niederlanden und den USA.

BoKlok soll ebenso organisch wachsen wie Ikea selbst. Eine Lieblingsformulierung des Unternehmers Ingvar Kamprads lautet: »Das meiste ist noch nicht getan. Wunderbare Zukunft!«

Quellen

Bücher

Bergman, Ingmar: *Mein Leben*, Hamburg 1987
Björk, Stellan: *Ikea. Entreprenören, affärsidén, kulturen*, Stockholm 1998
Brenner, Wolfgang; Johannsen, Frank: *Alle lieben Billy. Geschichten, Tips und Reportagen über unser Lieblings-Möbelhaus*, Berlin 1998
Cargill, Katrin: *Schwedischer Landhausstil. Einrichten, dekorieren, Akzente setzen*, München 1997
Carstensen, Jan; Düllo, Thomas und Richartz-Sasse, Claudia: *Zimmer-Welten. Wie junge Menschen heute wohnen*, Essen 2000
D'Cruz, Joseph R.; Rugman Alan M.: *Multinationals as Flagship Firms. Regional Business Networks*, Oxford 2003
Dufner, Wolfram: *Geschichte Schwedens*, Neumünster 1967
Dupuis, Marc; Dawson, John: *European Cases in Retailing*, Oxford 1999
Engdahl, Per u. a.: *Der Norden und Europa*. Vorträge, Essen 1943
Enzensberger, Hans Magnus: *Ach Europa! Wahrnehmungen aus sieben Ländern*, Frankfurt 1987
Findeisen, Jörg-Peter: *Schweden. Von den Anfängen bis zur Gegenwart*, Regensburg 1997
Graubard, Stephen R. (Hg.): *Die Leidenschaft für Gleichheit und Gerechtigkeit. Essays über den nordischen Wohlfahrtsstaat*, Baden-Baden 1988
Huntford, Roland: *Wohlfahrtsdiktatur. Das schwedische Modell*, Frankfurt/Berlin/Wien 1971
Illies, Florian: *Generation Golf. Eine Inspektion*, Berlin 2000
Juling, Petra: Schweden, Köln 1998
Klostermann, Guido: *Die niederländische privatrechtliche Stiftung. Das Stiftungsrecht der Gegenwart und seine Geschichte*, Münster 2003
Kotzian, Ortfried: *Die Sudeten. Eine Volksgruppe im Herzen Europas*, 1989

Larsson, Carl: *Unser Heim* (vollständige deutsche Ausgabe von »Ett Hem«, Stockholm 1899), Königstein im Taunus 1977

Larsson, Carl: *Aquarelle und Zeichnungen. Mit einem Text von Renate Puvogel*, Köln 1993

Lewis, Elen: *Great Ikea! A Brand For All The People*, London 2005

Lindgren, Astrid: *Mein Småland*, Hamburg 1994

Lindström, Ulf: *Fascism in Scandinavia 1920–1940*, Stockholm 1985

Lööw, Heléne: *The Swastika and the Wasa Sheaf. A study of national socialism in Sweden, 1924–1950*, Göteborg 1990

Martenson, Rita: *Innovations in multinational retailing. IKEA on the Swedish, Swiss, German, and Austrian furniture markets*, Göteborg 1981

Meidner, Rudolf; Hedborg, Anna: *Modell Schweden, Erfahrungen einer Wohlfahrtsgesellschaft*, Frankfurt 1984

Mertz, Peter: *Schweden*, München 1994

Müssener, Helmut: *Exil in Schweden. Politische und kulturelle Emigration nach 1930*, München 1974

Nunes, Paul; Johnson, Brian: *Mass Affluence: Seven New Rules of Marketing to Today's Consumer*, Harvard 2004

Polster, Bernd: *Design-Lexikon Skandinavien*, Köln 1999

Raschhofer, Hermann; Kimminich, Otto: *Die Sudetenfrage. Ihre völkerrechtliche Entwicklung vom Ersten Weltkrieg bis zur Gegenwart*, München 1953

Salzer, Miriam: *Identity Across Borders. A Study in the »IKEA World«* (Linköping studies in management and economics), Linköping 1994

Schröder, Ralf: *Schweden*, München 2001

Schumpeter, Joseph A.: *Kapitalismus, Sozialismus und Demokratie*, Tübingen 1950

Simon, Hermann: *Die heimlichen Gewinner (Hidden Champions). Die Erfolgsstrategien unbekannter Weltmarktführer*, Frankfurt/New York 1996

Sjöberg, Thomas: *Ingvar Kamprad och hans IKEA: En sensk saga*, Stockholm 1998

Strömstedt, Margareta: *Astrid Lindgren, ein Lebensbild*, Hamburg 2001

Torekull, Bertil; Kamprad, Ingvar: *Das Geheimnis von IKEA*, Hamburg 1998

Tucholsky, Kurt: *Briefe aus dem Schweigen 1932–1935. Briefe an Nuuna. Herausgegeben von Mary Gerold-Tucholsky und Gustav Huonker*, Hamburg 1984

Zeitungs- und Zeitschriftenartikel sowie wissenschaftliche Aufsätze und Arbeiten (Auswahl)

Ahl, Steffen: Schwedenhäppchen. Ein Forschungsreisebericht (Studie im Rahmen der Modellprojekte Europäische Urbanistik an der Bauhaus-Universität Weimar, hrsg. vom CERUM (Centrum för regionalvetenskap Umeå) 9.2001

Bernard, Andreas: »Das Prinzip Schweden«, in: *Süddeutsche Zeitung Magazin* 8.7.2005

Björk, Stellan; Demmer, Christine: »Bestens behütet. Die Söhne des Gründers dürfen mitreden, aber nicht regieren«, in: *WirtschaftsWoche* 25.1.1996

Blanchard, Tamsin: »Talking Shop« (Interview mit Sir Terence Conran und Tom Dixon), in: *The Observer* 11.4.2004

Blume, Georg: »Wie Weihnachten nach Peking kam. Das erste Ikea-Kaufhaus irritiert und fasziniert die Chinesen«, in: *DIE ZEIT* 20.12.2000

Brendel, Carel: »De rijkste VREK van de wereld«, in: *Algemeen Dagblad* 17.4.2004

Brown-Humes, Christopher: »An Empire Built On A Flat Pack«, in: *Financial Times* 24.11.2003

Burkeman, Oliver: »The Miracle of Älmhult«, in: *Guardian* 17.6.2004

Capell, Kerry: »Ikea. How the Swedish Reailer became a global cult brand«, in: *Business Week* 14.11.2005

DER SPIEGEL 42/1972: »Schweden – Modell für Bonn?« (Titelgeschichte)

Ertel, Manfred: »Braunes Netzwerk im Norden. Das Ende vom Mythos der Neutralität Schwedens«, in: *SPIEGEL special* 2/2005: Hitlers Krieg. Sechs Jahre, die die Welt erschütterten

Fetscher, Caroline: »Die globale Möbelbibel«, in: *Der Tagesspiegel* vom 30.8.1998

Gloger, Katja: »IKEA – Wie der Möbelgigant wirklich funktioniert«, *stern* 18/2003 (Titelgeschichte und Interview mit Ingvar Kamprad)

Gruson, Lindsey: »IKEA Venture in U. S. a Hit«, in: *New York Times* 22.3.1986

Häfner, Gabriela: »Ellen Key und das kulturelle Selbstverständnis Schwedens zwischen Tradition und Moderne«, Arbeitspapier »Gemeinschaften«, Band 18, Dezember 1998

Heller, Richard: »The Billionaire Next Door«, in: *Forbes* 8.7.2000

Högfeldt, Peter: »The Hystory and Politics of Corporate Ownership in Sweden«, Paper der Stockholm School of Economics, Stockholm 2004

Hollinger, Peggy: »An Attempt At Reviving The Habitat Habit«, in: *Financial Times* 18.10.1993

Iwersen, Sönke: »Bei Ikea ist das Produkt selbst der Verkäufer«, in: *Stuttgarter Zeitung* 21.5.2003

Jähner, Harald: »Die Kraft des Lagerismus«, in: *Berliner Zeitung* 26.11.2003

Jelinek, Andrea; Nordegren, Louise; Paulsson, Jessica: »The Process of Managing Social Responsibility – through different combinations of strategy and structure«, Bachelor Dissertation, School of Economics, Kristianstad University, Januar 2002

Kerbusk, Klaus: »Die Welt vermöbeln«, in: *Der Spiegel* 20.1.2003

Kowalewsky, Reinhard: »Wie in der Planwirtschaft«, in: *WirtschaftsWoche* 29.5.1992

Kowalewsky, Reinhard; Schnitzler, Lothar: »Interview mit IKEA-Gründer Kamprad: ›Ich bin nicht wichtig‹«, in: *WirtschaftsWoche* 19.6.1992

Lau, Mariam: »Die Ethik der Arbeitsplatte«, in: *Die Welt* 21.3.2001

Leland, John: »How the disposable sofa conquered America«, in: *New York Times Magazine* 1.12.2002

Margolis, Jonathan: »This table is bought by rich and poor, style gurus and those with no discernible taste, in identical stores from New York to Riyadh. What is the secret of IKEA's appeal?«, in: *Financial Times* 2.12.2000

Margonelli, Lisa: »How Ikea Designs Its Sexy Price Tags«, in: *Business 2.0* Oktober 2002

Mayer-List, Irene: »Der Elch wird geschlachtet. Ikea ändert Image und Programm«, in: *DIE ZEIT* 16.9.1983

Meuli, Kaspar: »Blonde Möbel«, in: *NZZ Folio. Die Zeitschrift der Neuen Zürcher Zeitung,* 10/2001

Mönninger, Michael: »Wie die Schweden uns vermöbeln«, in: *stern* 3.10.1985

Moon, Youngme: »Ikea Invades America«, Paper der Harvard Business School 14.9.2005

Notz, Anton: »Herzlich und geizig«, in: *Financial Times Deutschland* 12.8.2002 (Kamprad-Porträt)

Notz, Anton: »Ikea-Gründer ist erstaunt über guten Absatz«, in: *Financial Times Deutschland* 12.8.2002

Pearman, Hugh: »Bags Of Taste«, in: *The Sunday Times* 1.11.1992

Pearman, Hugh: »Home is where his art his«, in: *The Sunday Times* 16.9.2001

Piore, Adam; Theil, Stefan: »The Teflon Shield«, in: *Newsweek* 12.3.2001

Schwab, Petra: »Der Mann, der Ikea auf die Mailänder Möbelmesse brachte«, in: *brand eins* 10/2000

Siemens, Jochen: »Mein Leben mit dem Elch«, in: *stern* 21.10.1999

Stevenson, Richard W.: »Ikea's New Realities: Recession and Aging Consumers«, in: *New York Times* 25.4.1993

Stöss, Richard: »Zur Vernetzung der extremen Rechten in Europa«, Arbeitshefte aus dem Otto-Stammer-Zentrum Nr. 5, Berlin 2000

Streiter, Georg: »Einsatz für 004«, in: *Max* 10/2004

Studenten der Fachhochschule Stuttgart, Hochschule für Druck und Medien: »Möbel oder Müll? Marktpsychologische Studie zum Thema ›Ist IKEA eine Servicewüste? – Wenn ja, warum gehe ich trotzdem hin?‹«, Wintersemester 1998/99, www.hdm-stuttgart.de/projekte/mps99_1/index.htm

Sylvester, Regine: »Junger Schwede«, in: *Berliner Zeitung* 27.11.2003

Wolff, Reinhard: »Hässliches Mobiliar im schönen Volksheim«, in: die *tageszeitung*, 5.2.2000

Zank, Wolfgang: »Wir waren ihre Parasiten«, in: *DIE ZEIT* 36/2002

Dokumentarfilme

Chauvistré, Michael: *Mit Ikea nach Moskau*, 2001

Dixelius, Malcolm und Schultz, Christian: *Die Ikea-Story*, 2004

Bildnachweis

Abbildung 1, S. 11: Inter IKEA Systems B.V.
Abbildung 2, S. 16: © Rüdiger Jungbluth
Abbildung 3, S. 17: © Rüdiger Jungbluth
Abbildung 4, S. 50: Inter IKEA Systems B.V.
Abbildung 5, S. 51: Inter IKEA Systems B.V.
Abbildung 6, S. 55: Inter IKEA Systems B.V.
Abbildung 7, S. 82: Inter IKEA Systems B.V.
Abbildung 8, S. 96: IKEA / privat
Abbildung 9, S. 97: Inter IKEA Systems B.V.
Abbildung 10, S. 141: Inter IKEA Systems B.V.
Abbildung 11, S. 148: IKEA / Markus Hildebrand
Abbildung 12, S. 198: Inter IKEA Systems B.V.
Abbildung 13, S. 202: IKEA / Helmut Stettin
Abbildung 14, S. 205: Inter IKEA Systems B.V.
Abbildung 15, S. 210: Inter IKEA Systems B.V.
Abbildung 16, S. 212: IKEA / Helmut Stettin

Register

Abba 190, 194
Accessoires (»Satelliten«) 215
Ahold 232
Allard, Gunilla 185
Älmhult (erstes Ikea-Haus und Sortimentszentrale) 54f., 62, 65, 69, 88, 92, 160, 200, 223–226, 260
Älmhultsbladet (Mitarbeiterzeitung) 225
Arts & Crafts-Bewegung 131, 180
Aulin, Jan 98f.
Ax, Hans 70, 81f., 227

Barner, Marianne 244, 268
Basisstile bei Ikea 186, 214
Bauhaus 130f., 181
Bayley, Inga-Britt 77
Beckmann, Ulf 177, 183
Bergman, Ingmar 37f., 185
Bestechung von Ikea-Bauleitern 232
Biedenkopf, Kurt 172f.
Billy, Formaldehydbelastung 256f.
Billy, Produktionseinstellung 254f.
Blixen, Karen 87
BoKlok 274f.
Bolz, Norbert 102
Börsengang 108, 235f.
Brantorp 171

Carlsson, Ingvar 191

Carstedt, Göran 122f.
Cash-and-carry-Prinzip 83, 100
»Changing-Room-Generation« 176
Cheek, Leslie 121
China als Ikea-Lieferant 100, 134, 238–241
Chinesischer Markt 136f.
Cocooning 205
Conran, Terence 129–133, 161, 198, 235
Cooper, Abraham 263

Dahlgren, Lennart 144f.
Dahlvig, Anders 119, 141, 147, 154, 158, 177, 185, 193, 223, 229, 236, 241f., 253, 269
DDR als Ikea-Lieferant 100f., 124, 126, 240, 255f.
Demokratisches Design 74, 182f.
Deng Xiaoping 134, 137
Deutschland als Ikea-Lieferant 238, 240
Dixon, Tom 161
Do-it-yourself-Kultur 203
Dresscode 221
Duffy, Ian 146
Düllo, Thomas 185, 203, 215
Duzen der Kunden 208
Duzen Ikea-intern 79f., 221

Einfachheit 227–229, 235
Ekström, Ernst 52
Elliott, Chris 259
Elmtaryd 15–17, 19, 21–25, 30, 32–34, 40, 48f, 51, 53, 61, 151, 159, 161, 217, 223
– Kauf durch die Kamprads 19f.
Emnid-Umfrage zum Einfluss Ikeas 175
Engdahl, Per 38f., 41–43, 46f., 52f., 260–262, 264, 266
Enzensberger, Hans Magnus 85, 110
Erbschaftsteuer 86, 152, 247
Eriksson, Thomas 183
Erlander, Tage 61
Erscheinungsbild der Ikea-Häuser 246

Familie Ikea 62f., 80, 118, 217–219, 222
Familiengefühl bei Kunden 201
Firmenkultur 220, 229, 231
Flache Hierarchie 221
Flache Verpackung 57f., 82, 130, 168f.
Flexibler Warennachschub 127
Forest Stewardship Council (FSC) 258f.
Franchisenehmer 104, 246f.
Führungskräfte, Sparsamkeit 229f., 232
Führungskräfteauswahl 221
Führungskräftebezahlung 91, 141

Gammelgaard, Niels 103, 183
Gates, Bill 244, 249
Gerger, Magdalena 149
Geschmackswandel 174f.

Gewerkschaften/Betriebsräte 63, 110f., 118f., 221f., 241f.
Gewinnmarge 165, 171f., 213, 246
Gilsbach, Dieter 172
Global Forest Watch 258
Globalisierungskritiker 241, 269f.
Grawunder, Klaus 222
Gustafsson, Ingemar 120
Gustavianischer Zeitstil 186
Gydell, Hans 154

Habitat 129–133, 160f., 198, 234
Hansson, Per Albin 31f., 43
Hansson, Sven Göte 53f., 62
Herkunft der Produkte 238–241
Herrwerth & Partner 98f., 102f.
Herstellerauswahl 170
Herstellerboykott 59, 65, 68, 75, 80
Hesser, Petra 149
Holm, Lennart 72
Holzherkunft 258f.
Home Depot 140, 171, 232
Hornbach 160
Hot-Dog-Verkauf 138, 211–213

Ikano-Gruppe 120, 132, 159f.
– Ikano Banken AB 160
Ikea-Bistros 212
Ikea-Design 59, 182–184
– Preisvorgaben 214, 223f.
Ikea, erste Möbelausstellung 54–56
Ikea-Family 113
Ikea-Gründung 40
Ikea-Häuser
Ikea Arabische Länder 117, 246, 263
Ikea Australien 103
Ikea Belgien 117
Ikea China 134–139, 146, 223, 274

- Peking 137 f.
- Shanghai 135 f., 138

Ikea Dänemark 78, 117, 158

Ikea Deutschland 9 f., 95–98, 117 f., 135, 147
- Hofheim-Wallau 98, 147, 230, 248
- Kaltenkirchen 98, 101, 116, 118
- München-Eching 9, 95 f., 98, 219

Ikea Frankreich 104, 116

Ikea Großbritannien 120, 133, 135, 172, 177

Ikea Hongkong 104, 264

Ikea Island 117

Ikea Israel 246, 263

Ikea Italien 120, 135

Ikea Japan 146

Ikea Kanada 104

Ikea Niederlande 104, 117

Ikea Norwegen 68, 78
- Oslo 68

Ikea Österreich 104

Ikea Osteuropa 128, 135

Ikea Russland 142–146, 236, 274
- Moskau 142–144, 219

Ikea Schweden 84, 117, 149
- Älmhult 54 f., 62, 65, 69, 88, 92, 160, 200, 223–226, 260
- Stockholm 68, 70, 81, 83, 227

Ikea Schweiz 84
- Aubonne 107
- Zürich-Spreitenbach 84, 99, 137

Ikea Spanien 117, 144

Ikea Südkorea 146

Ikea USA 120, 135, 146, 222, 274

Ikea-Herstellerbetriebe 170 f., 238–241, 256 f., 267–269

Ikea-Hotel 225, 233

Ikea-Image 103, 114, 191, 261, 267, 270, 274

Ikea International A/S 116

Ikea-Kauf als politisches Statement 103

Ikea-Konzept 245–247, 249

Ikea-Katalog 10, 54–57, 65, 68, 75, 95, 97 f., 102, 114, 125 f., 142, 166 f., 171, 194, 197, 204–210, 215 f., 257
- Auflage 10, 56, 204
- Feuilletonrezensionen 209 f.
- Fotos 57, 194, 206–210
- Models 194, 207, 210
- Marke 272, 274

»Ikea-Klausel« 199

Ikea-Philosophie 89 f., 92, 265 f.

Ikea-Produkte
- Billy 115, 125, 136 f., 144, 166, 176, 197, 203, 230, 238, 240, 254–257
- Bosse 96, 102, 167, 196
- Ivar 102, 114, 125, 167
- Kavaljer 254 f.
- Klippan 195, 197, 204, 214
- Kullen 214
- Lack 115, 166, 238
- Malm 214, 240
- Moment 170, 183
- PS-Kollektion 183 f.
- PS Kommode 170
- Ribba 214, 238
- Sten 114, 176
- Tore 62, 96

Ikea-Produktnamen 194 f.

Ikea-Restaurants 83, 138, 192 f., 200, 274

Ikea-Stiftung (Deutschland) 248

Ikea-Stiftung (international) s. Stichting INGKA Foundation

Ikea als Trendsetter 175
Ikea als typisch schwedisch 192, 194, 270
Ikea-Unternehmenswert 88, 244, 250
Ikea-Verteilzentrum 147 f.
Ikea-Zentrale Humlebæk 87 f., 122, 253
Ikea-Zentrale Leiden 253
Illich, Ivan 202
Illies, Florian 114 f.
INGKA Holding B.V. 135, 245
Ingvar Kamprad Design Centre 248
Inter IKEA Finance S.A. 252
Inter IKEA Holding S.A. 251 f.
Inter IKEA Systems B.V. 245–250, 252
Internationale Arbeitsorganisation 242

Jeppsson, Staffan 154
Johansson, Gotthard 73
Johansson, Rune 72
Johnson, Russel 257
Jungk, Robert 202

Kamprad, Achim Erdmann 18–21
Kamprad, Berta (geb. Nilsson) 17 f., 22 f., 25, 36, 49, 60
Kamprad, Erich 16, 18, 22, 29 f.
Kamprad, Erna 16, 21 f., 29
Kamprad, Feodor 18, 22 f., 26, 29, 34, 49, 60, 65
Kamprad, Franziska (»Fanny«, geb. Schön) 15–19, 21–23, 29–34, 49, 87
– Auswanderung nach Schweden 18–21
– Nazisympathien 31–34
– Selbstverständnis als Sudetendeutsche 29–33

Kamprad, Ingvar
– Affäre um politische Vergangenheit 259–266
– Alkoholkonsum 36, 76 f.
– Anfänge als Möbelhändler 50 f.
– Anfänge als Versandunternehmer 41, 48–52
– Design-Auffassung 182 f.
– Ehe mit Kerstin Wadling 52 f., 61, 63 f.
– Einmischung in Entscheidungen 139 f.
– Geschäfte in Kindheit und Jugend 15, 26 f., 39 f.
– Erste Stelle 46
– »Europas Manager des Jahres 1992« 139
– Familie 61, 105, 109, 119, 153, 156, 159
– Führungsstil 79 f., 88, 218
– Geiz 12, 230 f., 233–235, 272 f.
– Habitat-Kauf 129, 132 f., 161
– Handelsschulbesuch 40, 46
– Haus in Epalinges 106 f., 233 f.
– Hochzeit mit Margaretha Stennert 78
– Ikea-Gründung 40
– Internatszeit 36 f.
– Investition in Fernsehfabrik 79
– Kindheit in Elmtaryd 15, 17, 23–26, 30 f.
– Mitglied der Neuschwedischen Bewegung 41, 43, 260 f., 264
– Mitglied der Nordischen Jugend 35 f.
– Offiziersschule 48

- Senior Adviser im Aufsichtsrat 253
- Sicherheitsbedürfnis 236 f.
- Steuerflucht 84, 86–88, 92, 111, 245, 250
- Stiftungsgründung 109–112, 244
- »Testament eines Möbelhändlers« 89–92, 99, 165, 167, 169, 187, 219, 227, 229, 266
- Umgang mit Mitarbeitern 217–219
- Umzug nach Dänemark 86–88, 92
- Umzug in die Schweiz 84, 106
- Vermögensumfang 88, 231, 244
- Wehrdienst 47 f.
- Weingut in Frankreich 233

Kamprad, Jonas 105, 111, 150 f., 154, 156, 248
Kamprad, Kerstin 23, 159
Kamprad, Kerstin (geb. Wadling) 52, 61
Kamprad, Margaretha (geb. Stennert) 77 f., 86, 106, 145, 150, 159, 253
Kamprad, Mathias 105, 111, 150 f., 154, 158, 248
Kamprad, Peter 78, 105, 111, 150 f., 154, 156, 158, 248, 253
Kamprad, Sidonie (geb. von Bärenstein) 18, 21 f.
Kamprad, Zacharias August 18
Kaufzwang 201
Kettering, Uwe 135, 256
Key, Ellen 181
Kinderarbeit 267–269
Kinderparadies 113, 193, 246
Klein, Naomi 269

Knutsson, Claes 68
Kombinierbarkeit der Ikea-Möbel 175
Koordinierungszentrum in Brüssel 251 f.
Kreuger, Ivar 26–28, 78
Krisenmanagement 270
Krupp, Alfred 220, 236
Kulturelle Heterogenität 178

Landhausstil 180, 186, 214
Larsson, Carl 178–181
Lauwers, Luc 147
Lindgren, Astrid 24 f., 92 f., 188 f., 228
Lindholm, Sven-Olov 35 f., 41, 264
Lizenzen 246 f., 250, 252
Lohngefälle international 238, 240
Lokale Besonderheiten 121–123, 177, 216
Ludvigsson, Per 247
Lund, Birger 137, 160
Lund Institute for Technology 248
Lundgren, Gillis 57, 59, 62, 80, 170, 183, 254

Markthalle 215, 246
Massengeschmack 178
McDonald's 143, 193, 269
Mediennutzung 266
Meyenburger Möbel GmbH 240
Mitarbeiterbezahlung 91, 222
Möbelausstellung 54–56, 60, 81 f., 215
Möbelproduktion durch Ikea 127
Möbeltest durch Wohnmagazin 69 f.
Möbelwechsel 176 f.
Moberg, Anders 101, 104, 115 f.,

119 f., 122, 126, 128, 139–141, 155, 231 f., 257
Möller, Gustav 32
Montage der Ikea-Möbel 56–58, 102, 199 f., 202 f.

Nakamura, Noburu 183
Nationale Identität von Marken 187
Nationalsozialistische Arbeiterpartei (Schweden) 35
Natural Step 258
Neuschwedische Bewegung 38, 41, 43, 46, 260, 264, 266
Neutralität Schwedens 42–44, 189, 194
Niedriglohnländer-Lieferanten 238, 241, 267–269
– Verhaltenskodex (IWAY) 242 f., 268
Nilsson, Karl-Olof 258
Nilsson, Valter 24
Nutzungsdauer von Ikea-Möbeln 176

Palme, Olof 72, 93, 110, 189 f.
Papanek, Victor 202
Paulsson, Gregor 182
Persson, Göran 191
Peterson, Ivar 47
Peterson, Lars-Göran 134
Plagiatsvorwürfe 58
Plus Finanzservice GmbH 160
Polen als Ikea-Lieferant 65–69, 75, 80, 100, 120, 124–126, 128, 239 f.
– Ausrüstung mit schwedischen Maschinen 67 f.
– Kritik 80

Preissenkungen 165–167, 171
– durch Selbstbedienung 82
Preisgestaltung/-politik 171 f., 206, 213 f.
Preisunterschiede international 171 f., 212

Qualitätsstufen 89, 102, 115, 169

Rabatt 172 f.
Rapexco 239
Rausing, Ruben 56, 106
Readme (Mitarbeiterzeitung) 228
Robèrt, Karl-Henrik 258
Roberts, Tanya 219
Robin Wood 259
Röing, Peter 183
Roland Berger Unternehmensberatung 136
Rumänien als Ikea-Lieferant 100, 124, 126, 238 f., 241
Rydberg-Dumont, Josephine 149, 177
Ryschkow, Nikolaj 143

Sandell, Thomas 183 f.
Save the Children 267, 269
Schweden
– als Wohlfahrtsstaat 32, 61, 250
– Einheitswohnungen 71–74
– Faschismus 35–39, 43, 259–264
– Image 187–191, 270
– Politik im Zweiten Weltkrieg 35, 43–45
– Sozialdemokratie 31 f., 35, 43, 61, 72 f., 80, 85, 94, 105, 110, 191
– Spitzensteuersatz 63, 93

- Steuergesetze 63, 84–86, 92 f.
- Taxeringskalender 85

Schwedenheim 225
Schwedenküche 73
Schwedenmöbel, Definition 101
Schwedenshop 193
Selbstbedienung als Prinzip 81 f., 200, 211
Shaker 131, 220
Sicherheitsmargen 235
Silbermann, Alphons 248
Simmons, John 175
Simonsson-Berge, Lena 186
Sjöö, Leif 262
Skandinavisches Design 121, 174, 178, 185 f., 194, 214
Skanska 274, 252
Sortimentsverringerung 216
Sparsamkeit 228 f., 231, 235
Spiers-Lopez, Pernille 149
Starck, Philippe 184
Stegmaier, Helmut 118
Stennert, Hans-Göran 253
Sterte, Ragnar 66, 80
Steuersparkonstruktion Ikea 249–253
- Umzug aus Steuergründen 253

Stichting INGKA Foundation 110–112, 132, 158, 244–246, 248 f.
- niederländisches Stiftungsrecht 109

Stiftung Warentest 169
Stoffregen, Werner 114
Storehouse PLC 131 f.
Sträng, Gunnar 93
Swedish Match 27
Swedwood 128, 219, 239, 245
Theselius, Mats 184
Thulin, Gabriel 171
Torekull, Bertil 41, 62, 68, 75, 107, 111, 137, 151, 153–155, 196, 231, 245–249, 264, 266, 273
Trampczynski, Witold 65
Transportkostenverringerung 168
Tucholsky, Kurt 34 f.

Umweltfragen 242, 257–259
Unicef-Unterstützung durch Ikea 268 f.

Verbrauchertäuschung 101, 165
Vinka, Maria 216
Volksheim (»folkhemmet«) 32, 43, 61, 73, 264 f.

Wachstumsstrategie 236
Wallenberg, Marcus 60
Wallenberg, Raoul 45
Wal Mart 171
Weber, Werner 147, 165 f., 171, 215, 220, 230
Wegwerf-Artikel 169
Welt-Stil-Company Ikea 177 f., 272
World Wide Fund for Nature (WWF) 259

Ytterborn, Stefan 183

Zerbst, Ferdinand 98
Zukünftiges Wachstum 273 f.
Zusammenarbeit von Designern und Herstellern 167